위기 속에서 기회를 보는 97가지 지혜

한비자
위기경영
CRISIS MANAGEMENT

최 병 철 지음

대경북스

한비자 위기경영

1판 1쇄 인쇄 2025년 11월 20일
1판 1쇄 발행 2025년 11월 25일

지은이 최병철

발행인 김영대
펴낸 곳 대경북스
등록번호 제 1-1003호
주소 서울시 강동구 천중로42길 45(길동 379-15) 2F
전화 (02) 485-1988, 485-2586~87
팩스 (02) 485-1488
쇼핑몰 https://smartstore.naver.com/dkbooksmall
e-mail dkbookss@naver.com

ISBN 979-11-7168-122-8　03320

※ 이 책은 저작권법에 따라 보호받는 저작물이므로 무단전재와 무단복제를 금지하며, 이 책 내용의 전부 또는 일부를 이용하려면 반드시 저작권자와 대경북스의 서면 동의를 받아야 합니다.

※ 잘못된 책은 구입하신 서점에서 바꾸어 드립니다.

※ 책값은 뒤표지에 있습니다.

Prologue

달릴 수 있으려면 멈출 수 있어야 한다. 우리 사회가 마음껏 달리지 못하고 주춤거리는 것은 멈출 수 없기 때문이다. 멈춤은 안전이다.

기업이 안전을 오너 리스크로 인식하기 시작한 것은 〈중대재해처벌법〉이 시행되면서부터다. "안전제일" 구호가 십수 년간 이어졌지만, 이토록 기업이 민감하게 반응한 적은 드물다. 법 시행 직후 다수의 기업이 전담 조직을 신설했고, CSO(Chief Safety Officer, 최고안전책임자)를 임명했다. 일각에서는 경영활동을 위축시킨다는 반발이 있었으나, 정부가 강력한 의지를 보이면서 안전경영은 다시 경영의 핵심 의제로 부상했다. 세월호, 이태원 참사와 같은 대형 사고가 국가의 추진력을 상실하게 하고 정권 교체로까지 이어진 경험은, 이제 안전사고가 정권을 위협하는 가장 큰 변수가 되었음을 단적으로 보여준다. 권력 최상위층의 관심사를 기업이 외면하기란 불가능하다.

우리 사회가 여전히 재해·재난 대응의 후진성을 벗어나지 못하는 상황에서, 해결의 실마리를 '융합'에서 찾아보고자 했다. 자연세계를 해석하는 최고의 학문이 수학과 과학이라면, 인간세계를 탐구하는 최고의 학문은 인문학이다. 이 인문학을 안전경영과 안전문화에 접목하는 것이 후진적 안전경영의 수준을 단기간에 끌어올리는 방법이라 확신한다.

이런 문제의식에서 《맹자·장자에게 리스크 매니지먼트를 묻다》를 출간했다. 맹자의 '무항산 무항심'에서는 안전경영을, 장자의 '코뚜레를 끼우는 것은 문화가 아니다'라는 사상에서는 안전문화를 배웠다. 그리고 이번에는 원칙과 규정을 중시하는 법령의 성격을 고려해, 법가사상의 정수인 한비자를 안전경영에 접목해 보고자 했다.

현행 산안법과 중처법은 '의무', '강제', '처벌'이라는 인식을 강하게 준다. 그러나 안전경영이 도달해야 할 지점은 문화다. 강제와 처벌만으로는 수준 높은 문화를 창출할 수 없다. 이 점에서, 500여 년의 혼란을 끝낸 춘추전국시대의 사상과 시스템을 안전경영에 응용하는 것은 의미 있는 시도라 생각한다.

법이 정의의 상징이라기보다 불공정과 편익의 대명사로 여겨지는 오늘날, 법가사상을 다시 살펴보는 것은 절실하다. 춘추전국시대 수많은 제자백가 중 최종 승자는 법가의 순자와 한비자였다. 오늘날 모든 국가와 조직이 법치주의를 채택하고 있는 사실은 법가사상의 우수성을 입증한다. 늘 그렇지만 '또는' 즉 OR의 논리는 선택과 집중을 통한 속도를 요구한다. 안전과 성장은 늘 그 논쟁의 중심에 있다. 상호 배반적 관계로 인식된다. 그러나 이제는 '그리고 & 동시에'의 관점으로 바뀔 때가 되었다. 그런 점에서 한비자의 생각은 결과적으로 전국시대를 통일했다는 부인할 수 없는 성과가 있다. 차용하기에 매력적이다.

중처법은 그 이름에서조차 두려움을 자아낸다. 〈기업과실치사살인법〉에서 출발했기에 살인범 처벌의 취지가 내포되어 있다. 문제는 이러한 처벌과 강제력이 얼마나 실효적이고 지속적인가 하는 점이다. 실제 부작용도 크다. 현장에서는 사고 예방보다 사법적 책임을 피하기 위한 자료 작성에 더 많은 시간과 비용을 쓰고 있다. 안전관계자가 "현장을 점검할 시간이 없다."고 토로할 정도다. 잘게 쪼개진 책임은 역할의 세분화로 이어지고, 상당수의 업무가 일선 실무자에게 전가된다. 인력 충원 없는 상황에서 이는 필연적이다. 그러나 책임 분산은 곧 권한 분산이며, 모호성 증가는 곧 혼란으로 이어진다.

Prologue

역사에서 불확실성과 혼잡성이 가장 극심했던 시대는 춘추전국시대였다. 그 혼란을 종식시킨 사상을 배우는 것은 흥미로운 일이다. 한비자를 통해 안전경영을 새롭게 바라보고 중처법을 적용해 보는 일은, 벤치마킹할 대상이 마땅치 않은 오늘날 특히 의미가 크다.

춘추전국시대 수많은 영웅호걸과 제자백가가 각종 이론을 제시했으나 누구도 태평세계를 열지 못했다. 그러나 기원전 221년, 진나라는 법가사상을 토대로 혼란의 종지부를 찍었다.

'어떻게 지속가능하게 할 것인가?'는 개인을 넘어 모든 조직의 과제다. 그러나 '성실성'과 '의지'만으로는 한계가 분명하다. 한두 사람의 노력은 가능하더라도, 사회 전체가 일관되게 의지를 유지하는 것은 어렵다. 최근 안전문화와 안전경영이 난맥상에 빠진 것도 이 때문이다. 우리는 여전히 의지와 처벌의 잣대에 의존하며 소리를 높이고 있다. 그러나 과연 효과적일까? 언제까지 지속할 수 있을까?

한비자의 사상은 여기에 답을 던진다. 공자와 노자가 인간의 수양과 교육에 호소했으나, 그것은 경쟁과 분열을 낳았다. 반면 한비자는 말했다.

"성실하게 노력하는 인간은 이미 차고 넘친다. '해야 한다'고 말하지 말고, 할 수밖에 없도록 만들어야 한다. '해야 한다'가 아니라 '하다 보니 여기까지 왔다'고 말할 수 있어야 한다."

나는 오래전부터 한비자를 안전경영과 접목해 강의를 해왔다. 《맹자·장자에게 리스크 매니지먼트를 묻다》에서도 그러했듯, 새로운 시도와 색다른 접근은 많은 호평을 얻었다. 동양학 전공자가 아님에도 한비자의 사상을 차용한 것은 왜곡의 리스크를 감수한 일이었다. 그러나 철학이 현실과 분리되어 존재한다면, 그것은 공허하다. 멋있게 해석하는 것이 중요한 것이 아니다. 어떻게 사용되게 할 것인가의 문제다. 용기를 내본 이유다.

동양의 마키아벨리로 불리는 한비자의 리더십과 조직관리 사상은 이미 크게 기여했다. 그렇다면 가장 취약한 분야로 지적되는 안전경영과 안전문화에도 기여할 수 있지 않겠는가. 우리나라 안전은 기술이나 시설 측면에서 결코 후진적이지 않다. 다만 시스템, 구성원의 의식, 사회 전체의 문화 수준이 문제다. 이 책이 그 격차를 메우는 데 작은 보탬이 되기를 바란다.

차 례

Prologue ··· 3

제1부 AI혁명과 철기혁명의 공통점, '새로운 위험'의 출현

01. 한비자에게 위기관리를 배우는 이유 ············· 19
02. AI혁명시대와 철기혁명 시대의 공통점 ············ 24
03. 한비자의 죽음에서 배우는 '리체크 시스템' ········ 28
04. Responsibility vs Accountability ················ 31
05. 위기 극복을 위한 세 가지, 법, 술, 세 ············ 34
06. 악의 순기능과 안전문화 ························· 38

07. 맹상군에게 배우는 진심을 알아내는 방법 ············ 43
08. 긴장감과 두려움 그리고 안전불감증의 삼각관계 ··· 46
09. 위험에 둔감해지는 이유 3가지 ·················· 49
10. 둔감증과 안전불감증의 차이 ··················· 52
11. 어떻게 참여하게 할 것인가? ···················· 55
12. 권한을 위임하는가? 책임을 떠넘기는가? ············ 59
13. 거짓 보고를 구별할 수 있는가? ··················· 61
14. 죽기 직전의 재상이 말하는 책임자의 자격은? ········ 64
15. 중처법 처벌이 문제인가? 처벌권 행사자가
    문제인가? ································ 70
16. 규제와 처벌 그리고 자율과 참여에 대한
    영국에서의 논쟁 '로벤스 보고서' ················· 73
17. 욕망을 억제하는가? 활용하는가? ················ 77
18. 처벌에 상응하는 상도 주는가? ·················· 80
19. 농사꾼을 용감한 병사로 만드는 비밀은? ············ 83
20. 거울 속 얼굴 상처가 거울의 죄는 아니다 ··········· 86
21. 귤이 탱자가 되는 이유? ······················ 88
22. 임원이나 실무자는 무엇에 어떻게 움직이는가? ······ 91
23. 순수함은 마음이 빈약하다는 평을 받는다 ··········· 94
24. 위험의 제거와 위험의 적절함 ·················· 97

제2부 인간의 합리성은 항상 옳은가?

25. 욕망이 이성을 가린다 ····· 104
26. 인간의 이성을 마비시키는 요인 ····· 107
27. 욕망을 압도하는 또 다른 어떤 것은 무엇인가? ····· 110
28. 사랑은 가장 사랑스럽지 못한 것에 의해
    지켜진다 ····· 113
29. 가치와 가치의 충돌 그리고 공동의 가치 ····· 115
30. 어떤 새도 다 맞춘다고 하면 거짓이다 ····· 117
31. 권한과 역할 그리고 임파워먼트와 델리게이션 ····· 120
32. 법은 변화의 속도를 느리게 하는가? ····· 125
33. 사기 순임금 설화에서 배우는
    〈중대재해처벌법〉의 한계 ····· 129
34. 유방과 한신에게 배우는 공격적 안전경영 ····· 134
35. 우리는 왜 상과 벌 이야기를 싫어하는가? ····· 138
36. 욕망이 없는 자는 통제할 수 없다 ····· 141
37. 욕망 너머 욕망은 무엇인가? ····· 146
38. 위험에 대한 맹자, 장자, 한비자의 차이점 ····· 149
39. 무엇이 통찰을 가능케 하는가? ····· 153
40. 《한비자》에서 말하는 재해의 종류 ····· 156
41. 한비자와 다른 사상가들의 자연재해에 대한 입장 ····· 159

42. 안전경영과 안전문화에 대한 치열한
   논쟁이 있는가? ················· 163
43. 생과 사의 긴장감이 있는 소통을 하는가? ············ 167
44. 안전을 설득할 수 있는가?
   아니면 그저 강요하는가? ················· 171
45. 장의에게 배우는 안전설득 협상 스킬 1 ··············· 174
46. 장의에게서 배우는 안전협상 스킬 2 ················ 178
47. 장의의 심리전과 협상 스킬 3 ···················· 182
48. 장의에게 배우는 협상스킬 4 ·················· 192
49. 장의의 연횡론에서 배우는 협상스킬 5 ················· 198
50. 소진에게 배우는 설득스킬 1 ················· 203
51. 소진에게 배우는 설득스킬 ················ 206
52. 소진에게 배우는 설득스킬 3 ················· 210
53. 소진에게 배우는 설득스킬 4 ················· 217
54. 소진에게 배우는 설득스킬 5 ················· 223

제3부 한비자에게 배우는 위기상황 판단

55. 잔소리만으로도 안전이 가능한 시대가 있었다 ······ 231
56. 상황이 변하면 위험도 변하는데

대응이 그대로라면? ···234
57. 위험의 경중을 판단하는 기준이 있는가? ···············238
58. 포숙아의 행위는 안전경영에 부합하는가? ············243
59. 안전경영, 상황이 우선인가? 실력이
    우선인가? ···246
60. 세 사람이 주장하면 군주도 속는다 ······················250
61. 안전분야 기능인력 양성이 시급하다·····················254
62. 적절한 조치란 무엇을 말하는가? ·························257
63. 목적은 그 수단을 정당화하는가? ·························261
64. 안전관계자는 최고의사 결정권의 설득을 위해서
    어떤 준비를 하는가? ···264
65. 안전관리자는 왜 설득술을 배우지 않는가? ·········267

제4부 선택과 결단

66. 선택과 결단의 조건 ···275
67. 안전경영의 골든타임과 타이밍 ······························280
68. 위험요인에 대한 온정과 잔혹 그리고 적당 ············284
69. 원칙주의적 잔혹함을 사람이 지게 해야 하는가?······287
70. 결단의 종류와 즉시 결단이 가능한 여건 ···············290

71. 이래도 후회, 저래도 후회라면
　　어떤 후회를 선택할 것인가? ·····························294

제5부 안전경영의 성과 관리

72. 안타까움과 슬픔이 문제를 해결하지는 못한다 ······300
73. 아끼는 제자에게 천리마를 알아보는 기술을
　　가르치지 않는다······································305
74. 3년 걸려 젓가락에 그림을 그려서
　　뭣하려 하는가? ······································308
75. '무재해'는 도깨비인가, 아니면
　　개나 말같은 것인가? ································ 311
76. 힘을 가진 이론가와 답을 알고 있는
　　현장 전문가의 의견 대립 ···························· 314
77. 어떤 성과도 책상에서 만들어지지는 않는다 ········ 318
78. 쓸모 없음을 아는 것이 지혜다 ························320
79. 기계에 의존하면 본질적 가치를 잃는다 ···············322
80. 돌멩이만 깔린 땅이천리라도 부자가 아니다 ········326
81. 핵심성공요인와 핵심성과지표가 무엇인가? ········330
82. 옳은 것을 옳다고 하고 그른 것을

그르다 할 수 있는가? ·················· 333
83. 조직을 좀먹는 다섯 종류의 벌레 ·············· 337
84. 성과 측정의 중요성 "즐겁다고 잘하는 것인가?" ······ 340

제6부 순우곤과 인상여에게 배우는
안전경영의 지혜

85. 안전혁신을 위한 핵심요소 ················ 346
86. 술 한 병, 돼지 발 하나로 세상 복을
 다 받으려 하는가? ···················· 352
87. 안전소통과 역할의 협업 ················· 355
88. 의도적인 것은 나쁜 것인가? ··············· 358
89. 두 다리가 잘린 사람과 전문가의 의견 ·········· 363
90. 인상여에게 배우는 문제해결의 기본 ··········· 367
91. 인상여에게 배우는 완벽(完璧)과 플랜 B ········· 371
92. 문경지교 ························ 375
93. 시기, 질투를 받지 않는 사람은
 일하지 않는 사람이다 ·················· 380
94. 안전문화 형성이 안되는 이유 ··············· 383
95. 조직 망징 체크리스트 ·················· 388

96. 《한비자》에 나오는 간신을 구별하는
　　10가지 체크리스트 ·· 391
97. 《한비자》에 나오는 '술(術)'의 사례 10가지 ············ 394

Epilogue ··· 397

제1부

AI혁명과 철기혁명의 공통점, '새로운 위험'의 출현

01. 한비자에게 위기관리를 배우는 이유

　바야흐로 AI혁명시대다. 그간의 모든 가치체계와 시스템이 붕괴되고 있다. 지금까지 안전했던 것들이 절벽으로 내몰리고, 천대받아 왔던 것들이 오히려 대우받는다. 내몰리는 자들의 발악이 곳곳에서 목격된다. 그야말로 혁명시대다. 그렇다면 철기시대 때는 어땠을까? 춘추시대는 철기(鐵器)의 보급으로 문명의 전환점에 들어섰다. 철제 무기는 청동기보다 월등히 우세했고, 철제 농기구는 수확량을 혁신적으로 증가시켰다. 풍족해진 생산물은 저장이라는 과정을 필요로 했다. 저장은 단순한 행위가 아니라 건조, 냉동, 냉장 등 자연을 극복하는 기술적 진보를 수반한다. 이는 제러드 다이아몬드 교수의 《총, 균, 쇠》에서 말하는 '쇠(鐵)'의 혁신을 떠올리게 한다.

　저장은 곧 사유재산의 축적을 의미했고, 신흥 계급의 탄생으로 이어졌다. 자본의 축적은 단순한 농지 확대와 노동 투입 이상의 새로운 부가가치를 창출했다. 이제 성과는 토지나 노동의 통제권을 가진 군주가 아닌, 자본을 소유한 세력에 의해 생산되었다. 운송수단의 발달은 물류뿐 아니라 정보와 소통을 촉진했고, 이는 비교와 경쟁을 낳았다. 결국 기존 질서와 가치관은 붕괴했고, 주나라를 중심으로 한 중앙집권적 봉건체제는 통제 불능 상태에 빠졌다.

오늘날을 AI혁명시대라 부른다. 생성형 AI의 등장은 기존 가치관과 시스템을 하루가 다르게 무너뜨리고 있다. 빅테크 기업의 프로그래머들이 대규모로 해고를 당하는가 하면, 고급 기술자의 몸값은 천문학적으로 치솟고, 변호사·회계사와 같은 전문직 신입들은 설 자리를 잃고 있다. 인류가 축적해 온 지식을 흡수한 AI는 스스로의 위용을 과시하듯 군비경쟁에 비견될 속도로 발전하고 있다.

이는 춘추시대와 다르지 않다. 기존의 지식으로는 새로운 시대를 설명할 수 없다. 과거 데이터로 미래의 불확실성을 해소하지 못하는 순간, 학문적 권위는 한순간에 무너진다. 통치 이념, 리더십, 종교관조차 흔들린다.

그 해결의 실마리를 우리는 전국시대에서 찾을 수 있다. 160여 개 제후국이 전란을 거치며 7개의 강국으로 정리되었다. 그

체제와 질서는 시대적 검증을 거친 결과였다. 이런 시대적 상황 속에서 한비의 사상과 논리가 형성되었다.

한비는 한(韓)나라의 공자(公子)로 태어났다. 한나라는 원래 진(晉)나라의 일부였으나, 분열 과정에서 독립해 전국칠웅(戰國七雄)의 하나가 되었다. 그러나 국토가 좁고 사방이 강대국으로 둘러싸여 있어 늘 침략의 위협에 시달렸다. 특히 서쪽의 진(秦)나라와 접경한 탓에 안왕(安王) 시기에는 멸망 위기에 처하기도 했다. 한비가 사신으로 진나라에 파견된 것도 이 시기였다. 그는 나라가 가장 어려울 때 태어나 살다 간 인물이었다.

대부분 춘추전국시대의 고전이 사(士) 계급의 사상이었다면, 《한비자》는 군주의 입장에서 통치와 권력 유지의 방법을 논한다. 달리 말해 《한비자》는 제왕학(帝王學)의 고전이며, 동양의 《군주론》이라 불린다.

한비는 공자였지만 후궁의 소생으로 권력의 중심에 서지 못했다. 게다가 말이 어눌해 권력을 얻기에도 불리했다. 그러나 국가에 대한 충성심과 애정은 누구보다 컸고, 무엇보다 "약소국이 어떻게 멸망을 피하고 존속할 수 있는가?"라는 문제에 천착했다. 그 고민의 결과물이 《한비자》다. 이는 군주학이면서 동시에 힘 없고 자원 없는 개인이나 조직이 어떻게 번영하고 지속 가능성을 확보할 수 있는가에 대한 해답이기도 하다.

최근 경영학에서 상대적으로 취약한 영역인 안전경영에도 통

찰을 준다. 안전은 성과와 마케팅, 혁신 같은 화려한 아이템에 늘 밀려왔고, 생존의 경쟁 앞에서는 무력하기 그지없다. 이는 곧 한 나라의 처지와 닮아 있다. 그렇다면 한비자의 사상을 안전경영에 대입해 조직 관리와 리더십에 적용하지 못할 이유가 없다.

또한 한비의 사상은 사회적 불평등과 소외 문제에도 적실하다. 흙수저라 불리는 약자의 관점에서 볼 때, 그의 사상은 오히려 가장 실용적이고 현실적이다.

문제를 해결하는 답은 결국 미래에 있다. 그러나 미래를 설명할 유일한 근거는 역사다. 상상력도 역사 위에서만 객관성을 가질 수 있다. 그렇기에 혼란의 시대를 수습한 법가사상을 배우는 것은 의미가 크다.

특히 안전경영도 마찬가지다. 반도체는 반도체 기업에게, 선박은 조선업 전문가에게, 병은 의사에게, 약은 약사에게 물어야 한다. 그렇다면 안전은 누구에게 물어야 하는가? 가장 위험한 시대와 공간을 살아간 사람에게 물어야 한다. 그 대표적 인물이 바로 한비다.

오늘날 안전 문제를 검사나 근로감독관에게 묻는 경우가 많다. 규제중심, 처벌중심이기에 그렇다. 그들의 답은 처벌, 방어, 준수에 머무를 수밖에 없다. 기업은 자연히 수동적 대응에 몰린다. 하지만 안전에 '경영'이라는 단어를 붙이는 이유는 분명하다. 경영은 성과를 내는 일이며, 그것도 효과적이고 효율적으로 이루어져야 한다. 방어적이고 수동적인 태도는 경영이 아니라 관리다. 우리나라의 안전이 여전히 '경영'이 아닌 '관리'의 수준에 머무는 이유가 여기에 있다.

안전이 성과를 창출하지 못하는 한, 안전은 성장의 중심이 아니라 논란의 영역에 머물 수밖에 없다. 그리고 논란은 늘 혼란을 키울 뿐이다. 따라서 안전은 법률 전문가가 아닌, 현장에서 땀 흘려 고민한 실무자에게 물어야 한다. 그들은 화려한 언어 대신 거친 말투로 진실을 전한다. 그러나 목소리가 세련되지 못해 종종 외면받는다. 이는 곧 한비가 처했던 상황과 닮아 있다. 한비는 말이 어눌했다.

한비의 법가사상이 스승 순자와 다른 점은 바로 현장성이다. 사상은 언제나 변화가 일어나는 시대와 공간 속에서 빛을 발한다. 안전경영 역시 현장성과 사실성을 토대로 해야 한다. 화려한 현수막과 구호가 아니라, 현장에서 체득한 목소리에서 출발해야 한다.

02. AI혁명시대와 철기혁명 시대의 공통점

우리 사회는 갈수록 투명해지고 있다. 수백 대의 CCTV가 일상을 지켜보고, 사이버 공간에서의 모든 활동은 흔적을 남긴다. 그 흔적은 빅데이터에 의해 추적되고 예측된다. 오늘 나를 찍은 CCTV 영상이 내 피부 상태나 홍채 정보를 분석해 어느 마케팅 회사로 넘어갈지 알 수 없다. 내가 친구에게 보낸 문자는 친구만 읽는 것이 아니라, 어떤 알고리즘도 함께 읽고 있다.

역설적이게도 모든 것이 투명해질수록 더 이상 숨길 것이 없어지지만, 정작 우리는 누구도 믿지 못하게 된다. 불신이 커질수록 사회는 철저한 통제 시스템을 요구한다. 작은 행정업무조차 여러 차례 인증 절차를 거쳐야 하고, 은행업무는 물론 병원 진료조차 신분 확인을 반복한다. AI는 이러한 불신의 시대를 가속화하고 고도화한다. 내 목소리, 내 생각까지 대체하거나 능가하는 순간, 인간은 자기 자신조차 불신해야 하는 상황에 직면할지도 모른다. 결국 불신을 전제로 한 사회와 삶에 대한 대응이 필요하다.

 이 대응이 절실해지면 거대한 통제 장치는 거부감 없이 받아들여지고, 사회는 완벽한 감시체제로 들어설 것이다. 어쩌면 통제되지 않는 불순한 의도가 그대로 현실화될 수도 있다.

 본성에 가까운 존재는 어린아이다. 배가 고프면 아이는 먹을 것을 어른에게 주지 않고 제 입에 먼저 넣는다. 이런 이유로 한비는 효용을 중시하고 욕망을 긍정했다. AI가 만들어 내는 성과와 유용성에 대한 성찰이 필요한 지금, 그의 사상은 시의적절하다. AI를 무조건 긍정적으로만 바라본다면 한비는 반대했을 것이다. AI를 설계하고 통제하는 0.1%의 두뇌들이 양심적일 것이라는 기대에도, 그는 반대했을 것이다. AI를 무장한 자본가들이 그 힘을 선하게만 쓸 것이라는 낙관에도, 그는 고개를 저었을 것이다.

 AI로 증가한 부가가치가 기본소득으로 환원되어 모두가 행복해질 것이라는 믿음에도, 그는 어리석다고 말했을 것이다. 호모 데우스가 출현하면 호모 사피엔스가 멸종할 것이라는 예언이 있기 때문에 호모 데우스는 나타나지 않을 것이라는 주장, 자율주행차는 어떤 상황에서도 '착한 선택'을 할 것이라는 믿음 앞에서도 한비는 아마 코웃음을 쳤을 것이다.

실제로 미국 비영리단체 '미래의 삶 연구소(Future of Life Institute)'가 AI 개발의 일시 중단을 촉구하며 공개서한을 내고 수천 명이 서명했지만, AI 관련 새로운 에이전트는 지금 이 순간에도 쏟아져 나오고 있다.

이와 같은 맥락은 안전경영에도 그대로 드러난다. 기업마다 '안전 제일'을 외치며 유니폼에 문구를 붙이고, '인명 존중'을 강조한다. 그러나 안전은 늘 귀찮고, 돈이 들고, 하기 싫은 영역으로 취급된다. 그 결과 매년 수천 명이 산업재해로 목숨을 잃는다. 매일같이 '소통과 화합, 배려'를 외치며 SNS에 좋은 글을 퍼날라 보지만, 우리나라에서는 매년 약 1만 4천여 명이 스스로 생을 마감한다. 정치 지도자들이 '화합과 협력, 함께'를 외치지만, 매년 3천여 명이 고독사로 생을 마친다.

절망적인 현실 속에서도 긍정적인 사고가 역사를 바꿔왔다는 말은, 사실 희망을 보려면 먼저 현실을 부정적으로 직시해야 함을 의미한다. 선함이 좋고 악한 것을 나쁘다고 하는 이유는 선이 흔하지 않다는 말이다. 긍정으로 위장된 긍정은 안주에 불과하다. 설령 위기를 넘어선다 해도, 그 대가를 누군가는 치르게 된다. 차라리 부정으로 인식된 긍정만이 지속가능성을 제공할 것이다.

이런 점에서 한비자의 관점은 AI시대, 그리고 안전경영과 안전문화의 영역에서 매력적인 대안을 제시한다. 지금까지 세상은 너무 많은 '가짜 긍정'에 의해 주도되었다. 춘추시대와 전국시대에 공자의 사상이 큰 영향을 끼쳤지만, 혼란은 길어졌고 그만큼 보이지 않는 희생이 컸던 것처럼 말이다.

따라서 안전경영 역시 처음부터 다시 다져 나가야 한다. 화려한 구호와 표어가 아니라, 현실을 직시하는 냉정한 통찰 위에 세워야 한다. 그것이야말로 진정한 지속 가능성을 담보하는 길이다.

03. 한비자의 죽음에서 배우는 '리체크(Recheck) 시스템'

《한비자》는 전국시대에 한비와 후학들이 남긴 저술로, 총 55편 20권, 약 10만 자에 이르는 방대한 분량이다. 이 가운데 한비가 직접 쓴 것으로 알려진 것은 〈오두(五蠹)〉, 〈현학(顯學)〉, 〈고분(孤憤)〉이다. 한비는 한나라의 서자로 태어난 왕자였으며, 순자의 제자였다. 순자의 제자 중에는 진나라의 재상이 된 이사(李斯)와 한비가 있었다. 이사는 말솜씨가 뛰어났지만, 한비는 말을 더듬었다고 한다.

그러나 단점은 때로 다른 능력을 강화한다. 위험 속에 기회가 있듯, 한비는 글쓰기에 탁월했고 그의 문장은 치밀하고 간결했다. 후대에 '동양의 마키아벨리'라 불린 이유다.

어느 날, 훗날 진시황이 되는 진왕은 우연히 〈고분〉과 〈오두〉

를 읽고 이렇게 말했다고 한다.

"이 글을 쓴 사람을 만나볼 수 있다면 죽어도 한이 없겠다."(사마천,《사기》)

이에 이사가 말했다.

"그 글은 제 동문이자 순자의 제자 한비가 쓴 것입니다. 원하신다면 한나라와 전쟁을 일으키십시오. 그러면 한비가 사신 자격으로 올 것이니, 그때 회유하면 됩니다."

진왕이 실제로 전쟁을 일으키자, 한나라는 부랴부랴 한비를 사신으로 파견했다. 진왕은 한비를 만났고, 그의 사상과 통찰에 깊이 매료되었다. 그러나 이것은 이사에게는 큰 위협이었다. 그는 장차 정적이 될 한비를 제거하기로 마음먹었다.

이사는 진왕에게 이렇게 간했다.

"한비는 한나라의 공자입니다. 지금 그를 등용하신다면 결국 자기 나라의 이익을 꾀할 것입니다. 언제 배신할지 모릅니다. 차라리 죄를 씌워 제거하는 것이 현명합니다."

진왕은 인재를 잃는 것이 아까워 우선 하옥하라고 지시했으나, 이사는 독약을 보내 자살을 강요했다. 한비는 억울함을 알리려 했지만 왕을 만날 길은 없었다. 뒤늦게 진왕이 사자를 보내 구하려 했으나, 이미 늦었다. 한비는 49세의 나이에 생을 마쳤다. 불과 2년 뒤, 그의 모국 한(韓)도 멸망했다.

진왕은 이후 이사와 함께 전국을 통일하여 중국 최초의 제국을 세웠다(B.C. 221). 그러나 진나라는 단 15년 만인 B.C. 206년에 멸망했다.

역사가들은 그 원인을 △법가 사상에 의한 과도한 중앙집권과 가혹한 형벌, △만리장성과 같은 대규모 토목공사, △분서갱유와 같은 사상 탄압, △조고와 이사의 권력투쟁 등으로 설명한다. 그러나 이는 결국 한비의 사상이 오용되거나 왜곡되면서 비롯된 결과였다. 만약 한비가 살아 있었다면, 진나라의 통일은 평화적인 방법으로 가능했을지도 모르며, 이후의 통치 시스템 또한 더 안정적으로 수립되었을 것이다.

진왕의 입장에서 본다면, 한비의 죽음은 리체크(Recheck) 시스템의 부재를 보여준다. 이사가 시기와 질투로 한비를 제거할 수 있다는 위험을 예상했다면, 진왕은 대비책을 마련했어야 했다. 이를 우리는 '페일세이프(Fail-Safe)'라 부른다. 실수가 발생하더라도 사고나 재해로 이어지지 않도록 하는 장치다.

또한 진왕은 한비의 죽음을 철저히 조사해 책임을 묻지 않았다. 최소한 이사에게 경고라도 내렸어야 했다. 이 무대응은 곧 내부 리스크 관리 실패를 의미한다.

04. Responsibility vs Accountability

"왕에게 옷을 덮어준 신하를 처벌하는 이유?"

〈중대재해처벌법〉에서 개인 기업은 사업주가, 법인은 안전경영책임자가 책임자가 된다. 누구를 경영책임자로 볼 것인가에 논란이 있지만, 보통 인사권과 예산권을 가진 사람을 말한다. 대부분의 기업은 이미 안전책임자를 지정해 두었다. 이들이 가장 고민하는 것은 "어떻게 안전경영을 이끌어 갈 것인가?"이다.

한비자에는 흥미로운 이야기가 하나 나온다. 한나라의 소후가 술에 취해 낮잠을 자고 있었다. 그때 관을 관리하는 사람이 왕이 추울까 염려해 옷을 덮어 주었다. 소후가 깨어나서 누가 한 일인지 묻자, 신하가 "관계가 했습니다."라고 대답했다.

소후는 관계와 의복 담당 관리까지 불러서 둘 다 처벌했다. 신하들이 놀라 물었다.

"왕의 추위를 막아준 선행인데 왜 상을 내리지 않고 처벌하십니까?"

소후는 이렇게 대답했다.

"사사롭게는 상을 줄 수 있다. 그러나 나는 나라의 법과 질서를 지켜야 한다. 관계는 월권을 했다. 만약 너희들 말대로 상을 내리면 의복 담당 관리가 자신의 권한을 빼앗겼다고 질투할 것이다. 다른 신하들도 상을 받으려고 나에게 술을 권해 일부러 낮잠을 자게 만들지도 모른다. 결국 질서가 무너진다."

신하들이 다시 물었다.

"그렇다면 왜 의복 담당도 처벌하십니까?"

소후는 답했다.

"자신이 맡은 일을 하지 않았기 때문이다. 직무유기다."

이 일화는 한비자의 생각을 정확하게 보여준다. 오늘날 시각으로 보면 지나치게 엄격해 보일 수 있다. 하지만 핵심은 조직의 질서와 일관성이다. 아무리 선의에서 나온 행동이라도 원칙과 절차를 지키지 않았다면 문제다. 상을 주었다면 비슷한 일이 반복되고 혼란을 가져올 수도 있다. 그래서 중요한 것은 공정한 원칙과 명확한 규정이다. 한비는 법이란 누구나 이해할 수 있어야 하고, 모두에게 똑같이 적용되어야 한다고 했다.

이 이야기는 안전경영에도 그대로 적용된다. 예를 들어, 어떤 작업자가 기계를 고치려고 전원을 끈다. 그런데 다른 작업자가 모른 채 다시 전원을 켠다면 큰 사고로 이어진다. 실제로 이런 사고는 지금도 계속 일어난다. 이를 막기 위해 도입된 제도가 LOTO(Lock Out Tag Out)다. 모든 작업자가 동의하지 않으면 스위치나 장치를 풀 수 없도록 한 것이다. 소후의 처분은 바로 이런 예방 원칙과 닮아 있다.

안전보건관리 체제와 체계에 따라서 책임이 다르다. 책임은 Responsibility와 Accountability로 구분한다. Responsibility는 역할 분담 관점에서의 책임이다. Accountability는 체제, 즉 제도, 권력에 따른 최종적 책무를 말한다. 중처법에서 말하는 안전보건관리체계 구축은 이런 의미다. 중처법대로라면 군주 자신이 Accountability를 져야한다. 한비자는 각각의 역할(Responsibility)에 대한 이야기를 하고 있다. 체제와 체계를 명확하게 해야 한다.

많은 기업에 규정은 있다. 그러나 형식적이거나 모호하고 강제로 지켜야 하는 의무에 그치는 경우가 많다. 그럴 때 안전은 '경영'이 아니라 '관리'로 전락한다. CSO는 규정이 살아 있는 원칙이 되도록 해야 한다. 그리고 구성원이 스스로 지키도록 이끌어야 한다.

05. 위기 극복을 위한 세 가지, 법, 술, 세

혼란했던 전국시대에 강력한 통치 시스템을 만들기 위해 한비자가 제시한 핵심 개념은 법(法), 술(術), 세(勢)였다. 그는 기존 법가 사상가들의 주장을 집대성해 이 세 가지를 군주가 반드시 갖춰야 할 도구라고 보았다. 오늘날 '안전경영을 완성하기 위해 무엇이 필요한가?'라는 질문에도 명확한 답을 준다.

한비가 말하는 법은 객관적인 기준의 힘이다. 《한비자》〈세난편〉에는 "법이란 문서로 만들어 관청에 두고 백성에게 알리는 것이다. 법은 모두에게 알려야 한다"라고 적혀 있다. 법은 누구나 알 수 있어야 하고, 귀족이든 평민이든 차별 없이 적용되어야 한다. 지키면 반드시 상을 주고, 어기면 반드시 벌을 주어야 한다. 감정이 아니라 객관적 기준으로만 적용되어야 한다.

기준이 있어야 평가할 수 있고, 평가는 우열을 낳는다. 우열은

곧 서열과 권력을 만든다. 춘추전국시대에는 신에게서 내려온 왕권의 명분이 무너졌다. 덕이나 예만으로는 통치가 불가능했다. 그래서 새로운 기준이 필요했고, 그 기준이 바로 법이었다. 법은 군주일지라도 따를 수밖에 없는 공정한 기준이어야 했다.

안전경영도 마찬가지다. 혁신적인 성과는 소수의 아이디어나 기술로 가능하다. 그러나 안전은 모두가 함께하지 않으면 지킬 수 없다. 99명이 잘해도 단 한 명의 실수로 대형사고가 일어날 수 있다. 그렇다면 우리 조직의 기준은 모두에게 동일하게 적용되고 있는가? 직급이나 경력, 원청과 하청에 따라 다른 잣대를 쓰고 있지는 않은가? 차별적인 기준은 곧 기준이 아니다. 여기서부터 안전문화는 흔들리기 시작한다.

술은 통치의 기술이다. 법이 공개적이라면 술은 은밀하다. 《한비자》〈세난편〉에는 "술이란 군주가 마음속에 간직하고 은밀하게 신하를 제어하는 것이다. 술은 남에게 알려서는 안 된다."라고 기록되어 있다. 술은 신하의 능력과 성과를 기준으로 관직을 주고 책임을 묻는 것, 말과 실제 성과가 일치하는지 철저히 검증하는 것, 그리고 필요하다면 권모술수를 동원해 거짓을 간파하는 것을 뜻한다.

오늘날로 말하면 평가 시스템이다. 한비는 "군주는 나라 안의 모든 눈과 귀를 이용해야 한다."라고 했다. 불시에 점검하고, 예측할 수 없는 방식으로 검증해야 한다는 뜻이다. 현대 조직에서도 암행감사나 평판조사 같은 제도가 이와 비슷하다.

안전경영에서 평가 시스템은 제대로 작동하고 있는가? 성과지표가 불분명하다면 술은 힘을 잃는다. 예를 들어 재해율은 대표적인 안전·성과 지표지만, 노력보다 운에 좌우되는 경우가 많다. 사고가 자주 나는 사업장에서는 의미가 있지만, 사고가 드문 사업장에서는 노력과 과정을 반영하지 못한다. 게다가 사고를 숨기거나 축소하면 재해율은 낮아진다. 평가가 공정하지 않으면 아무리 신상필벌을 해도 억울하다는 인식만 커지고, 형식적인 보고와 가식만 늘어난다.

세는 권력의 힘이다. 세는 군주가 가진 권위와 지위에서 나온다. 아무리 좋은 법과 훌륭한 술이 있어도 세가 없으면 실행되지 않는다. 군주에게 세는 물고기에게 연못과 같다. 이를 잃으면 존재할 수 없다. 결국 세는 통치자의 자리에 기반한 실질적 권력이며, 생사여탈권을 쥔 힘이다.

한비자는 법, 술, 세가 유기적으로 결합될 때 비로소 강력하고 안정적인 국가가 된다고 보았다. 법은 백성을 다스리고, 술은 신하를 다스리며, 세는 이 모든 것을 가능하게 한다. 안전경영도 마찬가지다. 안전법규는 차별 없이 모두에게 적용되어야 한다. 책임자는 공정한 평가를 받고 명확한 지표로 관리되어야 한다. 마지막으로 인사권과 상벌권이라는 권한이 부여되어야 한다.

우리나라 안전과 관련된 법은 과도하게 많다. 그러나 세가 없고 특히 술의 측면이 절대 부족하다. 평가지표가 명확하지 않거나, 있더라도 비재무적 요소는 최고경영진의 의사결정에 반영되지 않는다. 무엇을 잘해보자고 말하지만, 그 잘하는 것이 무엇인지 구체적으로 제시하지 않는다. 그나마 뚜렷한 지표는 재해율뿐이다. 그러나 재해율은 두 가지 한계를 가진다. 하나는 사고 은폐의 유혹을 만든다는 점이다. 다른 하나는 아무리 노력했더라도 우연히 사고가 나면 낮게 평가받고, 노력하지 않아도 사고가 없으면 높게 평가받는다는 점이다.

결론적으로 법과 규정만 잔뜩 만든다고 해서 체계가 구축되지 않는다. 세과 술의 균형 없이는 어쩌면 지금 하고 있는 이야기를 10년 후에도 하고 있을지 모른다.

06. 악의 순기능과 안전문화

한비자는 부국강병을 철저히 주장한다. 당시 한나라의 위치와 여건을 보면 그럴 만도 했다. 상고(上古)시대에는 도덕(道德)으로 서로 다투었다. 중세(中世)에는 지모(智謀)로 다투었고 지금은 힘으로 서로 견주고 있다. 최근 미중 간의 패권전쟁이나 AI와 인간의 패권 문제도 그렇다. 제나라가 노나라를 공격하려 했다. 노나라에서는 자공(子貢)을 파견하여 공격을 중지하라고 설득했다. 그러자 제나라 왕은 이렇게 말했다.

"당신이 하는 말은 나도 알겠소. 그러나 내가 원하는 것은 땅이오. 내가 원하는 것은 당신이 말하는 그런 이론이 아니라 더 넓은 땅이오."

이 대목에서 보듯, 힘으로 나라의 욕망을 달성하는 시대였던 것이다. 오늘날 미국이 '팍스 아메리카' 대신 자국의 이익을 내세우며 관세 협상을 일방적으로 진행하고 있다는 뉴스는 한비자가 살았던 그 시대를 떠올리게 한다. 자유무역, 공정, 호혜평등 같은 정의는 무색해지고 있다.

한비는 추상적 명분, 논리, 몇몇 사람의 지략보다 법이라는 시스템에 의존해야 한다고 주장했다. 그러려면 인간을 정의롭고 선한 존재가 아니라 악의적인 존재로 규정해야 했을 것이다. 그러나 악의가 오히려 선의일 수 있다. 흡사 이기가 이타가 되는 것처럼 말이다. 많은 부모가 이타심으로 자식을 위해 온통 희생하고, 노후에 자식에게 의존하다 결국 자식을 힘들게 한다. 이것은 이타로 위장된 이기다. 반대로 다소 이기적으로 자신의 삶을 살고, 노후에도 자식에게 의존하지 않는 것이 결국 자식을 위하는 이타다. 마찬가지로 당장의 선의가 더 큰 악의를 초래하는 경우가 많다.

선의로 포장된 우유부단한 리더십이 수십만 명을 전쟁터에서 죽게 하거나 굶어 죽게 한 역사는 무수히 많다. 조선시대 1591년, 일본 도요토미 히데요시가 명나라 징벌을 위해 길을 내달라고 요구했을 때, 선조는 정사 황윤길과 부사 김성일을 일본에 보내 정세를 파악하게 했다. 황윤길은 침략 가능성을 보고했고, 김성일은 반대 의견을 냈다. 그러나 선조는 결정을 내리지 못하고 상대를 악의로 보지 못했다. 결국 조선 인구의 30%가 죽고, 7년 간 일본과 명나라에 짓밟히는 피해를 겪었다.

프랑스는 18세기 후반, 미국 독립전쟁 참전 등으로 심각한 재정 위기를 겪었다. 사회 불평등과 절대왕정에 대한 불만이 극에 달했지만, 루이 16세는 개혁 결단을 내리지 못했다. 결국 프랑스 혁명이 일어났고, 수만 명이 단두대에서 목숨을 잃었으며, 그 다수는 귀족이 아니라 평민이었다.

마키아벨리의 《군주론》에 등장하는 피렌체 공화국의 종신 집정관 피에로 소데리니도 우유부단함으로 몰락을 자초했다. 외부 세력과 메디치 가문의 압력 속에서 과감히 해결하기보다 시간을 끌었고, 결국 기회를 놓쳐 메디치 가문의 복귀를 막지 못했다. 마키아벨리는 군주는 때로 단호하고 과감한 결단을 내려야 한다고 주장했다. 결국 당장의 악의는 변화를 이끌어 내는 동인이 되고, 피해를 줄이거나 성과를 극대화하는 측면을 가진다.

한비자가 언급하는 우나라의 치수 이야기를 보자. "옛날에 하나라를 건국한 우(禹)가 강을 다른 곳으로 흐르게 했다. 그러자 마을 사람들은 돌과 기왓장을 우에게 던졌다." 왜 사람들은 돌과 기왓장을 던졌을까? 물길을 돌려 삶의 터전을 잃게 된 사람들 입장에서는 우의 행위가 악(惡)이었다. 반대로 그의 아버지 곤(鯀)은 물길을 막아 치수를 했으니 선(善)이었다. 그러나 곤은 치수에 실패하여 순임금에 의해 처형되었다. 반면 우는 물을 막지 않고 강을 파서 흐름을 조절해 치수에 성공했다. 결국 기왓장을 던졌던 농민들은 농사를 지으며 잘살게 되었다. 13년간의 치수사업에 성공한 우는 순임금의 뒤를 이어 왕이 되었고, 하나라를 건국했다.

성선설은 사람이 태어날 때부터 선하다는 주장이고, 성악설은 그 반대다. 인류의 역사는 기존의 것을 악으로 보고 개혁과 도전한 누군가에 의해 발전해 왔다. 한비자를 피도 눈물도 없는 냉혈적 존재로만 해석하는 것은 단편적이다. 그는 더 큰 성장과 발전을 통한 더 큰 선함과 사랑을 실천하려는 깊은 의지를 담고 있었다고 보는 편이 타당하다.

안전문화 발전 단계에도 같은 맥락이 있다. 1단계는 규정 준수 단계(Compliance/Pathological)로 안전을 비용으로 보고 법적 규정 준수에만 초점을 맞춘다. 2단계는 반응적 단계(Reactive)로, 사고가 나면 그제야 대응한다. 안전의 중요성은 알지만 우선 순위가 낮고 규제기관 요구 충족에 머문다. 3단계는 체계화 단계(Calculative)로 시스템을 구축하고 데이터를 활용해 안전을 관리 대상으로 인식한다. 4단계는 참여적 단계(Proactive)로, 안전은 모두의 책임이라는 인식을 가지고 구성원들이 적극적으로 참여하며 위험 예측과 예방 활동이 활발히 이루어진다. 5단계는 지속적 개선 단계(Generative)다. 안전이 조직 문화의 핵심 가치로 자리 잡아 '반드시 해야 하는 것'을 넘어 '자연스러운 행동'이 된다.

　이 단계들은 차례대로 밟아야 무너지지 않는다. 앞 단계를 건너뛰면 복잡도가 증가하고 저항으로 시간이 지체된다. 오늘날 우리나라 안전경영 수준이 그렇다. 아직 안전을 비용으로 보는 1단계도 넘지 못했는데, 현수막과 보고서에는 참여와 지속적 개선 같은 4단계, 5단계 문구가 적혀 있다. 기업 간 수준 차이, 협력업체와 모기업의 차이, 근로자 인식 수준의 차이로 도대체 어느 장단에 맞춰야 할지 혼란스럽다.

　안전경영 담당자들은 사고가 날 때마다 새로운 이슈를 내놓는다. 그러나 내용을 보면 제목만 바뀐 재탕·삼탕이 많다. 내재화가 되지 않은 상태에서 상위 단계를 추진하니 성과로 이어지지 못하고, 결국 경영진의 불신과 시스템의 형식화를 초래한다. 만약 한비자가 지금 안전정책 총괄 책임자라면 어떤 대안을 내놓을까? 아마도 전국시대의 상황도 같았을 것이다. 세상은 힘의 논리가 지배하는데, 명분 논리에 빠진 상황을 보며 내놓은 대안이 55편의 《한비자》였다. 그렇다면 오늘날 안전경영 선진화와 성숙한 안전문화를 위한 가이드북으로 읽어도 무방할 것이다.

07. 맹상군에게 배우는 진심을 알아내는 방법

'미자하'는 위나라 영공의 총애를 받고 있었다. 위나라 법률에 따르면 허가 없이 군주의 수레를 탄 사람은 발꿈치를 베는 형벌을 받게 되어 있었다. 어느 날 미자하의 어머니가 병에 걸렸다. 그 소식을 들은 미자하는 임금의 허락을 받았다고 거짓말을 하고 임금의 수레를 타고 급히 어머니 곁으로 달려갔다. 영공은 이 사실을 알았으나 "효자로구나. 어머니의 병을 걱정한 나머지 자기의 발꿈치를 베일 것도 두려워하지 않았구나."라고 했다.

또 어느 날, 미자하가 임금과 함께 과수원에서 놀고 있을 때였다. 열린 복숭아를 하나 따서 먹어보니 무척 맛이 있었다. 그래서 다 먹지 않고 반쯤 남은 복숭아를 임금에게 권했다. 임금은 다시 감탄했다. "나를 극진히 사랑하고 있구나. 제 입에 넣었던 것을 잊고 내게 먹으라고 하다니."

세월이 흘러 미자하의 고운 얼굴이 사라지자 영공의 총애도 사라졌다. 미자하가 임금에게 또 죄를 짓자 임금이 말했다. "이 자는 옛날에 내 허락도 없이 내 수레를 탔다. 그리고 자기가 먹던 복숭아를 나에게 먹인 적도 있다."라고 하면서 처벌했다.

여기서 미자하의 행동은 동일하다. 그런데도 예전에 칭찬을 받은 이유가 문책을 받은 이유가 되었다. 그 원인은 군주의 애증이 변화했기 때문이다. 한비자는 이 이야기를 통해 상사의 마음은 언제든지 변화될 수 있다고 말한다. '항심'과는 거리가 멀다.

안전경영이 일관성을 가지고 내실을 갖추지 못하는 이유는 무엇일까? 안전경영에 대한 로드맵을 공유하지 못하기 때문이다. 수준은 초등학생인데 대학생이 되어야 가능한 학습법을 요구한다. 이 과정에서 피로는 증가하고 지속성은 파괴된다. 지속성이 상실된 행동은 문화화되지 못한다.

맹상군은 제나라의 재상이다. 제나라 위왕의 정부인이 죽었다. 후궁이 10명이 있었는데 그중 한 명을 정부인으로 삼아야 했다. 맹상군은 그가 누구일지를 알고 싶었다. 그것을 알면 자신이 추천하여 공적을 인정받을 수 있기 때문이다. 만약 자신이 추천했는데 왕이 옹립하지 않게 되면 체면을 구길뿐더러 미움을 살 수 있었다. 맹상군은 후궁 10명 중 누구에게 왕의 마음이 있는지를 알아내어 왕에게 진언하기로 했다.

맹상군은 10개의 구슬 귀걸이를 만들고 그중 1개는 특별히 아름답게 만들어서 왕에게 헌상했다. 위왕은 구슬을 후궁들에게 나누어 주었다. 맹상군은 특별히 아름답게 만든 귀걸이를 달고 있는 후궁을 위왕에게 권하여 정부인으로 삼게 했다.

재미있는 이야기다. 그러나 신하가 왕의 의중을 정확히 알아야 한다는 점에서 우리나라의 안전경영은 마음이라기보다 이상적인 어떤 것이다. 동상이몽인 것이다. **가식적 혹은 선언적 의미의 안전경영방침이 최고 의사결정권자의 사무실 액자 속에 적혀 있다. 사무실 액자 속 경영방침이 진심이라고 생각하고 행동했다가는 큰일이 날 수도 있다.**

08. 긴장감과 두려움 그리고 안전불감증의 삼각관계

"무지한 것인가? 불감한 것인가?"

긴장감은 정신적·신체적으로 예민해진 상태를 의미한다. 무언가에 집중하고 잘 해내야 하는 상황에서 주로 발생한다. 활시위를 당기고 있는 상태, 에너지를 모으고 있는 상태다. 두려움이란 실재하거나 인지된 위험 또는 위협에 대한 강렬한 정서적 반응이다. 맹수와 같은 구체적인 대상이 있을 때 나타나는 반응이다. 긴장감은 두려움의 전조 증상이거나 두려움에 포함된 요소다. 막연하게 긴장감을 느끼다가 실질적 위협이 되는 순간 두려움으로 발전한다고 한다.

CSO에게 안전사고는 긴장감인가, 두려움인가? 문제는 긴장감이 계속되면 어떻게 되는가? 또한 그 긴장감의 종류가 비슷한 경우에는 어떨까?

초나라 상왕은 '상신'을 태자로 삼았다. 그러나 후궁 소생인 '직'을 태자로 삼고 싶어했다. 상신은 그 소문을 들었지만 사실인지 거짓인지 알 수 없었다. 그는 스승인 '번승'에게 그 방법을 물었다. 번승은 "상왕의 누이동생의 남편인 '강우'를 초대하여 연회를 열고 일부러 실례되는 행동을 해보세요."라고 했다.

태자는 시키는 대로 했다. 그러자 강우는 화를 내며 말했다. "정말 쓸모없는 사람이군. 왕께서 자네 대신 '직'을 태자로 책봉하려는 것도 이해가 간다." 태자 상신은 "소문이 사실이었군."이라고 판단하고 스승에게 탄식했다.

스승 번승이 말했다.

"동생 직이 태자가 되면 신하가 될 수 있겠습니까?"

"그렇게 할 수 없다."

"그럼 타국으로 망명하여 방랑할 수 있겠습니까?"

"그것도 할 수 없다."

"그럼 큰일을 도모할 수 있겠습니까?"

"그래, 해봅시다."

그리하여 상신은 근위병을 이끌고 상왕을 공격하여 포로로 잡자, 상왕은 자결하였다.

정보 수집을 통해 진의를 알아내려는 술책의 필요성을 말하고 있다. 그러나 여기서 관점을 달리해보자. 태자 상신에게 생겨난 감정은 긴장감이 아니라 두려움이었다. 두려움이 행동을 유발한다. '태자를 바꾸면 어떡하지'라는 긴장감은 그것을 확인하는 순간 두려움이 되었고, 그것은 바로 쿠데타라는 행동으로 나타났다. 사고 발생 원인에 대한 접근에서 위험을 어떻게 다르게 알려줄 것인가가 매우 중요하다는 착안점을 발견하게 된다.

아울러 안전불감증은 중대재해가 발생하고 나면 늘 사고 원인 분석의 '감초' 같은 것이다. 안전불감증이 누군가의 의지의 문제라는 시각이다. 그러나 불감증은 심리적 현상이다. 심리적 현상을 이성적 관점으로만 들여다보는 고질적 문제는 아직도 여전하다. 무지한 것과 불감 혹은 둔감한 것은 매우 다른 문제다. 위험성 평가·분석을 해보면 위험은 충분히 예측 가능할 만큼 반복적·규칙적이다. 다만 그 위험이 언제 현실이 될지에 대한 부분이 불명확한 것이다. 결국 긴장감이 지속되지 못하거나, 우리 몸의 알고리즘은 그 긴장감을 어느 시점에서는 몸의 부담이 해소되는 방향으로 인식하고 반응하기 시작한다. 이 지점이 안전이 명쾌한 과학의 영역에서 다뤄지지 못하는 이유다.

09. 위험에 둔감해지는 이유 3가지

긴장감이 계속되면 우리 몸과 마음은 스스로를 보호하기 위해 역설적으로 '둔감'해지는 현상이 나타난다. 이는 일시적인 적응 과정일 수도 있지만, 장기화되면 심각한 문제를 유발한다. 몇 가지 핵심 개념을 살펴보자.

첫째, 신체의 비상 시스템과 그 한계, 즉 '투쟁-도피' 반응의 고갈이다. 긴장감이 생기면 우리 몸은 위협이나 스트레스 상황에 처할 때 교감신경계가 활성화되어 '투쟁-도피(Fight-or-Flight)' 반응을 일으킨다고 한다. 아드레날린과 코르티솔 같은 스트레스 호르몬이 분비되어 심장이 빨리 뛰고, 근육이 긴장하며, 모든 감각이 예민해진다. 단기적 위협에 대처하기 위한 매우 효과적인 생존 전략을 유전자가 선택한 것이다.

그러나 긴장이 장기화되면 이 비상벨이 계속 울리는 상태가 된다. 즉 만성적인 긴장 상태가 이어지면 우리 몸은 에너지를 전부 소진한다. 이를 '탈진(Exhaustion)' 또는 '번아웃(Burnout)' 단계라고 부른다.

신체는 더 이상 높은 긴장 상태를 유지할 수 없게 되고, 스트레스에 대한 저항력이 급격히 떨어진다. 전쟁터의 군인이나 재난 현장의 구조대원이 충격적인 장면에 반복적으로 노출되면서 감정적으로 무뎌지거나 눈앞의 상황을 비현실적으로 느끼는 것이 그 예이다. 직장에서 과도한 업무 압박과 경쟁에 시달리는 사람도 열정과 성취감을 잃고 냉소적으로 변하며 감정적으로 고갈되는 '번아웃'을 경험한다.

둘째, 심리적 방어기제인 해리(Dissociation)와 감정적 무뎌짐 반응이다. 지속적인 긴장과 스트레스는 감당하기 힘든 심리적 고통을 유발한다. 이때 마음은 스스로를 보호하기 위해 방어기제를 사용한다. 해리 반응은 감당할 수 없는 현실로부터 자신을 분리시키는 현상이다. 마치 자신에게 일어나는 일이 남의 일처럼 느껴지거나, 현실감이 없고 멍한 느낌이 드는 것이다. 이는 마음의 붕괴를 막으려는 무의식적 시도로, 극심한 트라우마(사고, 재난, 학대 등)를 겪은 사람들에게서 흔히 나타난다. 가정 폭력이나 학대 피해자가 지속적인 위협 속에서 생존하기 위해 자신의 감정을 억누르고 분리시키는 것이 대표적이다.

또 다른 반응은 감정적 무뎌짐(Emotional Numbing)이다. 좋은 감정이든 나쁜 감정이든 감정 자체를 느끼는 능력이 현저히 줄어드는 상태다. 기쁨, 흥미, 사랑 같은 긍정적 감정뿐 아니라 슬픔, 분노, 공포 같은 부정적 감정도 제대로 느끼지 못한다. 마치 감정의 볼륨을 완전히 줄여버린 것과 같다. 외상 후 스트레스 장애(PTSD)의 주요 증상 중 하나이기도 하다.

셋째, 뇌의 적응 반응으로 생존을 위해 '셧다운'을 일으키는 것이다. 만성적인 스트레스는 뇌의 구조와 기능에도 영향을 미친다. 공포와 불안을 담당하는 편도체(Amygdala)는 과활성화되는 반면, 이성적 판단과 감정 조절을 담당하는 전전두피질(Prefrontal Cortex)의 기능은 저하된다. 이러한 불균형이 계속되면 뇌는 과도한 자극으로부터 스스로를 보호하기 위해 특정 감정 회로의 활동을 의도적으로 둔화시키는데, 이것이 바로 '둔감'하게 느껴지는 신경학적 배경 중 하나이다.

결론적으로 둔감함은 '위험 신호'다. 안전 불감증이 대형사고로 이어지는 것처럼, 안전에 대한 둔감함 역시 매우 위험하다. 따라서 긴장감이 계속될 때 나타나는 '둔감함'은 단순히 상황에 익숙해진 것이 아니라 신체와 정신이 한계에 도달했다는 심각한 경고 신호다.

10. 둔감증과 안전불감증의 차이

안전불감증(安全不感症)은 '지속적인 긴장으로 인한 둔감화'와 일부 유사한 메커니즘을 가지지만, 원인과 심리적 상태에서 중요한 차이를 가진다. 안전불감증은 '위험'이라는 자극에 무뎌진다는 점에서는 같지만, 그 과정은 '압도적 스트레스에 대한 방어기제'라기보다는 '위험이 현실화되지 않는 경험의 반복으로 인한 학습 및 인지적 오류'에 가깝다.

두 개념의 공통점은 자극에 대한 반응의 무뎌짐, 즉 습관화(Habituation)다. 특정 자극에 반복적으로 노출될 때, 그 자극에 대한 반응이 점차 감소하는 현상이다. 긴장으로 인한 둔감화는 '생명의 위협'이나 '극심한 스트레스'라는 자극에 계속 노출되면서 공포와 불안 같은 감정적·신체적 반응이 무뎌지는 것이다. 안전불감증은 '잠재적 위험'이라는 자극(예: 안전벨트 미착용, 무단횡단)에 계속 노출되지만 사고가 일어나지 않는 경험이 반복되면서, 위험 자체를 더 이상 중요한 자극으로 인식하지 않게 되는 것이다. 둘 다 '더 이상 강하게 반응하지 않게 된다'는 점에서는 유사하다.

그러나 차이점은 원인과 동기다. 긴장으로 인한 둔감화는 과도한 스트레스와 고통이 원인이다. 생존을 위해 마음이 스스로를 셧다운시키는 수동적이고 방어적인 과정이다. "너무 힘들어서 더 이상 느낄 수가 없어."라는 상태다. 반면 안전불감증은 부정적인 결과의 부재(사고가 나지 않음)가 핵심 원인이다. 여기에 "나는 괜찮을 거야."라는 낙관 편향, "이렇게 하는 게 더 편해."라는 편의성 추구, "다들 그렇게 해."라는 동조 심리가 결합된 능동적·인지적 과정의 결과다. "지금까지 별일 없었으니까 앞으로도 괜찮겠지."라는 상태다.

심리 상태를 비교해 보면, 둔감화는 번아웃, 무기력, 우울, 해리 같은 부정적 감정 상태와 연결되고 고통을 피하기 위한 결과다. 반면 안전불감증은 과신, 안일함, 방심과 연결된다. 이는 위험을 과소평가하고 자신의 통제력을 과대평가하는 인지적 오류다. 둔감화는 전쟁터의 군인이 포탄 소리에 무덤덤해지는 것이고, 안전불감증은 매일 공사장을 지나다니면서 안전모를 쓰지 않는 근로자다. 처음에는 불안했더라도 아무 일도 일어나지 않으면 점차 위험 자체를 인식하지 못하게 된다. 따라서 둔감화는 직무 스트레스의 영역, 안전불감증은 사고 예방의 영역에서 다뤄야 한다.

소방관이나 응급구조대원 같은 고위험 직업군을 보자. 직업 초기에 겪는 끔찍한 사고 현장과 극도의 긴장감은 정신적 고통을 유발한다. 이를 이겨내고 직업을 지속하기 위해 이들은 필연적으로 어느 정도의 감정적 둔화를 겪게 된다. 이것이 장기화되면 안전불감증으로 이어진다. 이렇게 형성된 '위험에 대한 둔감함'이 과도해지면, "나는 전문가고 이런 상황은 익숙해."라는 생각과 결합해 기본적인 안전 절차를 무시하는 행동으로 나타난다. 예를 들어, 익숙한 현장이라 방심하여 안전 장비를 제대로 착용하지 않게 되는 것이다.

한비자의 관점은 이러한 인간의 한계에 주목한다. 구조적 한계에 의지로 대응하는 것은 어리석다. 안전불감증은 교육만으로는 줄일 수 없다. 체험과 처벌 혹은 손실을 회피하려는 심리를 자극하는 등의 적극적인 방법이 필요하다고 주장한다. 번거롭거나 손해가 된다는 것을 끊임없이 알려 지속적으로 자극을 줘야 한다. 이런 점에서 보면 인간은 이성적이지 않다.

11. 어떻게 참여하게 할 것인가?

"무항산 무항심(無恒産 無恒心)이다"

중처법에서 정하는 안전보건관리체계의 7가지 핵심 요소는 안전경영 리더십, 위험요인 발굴, 제거 대책, 근로자 참여, 도급업체 관리, 비상 대응 계획, 평가로 볼 수 있다. 이 중에서 근로자 참여는 안전경영의 문화화를 위한 필수 과정이다. 어쩌면 가장 어려운 부분이다. 왜냐하면 자발적인 경우에만 참여라고 하기 때문이다. 안전교육에 참석했다고 해서 참여라고 보기 어렵다. 받기 싫은데 처벌이 불편해서 왔다면 참석이지만 참여는 아니다. 실상 참석하고 있기는 하지만 참여하지 않는 것이 현실이다. 이 점에 생각해 볼 만한 한비가 들려주는 이야기가 있다.

송나라 승문이란 지역에서는 부모가 돌아가실 때 지켜야 할 계율을 엄격하게 지켰다. 이 때문에 몹시 쇠약해진 사람이 있었다.

군주는 그 이야기를 듣더니 부모에 대한 효심이 깊다고 칭찬하고 작은 벼슬을 주었다. 그러자 다음 해에는 부모의 상을 입고는 일부러 예절을 지키다가 굶어 죽은 사람들이 10명이나 생겼다고 한다. 부모에게 효를 다하는 것과 벼슬을 하는 것은 관계가 없는 일이다. 능력이 없으면서도 벼슬에 욕심을 내어 죽음에 이른 경우다. 한비자가 인간을 욕망의 존재로 보고 있음을 그대로 보여준다. 경영은 욕망 충돌에 대한 조정 행위다. 통치자나 경영자는 사고 없이 이익을 많이 가지려 할 것이고, 수행자는 무능하더라도 혹은 열심히 하지 않아도 더 높고 많은 대우를 받고 싶을 것이다. 이를 위해 '빨리빨리', 절약, 축소 등의 방법이 동원된다. 문제는 이 단어를 대하는 입장과 해석이 상이하다는 점이다.

이 대목에서 한비의 스승인 순자와는 대척점에 있는 맹자도 같은 맥락의 이야기를 했다. 바로 '천금매골(千金買骨)'과 '무항산 무항심, 유항산 유항심(無恒産 無恒心, 有恒産 有恒心)'이 그렇다.

옛날 연(燕)나라의 소왕(昭王)은 선왕의 실정으로 인해 나라가 쇠약해진 것을 걱정했다. 소왕은 곽외(郭隗)라는 신하에게 "나는 선왕의 실정으로 인해 망할 뻔한 나라를 다시 일으키려 한다. 뛰어난 인재를 모으고 싶은데, 어떻게 하면 좋겠는가?"라고 물었다.

곽외는 소왕에게 다음과 같은 이야기를 들려주었다.

"옛날에 천금을 주고 천리마를 구하는 사람이 있었습니다. 3년 동안 천리마를 찾았지만 구하지 못하자, 그는 신하 한 명을 시켜 천금을 주고 천리마를 찾아오도록 했습니다. 신하는 죽은 천리마의 뼈를 500금에 사서 돌아왔습니다. 소왕은 이 말을 듣고 화를 내며 '내가 살아 있는 천리마를 원했는데, 어찌 죽은 천리마의 뼈를 사 왔느냐!'라고 소리쳤습니다. 그러자 신하는 "죽은 천리마의 뼈도 500금에 사다니, '연나라 왕은 정말 천리마를 아끼는구나!'라고 소문이 나면, 천리마를 가진 사람들이 서로 찾아올 것입니다. 1년 뒤, 과연 천하의 천리마를 가진 사람들이 연나라로 몰려들었습니다."

이 이야기를 들은 소왕은 곽외의 지혜를 깨닫고, 곽외에게 "선생이 바로 그 천리마의 뼈와 같다. 선생을 중용하면 천하의 뛰어난 인재들이 연나라로 몰려올 것이다."라고 말했다.

그리고 소왕은 곽외를 스승으로 모시고 높은 벼슬을 주었다. 그 결과 많은 인재들이 연나라로 모여들었고, 연나라는 부강한 나라가 되어 주변 강대국인 제(齊)나라를 크게 무찌를 수 있었다.

또한 맹자는 제(齊)나라의 선왕(宣王)에게 백성을 다스리는 도리에 대해 말한다.

"무항산(無恒産)이면 무항심(無恒心)이다."

이는 백성이 일정한 생업과 재산을 통해 생산과 이익을 얻지 못하면, 흔들리지 않는 올바른 마음을 가질 수 없다는 뜻이다.

반면에 유항산(有恒産)이면 유항심(有恒心)이다. 일정한 생업과 재산을 통해 생산과 이익을 얻고 있으면, 백성들은 늘 안정되고 바른 마음을 가질 수 있다. 그러므로 백성들이 항산을 가질 수 있도록 보살피는 것이 왕의 가장 중요한 임무라는 것이다.

안전경영에서 "잘해야 본전인가, 잘하면 대우받는가?"의 문제를 명확하게 해결하지 못하는 한 참석은 강제할 수 있겠지만 자발적인 참여는 불가능할 것이다. 잘해보았자 본전은커녕 잘못되면 처벌받는다는 공포감만 심어줄 뿐이다.

필자는 《맹자·장자에게 리스크 매니지먼트를 묻다》에서 "안전관리자가 한직인가? 요직인가?"를 물은 적이 있다. 우리 사회에서 안전 관련 직종은 한직인가, 요직인가? 이 질문에 대한 답이 안전문화와 안전경영의 미래를 결정할 것이다.

12. 권한을 위임하는가? 책임을 떠넘기는가?

　권한을 줘야 책임을 물을 수 있다. 권한은 없거나 미미한데 책임만 물으려 들면 거짓을 말하거나 실상을 축소해서 보고하게 된다. 결국 어떻게 위임할 것인가의 문제다. 다시 말해 실질적인 권한을 위임하는 것이 핵심이다.

　방경이라는 현령이 있었다. 그가 어느 날 시장을 감독하는 관리를 감독하기 위해 시장에 갔다. 그는 시장에 가서 관리 책임자를 불러 자기 앞에 세워 둔 채 아무 말도 하지 않고 한동안 서 있기만 했다. 그리고 그 책임자를 돌려보냈다. 시장의 관리와 상인들은 그 광경을 보고 현령과 책임자가 무엇인가 상의했다고 생각하고, 매우 각별한 사이라고 생각하게 되었다. 그뒤로 관리 책임자의 말과 지시는 칼같이 이행되었다.

이 장면을 상상해 보면 재미있다. 지금도 대통령과 근거리에서 찍은 사진 한 장의 위력은 대단하다. 가끔 귓속말이라도 하는 사진 한 장이라도 찍히면, '최측근'이란 수식어가 따라붙는다. 이 이야기는 위임(Empowerment)을 어떻게 해야 하는지를 명쾌하게 알려준다. "네가 책임져야 한다."가 아니라 "이 사람이 내 권한을 행사하는 사람이다."이다. 결국 파워를 위임한 것이다. 당연히 하부 조직에 안전책임자들의 리더십이 작동된다. 권한 없는 책임자는 책임을 지지 않기 위해서 공포감이라는 최하위 단계 리더십을 사용하게 된다. 처벌이나 징계 등의 법이나 규정을 들추게 되는 것이다.

CSO에게 얼마만큼의 권한을 부여하는가? 형식적으로 공사를 중단시킬 수 있고 "안전하지 않으면 작업하지 말라."라는 경영방침을 공표했다고 해도 보이지 않는 이익이라는 암묵적 우선 순위를 극복할 수 있을까? 실제 권한을 행사한다면 용인되는가? 실상 대부분의 CSO는 권한은 미약하고 책임만 주어진 경우가 많다. 한비가 들려준 이야기는 다른 사람들 앞에서 권한을 실어 주고 인정해 주는 것의 중요성을 말하고 있다. 또 한 가지 메시지는 최고경영자는 시장 책임자 한 사람만 통제하면 되므로 효율성이 확보된다는 점이다. 임원은 수없이 많은데 최고경영자가 여전히 바쁘다면 그 이유는 여전히 최고경영자가 모든 권한을 행사하고 있다는 증거다.

13. 거짓 보고를 구별할 수 있는가?

　한비는 필연적이라고 본다. 타고날 때부터 악하다고 보는 성악설이 의심을 하게 하는 지점이다. 처벌이나 징계라고 하는 것을 피하려고 하는 것이 본성이라면 '환경이 그리 만든 것'이라는 반론이 가능하기에 그렇다. 그것이 선천적이든 후천적이든 우리는 거짓말에 매우 익숙하다.

　한나라의 소후가 손톱을 깎던 중 손톱 한 개를 잃어버린 척하고 찾아내라고 했다. 군주의 손톱은 부정한 곳에 버리면 안 되게 되어 있었기 때문에 신하들은 고민을 했다. 결국 신하들은 자신의 손톱을 몰래 잘라 그것을 소후의 것이라고 속이면서 내놓았다. 소후는 그것을 보고 신하가 정직하지 않다는 것을 알았다.
　소후가 신하들을 통해 거짓말을 하는 것을 찾아내는 지혜는 남달랐다. 소후가 신하에게 지방에 다녀오라고 했다. 신하가 다녀와서 보고를 하자 "무엇을 보았느냐?"고 물었다. "별로 본 것이 없습니다."라고 하자 "무엇이든 본 것을 말해보라."고 했다. 그러자 신하는 "남문 밖에서 누런 송아지가 길 왼쪽 논에 들어가서 벼를 뜯는 것을 보았습니다." 이때 왕은 "지금 내게 한 말을 누구에게도 하지 말라."고 하고는 다른 신하에게 명령을 내렸다.

"모심기 철인데 우마(牛馬)가 남의 논에 들어가지 못하도록 법이 되어 있는데, 소와 말들이 남의 논에 들어가 모를 뜯고 있다. 즉시 그 수를 조사해 보고하라."고 했다. 다른 신하는 즉시 동문, 서문, 북문 밖을 조사하고 보고했다. "이게 전부는 아닐 게다."라고 다시 조사하라 하니 남문 밖의 그 송아지도 보고서에 올라왔다. 그 뒤로 관리자들은 소후의 명철함에 두려워하여 죄를 범하지 않게 되었다. 거짓말을 하는 것이 통하는 순간 거짓말은 당연시되고, 결국 그 조직은 거짓이 정상인 것처럼 되게 된다.

안전경영에서 거짓은 크게 두 가지다. 하나는 원인에 대한 것이고 또 하나는 결과에 관한 것이다. 원인에 대한 것은 사고 원인을 숨기는 것이다. 책임이 수반되는 구체적인 원인이 아닌 포괄적인 원인이거나, 주체가 불분명한 원인으로 둔갑시킨다. 예를 들면 불안전한 행동에 의한 사고 원인을 불안전 상태나 사회

환경이나 재해자의 개인적 결함으로 거짓 보고하는 것이다. 결과는 사고 건수나 재해율 등과 관계된 것이다. 공식적으로 산재 처리되지 않은 사고 건수는 누락시키는 것이다.

사고는 재해가 될 때 공식화된다. 공식화되지만 않는다면 재해는 숨겨진다. 그렇다고 사고가 나지 않은 것은 아니다. 오히려 숨겨진 재해는 다시 발생할 가능성이 높아진다. 더 큰 문제는 재해로 공식 인정받지 못한 사고는 더더욱 재발할 가능성이 높아진다는 점이다. 그러나 그 누락되거나 축소된 보고의 허점을 모르거나, 본인도 애써 들추고 싶지 않은 마음이 작동되고 있다면 우리 조직의 안전경영에 거짓이 허용되고 있는 것이다.

14. 죽기 직전의 재상이 말하는 책임자의 자격은?

"안전경영 조직 구성의 고려 요소"

제나라 환공과 관중은 중국 춘추시대의 가장 유명한 군주와 재상 콤비다. 이들의 관계는 단순한 상하 관계를 넘어, 춘추시대의 첫 번째 패자인 제나라 환공의 등극을 가능하게 한 핵심적인 요소로 평가받는다.

환공이 군주가 되기 전, 그의 형인 공자 규와 왕위 다툼을 벌였을 때 관중은 공자 규를 섬겼다. 심지어 공자 규의 명령을 받아 활로 환공을 쏘아 죽이려 했으나, 다행히 화살이 환공의 허리띠 쇠고리에 맞아 목숨을 건졌다.

환공이 제나라의 왕(환공)으로 즉위하자, 당연히 관중은 죽음의 위기에 처했는데 이때 환공의 심복이자 관중의 오랜 친구였던 포숙아가 나선다. 그는 환공에게 이렇게 말하며 관중을 대신으로 추천했다.

"임금께서 만약 제나라만을 다스리려 하신다면, 저 포숙아와 고혜(高傒)만으로도 충분합니다. 하지만 임금께서 천하의 패자가 되고 싶으시다면, 반드시 관중을 등용해야 합니다. 그가 사는 나라는 반드시 강성해질 것입니다. 그에게 국정을 맡기지 않으면 천하의 패자가 될 수 없습니다."

여기서 관포지교(管鮑之交)라는 고사성어가 유래되었는데, 이는 서로를 깊이 이해하는 두터운 우정을 뜻한다.

환공은 포숙아의 조언을 받아들여 자신을 죽이려 했던 관중의 재능을 높이 평가하고, 그를 재상으로 삼는 파격적인 결정을 내렸다. 이 결단은 훗날 제나라를 춘추시대의 최강국으로 만들게 된다.

환공이 관중에게 대신 임명에 대해 물었다. 오늘날 총리의 장관 제청권을 행사하게 한 것이다. 관중이 대답했다.

"말이 유창하고 금전에 대해서는 청결하며 인정이 많은 점에서는 저도 현상을 따르지 못합니다. 현상을 법무대신에 임명하시기 바랍니다. 또 계단을 오르내릴 때에도 경건하게 자기를 낮추고 예의 바르게 빈객을 응대하는 일에서도 저는 습명을 따르지 못합니다. 그를 외교 담당 대신으로 임명하시기 바랍니다. 그리고 초원을 개척하여 마을을 만들고 황무지를 개척하여 초밭을 만드는 일에 있어서는 저도 영무를 따르지 못합니다. 이 영무를 농업 담당 대신으로 하시기 바랍니다. 그리고 3군을 통솔하고 병사들로 하여금 생명을 아까워하지 않고 싸우게 하는 일에 있어서도 저는 공자 성보를 당해내지 못합니다. 바라옵건대 공자 성보를 국방대신에 임명하시기 바랍니다. 끊임없이 간언하는 일에 있어서 저는 동곽아를 따르지 못합니다. 동곽아를 간언 담당 대신에 임명하시기 바랍니다. 제나라를 다스리는 데 만족하지 않고 만약 천하의 패왕이 되고 싶으시다면, 그것을 성취해 드리기 위해서는 지금까지 진언해 드린 이 관중이 옆에 있습니다."

관중의 이 대답에는 특징이 있다. 지금의 장관급인 대신들의 우수한 점을 자신보다 뛰어나다고 한다는 것이고, 또 하나는 그 모든 것을 뛰어넘는 수준의 능력은 자신에게 있다고 하는 것이다. 겸손과 자신감이 돋보인다. "일류와 이류의 차이를 보면, 일류는 자기보다 우수한 사람을 추천하고 이류는 삼류를 추천한다."고 한다. 임원은 절대로 자기보다 우수한 사람을 선발하지 않는다고 한다. 때문에 임원 면접은 반드시 대표가 직접 봐야 한다는 것은 인사의 불문율이기도 하다.

결국 환공은 관중의 의견을 받아들이고 짜임새 있는 팀워크로 난마같이 흩어져 있던 천하를 하나로 묶어 제후들을 지배하는 패왕이 될 수 있었다. 시간이 흘러 관중이 병에 걸려 죽음이 임박하자, 환공은 불안해졌다. 자신을 도와 나라를 이끌어갈 인재를 잃는다는 생각에 두려움을 느꼈고, 관중이 없는 제나라의 미래에 대해 깊은 고민에 빠지게 된다.

환공은 병상에 있는 관중을 찾아가 다음 대를 이을 재상을 누구로 임명해야 할지 직접 물었다. 이때 환공은 자신이 평소 아끼던 신하 몇 명을 거론하며 관중에게 그들의 자격을 물게 된다.

역아(易牙)는 환공의 입맛을 맞추기 위해 자신의 아들을 삶아 바친 인물이다. 수초(豎貂)는 환공을 가까이에서 모시기 위해 스스로 거세한 인물이다. 개방(開方)은 환공을 위해 자신의 나라인 위(衛)나라를 버리고 돌아가지 않은 인물이다. 환공은 이들이 자신을 극진히 모신다고 생각했기 때문에 이들을 다음 재상 후보로 고려했다. 하지만 관중은 환공의 예상과는 전혀 다른 답변을 내놓는다. 그는 이 세 사람이 모두 재상의 자격이 없다고 단호하게 말한다.

"역아는 자기 아들을 죽여 임금의 비위를 맞췄으니 사람의 인정상 안 됩니다. 수초는 자기 몸을 해쳐가면서까지 임금을 따르는 것은 비정상적인 충성입니다. 개방은 자신의 나라와 가족을 버린 자가 어찌 남의 나라를 제대로 다스릴 수 있겠습니까?"

관중은 사적인 충성이나 겉으로 드러나는 희생이 아닌, 인간의 기본적인 도리와 윤리, 그리고 진정한 인격적 자질을 갖춘 인물만이 대신이 될 수 있다고 강조했다. 그는 이들이 사심을 품고 충성을 가장하는 간신배라고 보았던 것이다.

관중은 이들을 대신에 임명하지 말 것을 유언으로 남겼지만, 안타깝게도 관중이 죽자 환공은 그의 충고를 무시하고 이들을 중용했다. 결국 환공은 굶어 죽었고, 죽은 지 3개월이 지나도 수습되지 않고 방치되어 시신에 구더기가 끓는 지경에 이르렀다.

중처법에서 안전보건관리체계 구축의 가장 우선은 '안전경영 리더십'이다. 안전경영 방침을 제정하여 공표하고, 조직을 구성하여 역할과 책임을 정하고, 예산을 책정하는 것이다. 어느 분야나 그렇지만 조직을 어떻게 구성하느냐가 만사다. 관중과 같은 사람은 아니더라도 최소한 고려해야 할 요소가 있다.

첫째는 승진 혹은 승진 누락자의 안배 차원에서 이루어지는 인사는 아니어야 한다. 결국 파워 있는 정책 추진이 어렵다. 둘째는 이제는 안전경영과 문화가 아무나 할 수 있는 일이 아닌 수준에 있다는 점을 인식해야 한다. 강력한 리더십과 전문성을 갖추어야 가능하다. 이미 중요도에 대한 인식이 형성된 업무는 오히려 그 탄력만으로도 충분히 업무가 진행된다. 하지만 안전경영은 그렇지 않다. 물리학에서 보면 정지 마찰력이 가장 크다. 그 정지 마찰력보다는 큰 역량이 요구된다. 셋째는 인명 존중에 대한 철학이 있어야 한다. 경영의 효율성이라는 개념이 개입되는 순간 안전경영은 설 곳이 없어지기 때문이다.

마지막으로 최근에 안전관리자마저도 학력이나 지력 중심으로 선발되는 경향이 있다. 박사, 기술사, 지도사 등으로 무장된 사람들이 포진한다. 늘 그렇듯 경영학의 발전이 빈부 차이를 키우고, 법의 발전이 소외 계층을 증가시킨다. 심리학의 발전이 정신적 우울감을 키우는 역설이 있다. 안전경영 부문에 '전문성'이란 이름으로 복잡성이 증가되고, 실천력 대신에 서류가 많아지고 있다. 전문가 집단의 특성은 방어 논리가 강하다. 방어 논리는 공격에 수반해서 생겨난 개념이다. 모든 것이 이분법적인 접근으로 치닫을 것이라는 염려를 안 할 수는 없다.

15. 중처법 처벌이 문제인가?
처벌권 행사자가 문제인가?

"《군주론》에서 말하는 상벌"

자한은 송나라의 군주에게 이렇게 말했다.

"칭찬하고 상을 내리는 일은 백성들이 좋아하는 것이니, 군주께서 직접 하십시오. 벌을 내리고 사람을 죽이는 일은 백성들이 싫어하는 것이니, 제가 처리하겠습니다."

송나라 군주는 자한의 제안에 기뻐하며 그 일을 맡겼다. 백성들이 좋아하는 상은 자신이 베풀고, 백성들이 싫어하는 벌은 신하가 대신 처리해 주니 군주의 인기는 더욱 높아질 것이라고 생각했기 때문이다.

그러나 1년이 지나자 백성들은 상은 군주에게서 나오고, 벌은 모두 자한에게서 나온다고 생각하게 되었다. 자한은 군주보다 더 큰 권력과 명성을 얻게 되었다. 그 결과 어느 행사장에 갔는데 백성들이 자한의 행선지에 더 많이 운집하게 된다. 그제서야 군주는 이상한 낌새를 눈치챘지만, 그날 밤 자한은 권력을 이용해 군주를 위협하고 정권을 장악하게 된다.

한비자는 이 일화를 통해 군주가 '상과 벌'이라는 두 가지 권력의 칼자루를 모두 움켜쥐어야 하며, 이를 신하에게 넘겨주면 결국 권력을 빼앗기게 된다는 점을 강조한다. 이런 면에서는 서양의 니콜로 마키아벨리도 《군주론(The Prince)》을 통해 같은 주장을 하고 있다. 자한의 이야기처럼 군주가 상과 벌의 권한을 신하에게 넘겨주면 결국 권력을 잃게 된다는 점을 강조한다.

《군주론》에서 마키아벨리가 주장하는 상벌 권한의 중요성을 살펴보자

첫째, 군주가 두려움과 사랑을 모두 통제해야 한다.

마키아벨리는 군주가 신민들에게 사랑받는 것보다 두려움을 느끼게 하는 편이 더 안전하다고 말한다. 사랑은 사람들의 변덕스러운 이익에 의해 쉽게 깨질 수 있지만, 처벌에 대한 두려움은 결코 사라지지 않기 때문이다.

"인간은 자신들의 이익을 추구하는 존재이므로, 그들에게 사랑은 보잘것없는 의무감에 의해 유지되지만, 두려움은 처벌에 대한 공포에 의해 뒷받침되기 때문에 결코 사라지지 않는다."

상을 통해 신민의 행동을 강화하고, 벌을 통해 일탈을 억제한

다. 군주가 직접 상과 벌을 주관해야만 신민들은 군주의 힘을 명확히 인지하고 복종하게 된다. 만약 상벌의 권한을 신하에게 넘긴다면, 신하는 그 권한을 이용해 백성들의 지지를 얻고 군주에게 대항할 수 있는 힘을 키울 위험이 있다.

　둘째, 은혜는 조금씩, 가혹한 처벌은 한 번에 해야 한다.

　마키아벨리는 상과 벌을 집행하는 방법에 대해서도 구체적인 조언을 남긴다. 은혜(상)는 조금씩, 그리고 자주 베풀어야 한다. 그래야 백성들이 군주의 자비를 더 오랫동안 느끼고 감사하게 된다. 반면, 해로운 처벌 조치는 한 번에, 그리고 철저하게 집행해야 한다. 그래야 반감과 분노가 일어날 틈 없이 빠르게 상황을 정리할 수 있다.

　마키아벨리는 군주가 처벌의 권한을 신하에게 맡기면, 신하가 가혹한 처벌을 집행할 때 군주가 그에 대한 비난을 피할 수는 있다고 말한다. 하지만 이 경우 신하가 권력을 사유화하게 되는 위험을 감수해야 한다. 결국 군주는 상과 벌의 권한을 모두 장악하고, 특히 처벌의 권한을 절대 포기해서는 안 된다는 것이 마키아벨리의 핵심 주장이다. 이처럼 《군주론》은 자한의 이야기에서 볼 수 있듯, 권력의 본질이 상과 벌의 두 가지 수단을 통해 유지된다고 분석한다. 그러나 쏟아지는 안전정책을 보면 벌은 커지고 있으나 상은 왜소하기 짝이 없다.

16. 규제와 처벌 그리고 자율과 참여에 대한 영국에서의 논쟁 '로벤스 보고서'

중처법에 대한 논란의 중심에는 처벌과 규제가 과연 안전사고 예방에 효과적인가 하는 것이다. 이에 대한 통계값을 보면 산업재해 사망자 수가 중처법이 시행되기 시작한 해에 전년 대비 약 200여 명 감소했다는 것이다. 그러나 재해자 수는 오히려 이후 2년간 연속 증가했다. 하인리히 법칙을 적용해 본다면 일반재해가 늘었는데 사망사고가 줄었다는 것은 사망사고가 산업재해가 아닌 다른 방법으로 처리되었거나 다른 요인이 개입되었다고밖에 해석할 수 없다.

이러한 고민을 했던 영국의 사례를 볼 필요가 있다. 영국에서 발간된 〈로벤스 보고서(Robens Report)〉는 법적 규제와 처벌만으로는 산업재해를 줄이는 데 한계가 있다는 인식에서 출발한다. 1970년대 초, 영국은 산업재해율이 좀처럼 떨어지지 않자 기존의 안전관리 시스템을 근본적으로 재검토할 필요성을 느꼈다. 이러한 배경 속에서 1970년 정부는 로벤스 경(Lord Robens)을 위원장으로 하는 위원회를 구성하고, 산업안전보건 전반에 대한 개선책을 마련하도록 했다. 2년여의 연구 끝에 1972년 발간된 이 보고서는 법적 규제와 처벌 중심의 안전관리에서 벗어나 '자기규율적 안전관리(Self-Regulation)'로 패러다임을 전환해야 한다고 제안했다.

1970년대 초 〈로벤스 보고서〉가 발간될 당시, 영국의 산업안전보건 관련 규제는 매우 복잡하고 파편화되어 있었다. 첫째, 방대한 법규와 규정이 문제였다. 안전보건과 관련된 법령은 9개의 법령군으로 구성되어 있었으며, 여기에 부속된 500여 개의 세부 규칙이 존재했다. 이러한 규정들은 대부분 단편적이고 매년 그 수가 증가하는 추세였다. 둘째, 부처 간 분산된 관리다. 산업안전과 보건 업무가 여러 정부 부처에 흩어져 있어 효율적인 집행과 감독이 어려웠다. 각 부처가 자체적인 법규와 규정을 운영했기에 현장에서는 혼란이 발생했다. 셋째, 처벌 중심의 접근으로 법규 위반 시 처벌을 우선시하는 경향이 강했다. 하지만 이는 기업의 자발적인 안전 개선 노력을 이끌어 내기보다는 규정을 회피하거나 최소한의 법적 기준만 맞추는 데 초점을 맞추게 하는 부작용을 낳았다.

우리나라의 산업안전보건 관련 규제도 〈로벤스 보고서〉 당시의 영국과 유사한 문제점을 안고 있다.

노동부가 발표한 〈중대재해 감축 로드맵〉에 따르면, '1,220개 조항에 이르는 방대하고 세세한 산업안전보건법령'이 규제와 처벌 중심으로 되어 있어 많은 기업이 법령의 기준을 맞추는 데 급급하게 만든다고 한다. 이는 〈로벤스 보고서〉가 지적했던 "과도한 규제가 오히려 실효성을 떨어뜨린다."는 문제와 겹쳐 보인다. 이점에서는 기업도 마찬가지다. 수없이 만들어낸 매뉴얼이 어디에 있는지도 모를 지경이다.

이러한 고민에 대한 결과로 발간된 〈로벤스 보고서〉는 다음과 같은 세 가지 핵심 내용을 담고 있다.

첫째, 자기규율적 관리로의 전환이다. 보고서는 정부 주도의 엄격한 법적 규제와 처벌만으로는 모든 위험을 예측하고 막을 수 없다고 보았다. 대신 기업 스스로가 위험을 평가하고 관리하는 자율적인 안전 시스템을 구축해야 한다고 강조한다.

둘째, 통합적 안전보건 관리 시스템 구축의 필요성이다. 기존에는 산업안전과 보건 관련 법규가 여러 부처에 나뉘어 있어 비효율적이었다. 보고서는 이를 하나의 통합된 기관에서 관리해야 한다고 제안했다. 이 제안을 바탕으로 1974년 영국 보건안전청(Health and Safety Executive, HSE)이 설립되었다.

셋째, 법규의 단순화이다. 보고서는 수백, 수천 가지에 달하는 복잡하고 세부적인 규정을 단순화해야 한다고 주장했다. 대신 '안전하고 건강한 업무 환경을 조성할 의무'와 같은 포괄적인 원칙을 제시하고, 기업이 스스로 이를 달성하기 위한 구체적인 방안을 마련하도록 유도했다.

로벤스 보고서는 영국뿐만 아니라 전 세계 산업안전 정책에 큰 영향을 미쳤다. 특히, 안전관리의 주체를 정부에서 기업과 근로자로 옮겨야 한다는 핵심적인 제안은 현대 안전관리 시스템의 기반을 다졌다. 로벤스 보고서의 정신은 법적 규제와 처벌의 중요성을 부정하는 것이 아니라, 법이 제시하는 최소한의 기준을 넘어 모두가 자발적으로 안전을 만들어가는 문화가 더 효과적이라는 것을 강조한다.

한비자가 통치를 위해서는 '법'만으로는 안 된다고 주장하는 이유다. '술', '세'를 통해 지속적으로 욕망이 작동되도록 해야 한다는 것은 현대경영에서도 증명된다.

17. 욕망을 억제하는가? 활용하는가?

"왕이 개구리에게 절을 하는 이유?"

한비자는 이렇게 말했다.

"뱀장어는 뱀과 비슷하고, 누에는 벌레와 닮았다. 사람들은 뱀을 보면 누구나 깜짝 놀라며, 벌레를 보면 소름이 돋는다. 하지만 어부들은 맨손으로 뱀장어를 잡고, 여인들은 아무렇지 않게 누에를 만진다. 이익이 되는 일이라면, 누구나 맹분이나 전제 같은 용사가 될 수 있다."

이 비유는 인간의 심리가 본능적인 두려움보다 이익에 대한 욕망에 더 크게 반응한다는 점을 강조한다. 사람들은 뱀처럼 생긴 뱀장어나 징그러운 누에를 본능적으로 피하려 한다. 그러나 뱀장어는 잡아서 팔면 돈이 되고, 누에는 비단실을 뽑아낼 수 있다. 즉 이익이 눈앞에 보이면 본능적인 거부감이나 두려움은 한

순간에 사라진다는 것이다.

월나라 구천은 화가 난 개구리에게 큰절을 했다. "왜 개구리에게 절을 하십니까?" 신하가 물었다. "개구리에게도 저렇게 용기가 있다. 용기가 있으니 절을 한다."라고 했다. 그 이야기를 들은 사람들이 말했다. "용기 있는 것이면 왕께서 개구리에게도 절을 하신다. 그러니 사람에게는 오죽하겠는가." 오랜 숙원이었던 오나라 복수를 앞두고 구천은 백성들을 시험했다. 누각에 불을 지르고 진격의 북을 울리자 백성들이 두려워하지 않고 불속으로 뛰어들었다. 양자강으로 진격하라 하자 백성들은 물속으로 뛰어들었다. 상이 불과 물속에 있다고 믿었기 때문이다.

싸움에 임하여 목이 잘리고 창자가 도려내더라도 죽음을 두려워하지 않겠다고 결의하는 것은 그 이익이 그 칼과 창 아래에 있기 때문이다. 욕망에 대한 보상의 확신이다. 경제학의 아버지 아담 스미스 역시 "우리가 저녁 식사를 기대하는 것은 푸줏간 주인, 양조업자, 빵집 주인의 자비심 때문이 아니라, 그들 자신의 이익에 대한 관심 때문이다. 우리는 그들의 인간성(humanity)에 호소하지 않고, 그들의 자애심(benevolence)에 호소하지 않고, 그들의 이기심(self-love)에 호소한다."라고 했다.

구천이 백성을 통치한 이야기를 보면, 그는 백성들의 이익에 대한 욕망을 충족시켜 주는 데 기본을 두었다. 아들을 낳으면 술 한 병과 개 한 마리를 주고, 딸을 낳으면 술 한 병과 돼지 한 마리를 주어 인구를 늘리고 나라를 부강하게 했다. 공을 세운 자에게는 반드시 상을 주고, 법을 어긴 자에게는 반드시 벌을 주어 백성들이 왕의 명령에 따르도록 만들었다. 구천은 군신 관계를 부모-자식 관계로 만들어 인정 욕구를 충족하고, 백성들이 국가를 위해 목숨을 바치도록 독려했다.

18. 처벌에 상응하는 상도 주는가?

"안전에 가치를 부여하면 욕망이 자극된다"

"수레를 만드는 사람은 사람들이 부유해져서 수레를 사기를 바라고, 관을 만드는 사람은 사람들이 빨리 죽기를 바란다."

그렇다고 해서 수레를 만드는 사람의 마음이 선하고 관을 짜는 사람의 마음이 악한 것은 아니다. 다만 자신에게 이익이 되기 때문이다.

옛날 사람들이 재물을 중요시하지 않은 것은 그들이 도덕적으로 우수했기 때문이 아니다. 그때는 재물이 풍부했기 때문이다. 오늘날 사람들이 재물을 서로 빼앗는 것은 인격 수준이 떨어졌기 때문이 아니라 재물이 적어졌기 때문이다. 옛날 사람들이 천자, 즉 왕의 자리를 사퇴한 것은 그들의 인격이 고결해서가 아니다. 그때는 왕이라 해도 권리가 적었기 때문이다. 요즘 사람들이 필사적으로 관직을 얻으려 하는 것은 인격이 저열해져서가 아니다. 관직에 따르는 이권이 크기 때문이다.

한비는 이익을 추구하는 인간의 본성이라면, 이익 추구를 경시하지 말고 이익 추구에 정당성을 부여하는 것이 옳다고 보았다. 그의 주장은 오늘날 우리의 삶에도 그대로 적용된다.
그렇다면 안전에 대한 욕망을 인정, 이익, 혹은 존경의 욕구만큼 끌어올리는 방법은 무엇일까? 매슬로의 욕구이론에 따르면 안전 욕망은 가장 기본적인 낮은 단계의 욕망이다. 성과나 존경의 욕망에 비해 안전 욕구는 늘 강도에서 밀린다. 한비자의 논리로 보면 욕망을 추구하는 일에 포지티브 전략을 써야 한다. 성취 동기를 억누르려 하지 말고, 안전이 곧 성취가 되도록 안전 동기와 성취 동기를 일체화해야 한다. 한마디로 "안전이 곧 돈이 된다." 혹은 "안전을 잘하면 승진한다."는 것을 증명해 주는 것이다.

이것은 자본주의 논리로 보면 가치 부여를 통해서만 가능하다. 인류 역사는 상상력을 바탕으로 어떤 것에 의미와 가치를 부여해 온 과정이다. 있지도 않은 것에 가치를 부여하는 순간, 그리고 그 가치를 화폐 가치로 환산해 주는 순간 변화가 시작된다. 한낱 풀에 지나지 않던 잔디에 "나는 부자다."라는 의미를 부여한다. 남들은 한 톨의 쌀이라도 더 얻으려 땅을 갈지만, 잔디를

심는 것은 나는 쌀을 심지 않아도 되는 사람이라는 가치를 상징하게 된다. 그 순간 잔디는 화폐로 거래되는 존재가 된다.

마찬가지로 안전이 가치가 되게 해야 한다. 예를 들어 내가 사용하는 자동차나 아파트가 제작·시공되는 과정에서 사고가 발생했다면, 그 제품에는 '사고의 오명'이 부여된다. 반대로 사고가 없는 경우라면 그 자체로 가치를 더해 줄 수 있다. 소비자는 그 차이를 보고 다른 가치를 지불할 것이다.

이로 인해 가치의 차등이 생겨나면 안전은 화폐 가치로 환산 가능해진다. 그것의 크기와 유무는 누군가의 인생을 바꿀 수도 있다. 다소 비약적인 논리 전개처럼 보이지만 불가능한 것만은 아니다. 우리는 조개껍데기를 화폐로 쓰기도 했고, 종이에 그림을 그려 고가의 물건과 교환하지도 않았던가.

지금은 사고가 난, 즉 근로자의 피가 묻은 제품인지를 공개하지 않는다. 그렇기에 안전에는 아무런 가치 부여가 이루어지지 않는다. 기껏해야 '다행이다'라는 안도감뿐이다. 대형 사고 소식을 들으며 "감사하다"라고 위안을 받는 정도의 간접적 행복감으로는 욕망을 자극하기 어렵다.

19. 농사꾼을 용감한 병사로 만드는 비밀은?

"근로자를 보호대상에서 예방 주체로 만드는 법"

오기(吳起)는 전국시대 위나라의 명장이었다. 그는 군율이 엄격하고 통솔력이 뛰어나기로 유명했는데, 그의 통치술을 보여주는 일화가 바로 '깃발 옮기기'다. 오기는 군대를 훈련시키며 백성들에게 이렇게 공포했다.

"누구든지 내 명령에 따라 동쪽 성채에 세워진 깃발을 서쪽 성채로 옮기는 자에게는 상(賞)을 내리겠다."

당시 군사들은 오기 장군이 내린 명령의 의도를 알지 못했다. 그들은 깃발을 옮기는 일이 아무 의미 없는 행동이라고 생각했다. 게다가 상을 준다는 말도 믿지 않았다. 결국 아무도 나서지 않았다. 그러자 오기는 다시 명했다.

"누구든 깃발을 옮기는 자에게는 반드시 상을 내리겠다!"

이번에는 한 병사가 용기를 내어 깃발을 옮겼다. 오기는 약속대로 그 병사에게 최고의 상을 주었다. 이 일은 온 군대에 소문이 퍼졌고, 군사들은 오기 장군이 약속을 반드시 지킨다는 것을 알게 되었다.

얼마 후 다시 콩 한 섬을 동문밖에 내다 놓고 이렇게 포고문을 내걸었다

"이것을 서문 밖에다 옮겨 놓는 사람에게는 좋은 논과 집을 주겠다."

이번에는 사람들이 다투어 그것을 옮겨 놓았다. 이후 오기는 백성들에게 또 포고문을 내 걸었다.

"내일 국경에 있는 진나라 성채를 공격한다. 제일 먼저 성채안에 뛰어든 사람은 주(州)의 장(長)으로 발탁한다. 아울러 좋은 논과 집을 주겠다."

이렇게 해서 사람들은 앞을 다투어 공격부대에 지원해 왔다. 결국 성채는 한나절 만에 오기의 군대에 의해 함락되었다.

이익이 있으면 시정의 평범한 사람도 용감한 병사로 바뀐다. 다만 반드시 약속을 지킴으로써 신뢰를 형성해야 한다.

안전이 당면하고 있는 변화해야 할 패러다임이 있다. 보호대상자로서의 근로자가 예방의 주체로서의 근로자로 바뀌어야 한

다는 것이다. 이것은 어린 아이가 성인이 되는 것과 같다. 자율안전, 선진안전으로 지칭되는 것이다. 다르게는 참여형 안전이라고도 불린다. 그렇다면 시켜서 하는 것이 아니라 스스로 하게 하는 방법에는 무엇이 있을까?

결국 인간의 욕망에 부합하는 방법이 가장 효과적이다. 이익에 대한 신뢰는 인류가 만들어 낸 가장 성공적인 발명품으로 언급되는 자본주의의 근본이다. 자본주의는 인간의 욕망을 억제하지 않는다. 오히려 인간의 욕망을 극대화한다. 그것에 대한 신뢰만 확보해 주면 자발적 행동이 유발된다.

전문성이나 기술 혹은 장비 같은 것도 알아서 갖추려 한다. 우리가 학업성적을 높이기 위해서 사교육의 폐해를 그렇게 말해도 더 많이 하려고 한다. 처벌을 한다고 해도 숨어서라도 한다. 요즘은 사교육의 수준을 자랑하고 그것을 통해 우월성을 입증받으려고도 한다. 욕망의 한계는 없다. 그저 신뢰가 형성되어 있지 않을 뿐이다. 처벌에 대한 원칙을 강조하려면 이익에 대한 신뢰도 같은 크기 이상으로 확보해야 한다. 농사꾼이 용맹한 병사가 되듯이 전 국민이 안전관리자가 될 수 있을 것이다.

20. 거울 속 얼굴 상처가 거울의 죄는 아니다

"위험요인은 지속가능요인이기도 하다."

한비자는 〈세난〉 편에서 이렇게 말한다.

"무릇 용이란 동물은 성품이 온순하여 길들이면 사람이 등에 올라타는 것도 가능할 정도로 사람과 친해질 수 있다. 그러나 용의 목 아래에는 길이가 한 자(尺)나 되는 거꾸로 난 비늘이 있는데, 이것을 역린이라고 한다. 만약 어떤 사람이 이 역린을 건드리면, 용은 반드시 그 사람을 죽이고 만다."

또한 이렇게도 말한다.

"얼굴에 상처가 난 것은 거울 때문이 아니라 그 사람 자신에게 원인이 있는 것이다. 마찬가지로 법에 따라 처벌받는 것은 법이 잘못된 것이 아니라, 죄를 지은 사람 자신의 잘못 때문이다."

즉 어떤 군주도 '역린'을 건드려서는 안 된다는 말이며, 얼굴에 난 상처를 거울이 비춘다고 해도 그것은 거울의 잘못이 아니므로 거울을 벌해서는 안 된다는 말이다. 한비는 사람들은 눈이 예리해도 자신의 얼굴을 볼 수 없고, 지능이 아무리 우수해도 자신을 알기는 무척 어렵다고 말한다.

최근 안전 실무자들이 안전점검을 통해 조직의 위험요인이나 문제점을 지적한다. 안전점검은 점검자와 수검자 간의 입장 차이로 인해 역린을 건드리려는 자와 건드리지 못하게 하려는 자의 팽팽한 기싸움의 현장이 된다. 이것은 지적을 개선사항이나 발전의 요소로 보지 않고, 현장 관리의 부재로만 인식하기 때문이다. 얼굴에 난 티나 상처를 거울이 비춘 것을 거울의 잘못이라 말하는 것과 같다. 그렇게 되면 거울은 먼지가 잔뜩 낀 상태로 방치되고, 결국 상처의 일부분이 가려져 버린다.

위험요인을 찾아내는 것은 고객의 불만을 찾아내는 것과 같다. 잘만 찾아내어 개선하면 대박이 될 수도 있는 아이템의 근원이 된다. 해야 할 일이 새로 생기는 것이 아니라, 장기적으로는 해야 할 일을 줄여주는 행위다. 그럼에도 불구하고 우리는 점검 행위를 마치 '하지 않아도 될 일을 억지로 만들어내는 것'으로 오해한다. 실제로는 해야 할 일에 집중하게 만드는 행위인데 말이다. 점검이 스트레스로 느껴지는 이유는 결국 처벌이나 징계에 대한 두려움 때문이다.

21. 귤이 탱자가 되는 이유?

"끝까지 잘 해줄 수 있는가?"

 양호가 제나라에서 조나라로 도망쳤다. 조나라의 조간자가 그에게 물었다.
 "들으니 귀공은 인재를 육성하는 데 남다른 재주가 있다고 들었습니다."
 양호가 대답했다.
 "노나라에 있을 때 세 사람을 키웠습니다. 그들은 모두 장관직에 올랐습니다. 내가 그 세 사람을 추천하여 한 사람은 왕의 측근이 되고, 한 사람은 현령이 되고, 나머지 한 사람은 빈객을 접대하는 관직에 올랐습니다. 그런데 내가 노나라에서 죄인으로 모함을 받자, 측근이 된 자는 나를 만나려고 하지 않았으며, 현령이 된 자는 나를 초대하여 체포하려 했고, 빈객 접대를 하는 자는 나를 국경까지 뒤쫓아와 잡지 못하자 체념하더군요. 그러므로 나는 인재를 육성하는 방법이 뛰어나지 않습니다."

그러자 조간자가 대답했다.

"밀감나무나 유자를 심으면 열매는 맛이 있고 향기도 좋습니다. 그러나 탱자나무나 가시나무를 심으면 사람을 찌릅니다. 그러므로 교양 있는 인간은 육성할 상대를 고를 때 조심해야 합니다."

은혜를 베풀었는데 끝까지 베풀지 못하면, 은혜를 받은 자가 표변하여 은혜를 원수로 갚는 일도 생긴다. 양호가 끝까지 은혜를 베풀지 못한 이유는 누명을 썼든 아니든 죄인의 입장에 놓였기 때문이다. 은혜를 받은 세 사람 입장에서는 혹시 그 불똥이 자신에게 튈까 봐 전전긍긍했을 것이다. 결국 그들은 배신을 선택했다.

그렇다면 끝까지 은혜를 베푸는 것이 가능할까? 부모와 자식 사이에서도 부모가 끝까지 은혜를 베푸는 것은 불가능하다. 늙고 병드는 순간 부모는 은혜가 아니라 부담스러운 존재가 되기도 한다. 결국 양호가 키운 제자들과 다르지 않게 될 수 있다. 그렇다면 어찌해야 하는가? 조간자의 말처럼 상대가 밀감나무든 가시나무든 상관없다. 사적 이익을 기반으로 맺어진 관계라면 누구도 예외가 아니다.

안전경영에서 우리는 협력업체나 근로자의 편의를 위해 끝까지 은혜를 베풀 수 있는가? 불가능하다. 이유는 상황이 달라지기 때문이다. 어떤 사업장에서는 통용해 준 것이 다른 장소에서는 통용되지 않을 수 있다. 그 순간 내가 베풀었던 편의는 부메랑이 된다. 이 점은 원칙 중심의 문화가 전사적 혹은 국가적 차원의 안전문화로 자리매김되어야 하는 절대적 이유이기도 하다. 지금 당장은 좋아 보여도 상황이 변하면 달라질 것이고 변하기 때문이다.

22. 임원이나 실무자는
무엇에 어떻게 움직이는가?

장견은 한나라의 재상이다. 그는 병에 걸려 목숨이 얼마 남지 않은 상태였다. 공승 무정이 금 30냥을 품에 넣고 그의 병문안을 갔다. 한 달 뒤 한나라 왕이 직접 장견을 찾아가 물었다.

"만일 귀공이 죽는다면 귀공 대신 누구를 재상으로 택해야 좋겠소?"

장견은 이렇게 답했다.

"무정은 법을 존중하고 주군을 존경하고 있습니다. 그러나 공자 식아만큼 민심을 얻는 데에는 미치지 못합니다."

얼마 후 장견이 죽었지만, 한나라 왕은 공승 무정을 재상에 임명했다. 왕 입장에서는 민심을 얻고 있는 식아보다는 자신에게 존경심을 갖는 무정을 선택한 것이다. 한 나라의 재상이 죽음을 앞두고 뇌물을 받은 자에게 유리한 말을 했다는 사실은 많은 생각을 하게 한다.

또한 위나라의 서문표가 지방 장관이 된 일이 있었다. 그는 청렴하고 성실하며 자제심이 강해 조금도 사적 이익을 챙기지 않았고, 군주 문후에게 뇌물도 바치지 않았다. 그러자 문후의 측근들은 서로 짜고 서문표를 모함했다.

1년 후 실적 보고를 하자 문후는 성과 불량을 이유로 서문표를 파면했다. 그러자 서문표가 문후에게 진정했다.

"지난 번에는 업을 다스리는 방법을 몰랐습니다. 그러나 지금은 알겠습니다. 바라옵건대 다시 한번 업을 다스리게 해주십시오. 그때도 잘하지 못하면 사형에 처하셔도 됩니다."

문후는 다시 그에게 기회를 주었다. 그러자 서문표는 백성들로부터 과중한 세금을 거두고, 문후의 측근들에게 아부했다. 1년 후 다시 성과 보고를 하자 문후는 서문표에게 절을 하며 그 연유를 물었다.

서문표는 이렇게 대답했다.

"지난 해에는 저는 주군을 위해 업을 다스렸습니다. 그런데 주군께서는 저를 파면하셨습니다. 올해는 저는 주군의 측근을 위해 업을 다스렸습니다. 그런데 주군께서는 저에게 절을 하십니다. 저는 이제부터 업을 다스릴 수가 없습니다."

그리고 그는 떠나려 했다. 문후는 "지금까지 그런 사정을 알지 못했다. 이제 모든 것을 알게 되었다. 부탁컨대 나를 위해 업을 다스려 주기 바란다."라고 하며 사표를 반려했다.

이 세 편의 이야기를 통해 알 수 있는 공통점은 신하들의 무능과 부패, 그리고 군주의 어리석음이다. 결국 부하들은 누구를 위해 일하고, 리더가 무엇을 원하는지에 따라 움직인다. 명확한 사실은 군주, 즉 최고경영책임자의 심중에 맞춰 실무자들은 움직이고 있다는 점이다. 문제는 그 심중이 애매하다는 것이다. 그 심중을 명확하게 공표해야 하는 이유다.

23. 순수함은 마음이 빈약하다는 평을 받는다

"부정이 판치는 이유?"

《한비자》〈고분〉 편에는 부정이 판치는 이유, 즉 선행이 가지는 위험성에 대해 매우 상세하고 구체적으로 제시한다.

"순수한 마음과 성실로써 직무에 전념하려는 사람은 '마음이 빈약하다'는 평을 받고, 법을 잘 지키고 철저하게 명령에 복종하려는 사람은 '바보'라는 평을 받으며, 윗자리에 있는 사람을 존경하고 죄를 범하지 않으려는 사람은 '겁쟁이'라는 평을 받고, 말을 해야 할 때 말하고 효과적으로 행동하려는 사람에게는 '누구나 할 수 있는 일'을 하는 사람이라는 평가가 내려지며, 두 가지 마음을 품지 않고 나라의 방침에 위배되는 학문을 하지 않으며 관청에서 하는 말을 잘 듣고 그 가르침에 따르려는 사람은 '옹졸하다'는 평을 받는다."

"지인을 위해 남몰래 편의를 도모하는 사람에게는 '옛일을 잊지 않는다'라고 말하고, 공공의 재화를 제멋대로 나누어 주는 사람은 '박애자'라고 하며, 봉록을 경멸하고 자기 몸만을 소중하게 생각하는 사람은 '교양 있는 사람'이라고 하며, 법을 왜곡하여 친척이나 친지에게 도움을 주는 사람은 '유덕자'라고 하고, 관직을 던지고 우정을 지키려는 사람에게는 '협기가 있다'고 하며, 세상을 떠나 사회적인 유대에서 도피하려는 사람은 '고결하고 긍지가 높은 사람'이라고 하며, 은혜를 베풀어 인기를 얻는 사람은 '민심을 얻고 있다'고 말한다."

"이런 풍조 속에서 사대부는 더러운 진흙과 추한 욕심을 부끄러워하지 않고, 딸을 유력자에게 바쳐 인연을 맺고 눈 깜짝할 사이에 고관이 된다. 전쟁에 나가 공정을 세운 사람은 가난하고 천한 위치에서 고생하고 있는데, 두 손을 마주 비비는 아부꾼이나 배우 같은 인간들은 단걸음에 높은 자리로 승진한다. 이것은 한마디로 측근이나 파벌을 이용하여 일을 자신에게 유리하게 진행시키는 짓이 빈번하게 이루어지고 있다는 말이다."

바람직한 행동을 안 하는 것인가, 못 하게 하는 것인가? 하면 손해를 보는 것인가? 안전문화나 조직문화는 결국 '하게 하도록' 하는 긍정성을 키우기 전에, '하지 못하게' 만드는 부정적 요인들을 제거하는 것이 우선이다. 그렇다면 그런 바람직하지 못한 행동의 동인이 무엇인지 알아봐야 한다. 한비자는 그것이 바로 상대방을 위해 어떤 편의나 혜택을 제공하는 것이라고 말한다.

특혜가 기대를 낳고, 기대가 실망으로, 실망은 다시 원망으로 이어진다. 앞에서 언급한 대로, 이타심으로 자식을 위해 헌신한 부모가 기대를 하게 되고 그 기대에 못 미치면 원망하게 된다고 한다. 자기 자신을 위해서만 행동하면 기대하지 않게 되고, 기대하지 않으면 실망할 일도 없다. 당연한 일이 누군가에게는 안 해도 되는 일을 넘어 오히려 이익을 보는 구조가 모든 문제의 근원이라고 말한다.

공의휴라는 노나라 재상 이야기다. 그는 물고기를 무척 좋아했는데 많은 사람들이 그에게 물고기를 헌상했다. 그러나 공의휴는 물고기를 단호히 거절했다. 그의 동생이 그 이유를 물었다.
"그것은 내가 물고기를 너무 좋아하기 때문이다. 만일 물고기를 받으면 그 사람에게 나는 부담을 갖게 된다. 결국 법을 어기게 될 것이고 재상에서 쫓겨날 것이다. 그러면 아무도 물고기를 가져오지 않을뿐더러, 내 돈으로 물고기를 사 먹는 것도 어렵게 될 것이다."

24. 위험의 제거와 위험의 적절함

"차별과 자율의 경계"

취모구흠(吹毛求疵)은 '털을 불어 흠집을 찾는다'는 뜻으로, 남의 작은 허물을 억지로 들춰내어 잘못을 찾아내는 행위를 비유하는 사자성어다. 이 성어는 《한비자》〈대체(大體)〉 편에서 유래했다. 한비자는 이 구절을 통해 법치가 갖는 한계를 지적하며, 통치자가 백성의 사소한 잘못까지 캐내려 해서는 안 된다고 주장한다. '털을 불어(吹毛)'는 아주 작은 털까지도 자세히 살피는 모습을, '흠집을 찾는다(求疵)'는 그 안에 숨겨진 작은 상처를 기어이 찾아내는 것을 의미한다. 이는 백성의 작은 실수나 결점까지도 억지로 찾아내어 처벌하려는 가혹한 통치 방식을 비판하는 표현이다.

한비자는 통치자가 백성을 다스릴 때 사소한 허물을 들춰내려 하지 말고 대범한 관점을 가져야 한다고 강조한다. 즉, 백성에게는 어느 정도의 자유를 허용하고 큰 질서와 법률을 지키도록 하는 것이 중요하다고 보았다. 모든 것을 통제하고 처벌하려 하면 결국 백성의 반발을 초래하고 나라가 불안해질 수 있다는 경고다. 간신들은 자신의 정적을 제거하기 위해 그의 아주 작은 허물이라도 찾아내어 크게 부풀려 모함하는데, 이 역시 취모구흠과 같은 행위다.

처벌과 자율의 경계는 어디까지여야 할까? 위험은 제거하는 것만이 능사일까? 장자에게 제자들이 "선이 좋고 악이 나쁜 것이라면 악을 제거하면 되지 않겠습니까?"라고 묻는다. 이에 대해 장자는 "악이 나쁜 것이라 하여 다 제거해 버리면 무엇이 선인지 어찌 알겠는가?"라고 답한다. 위험이 나쁜 것이라 하여 모든 것을 제거해야 한다는 논리는 위험하다. 위험이 곧 기회를 동반하기 때문이다. 기회를 잃어버릴 또 다른 위험이 있다. '하이 리스크, 하이 리턴'이라는 측면에서, 위험이 제거된 상황에서 위험을 벗어나려는 욕망이 적을 것은 자연스럽다.

위험은 사회에 '긴장감'이라는 수축 기능을 가져다준다. 그러나 수축해야 튀어 오를 수 있다. 또한 과도한 위험의 제거는 망각이나 안전불감증이라는 휴먼 에러와 연결된다. 남북한 대치 상황의 거대한 위험과 함께 살아온 우리나라의 경쟁력은, 어떤 측면에서는 우리 민족의 근면성과 창의성 이전에 위험이 가져다준

환경적 요인도 있다고 봐야 한다. 이스라엘 민족도 마찬가지다.

이런 점에서 보면 안전 선진국이나 선진 안전기업이란 위험이 제거된 곳이라기보다는 위험이 적절한 수준에서 통제되고 있는 곳이다. 결국 '적절함'이라는 단어에 도달한다. 문제는 그 적절함을 누가, 어떻게 정할 것인가이다. 이 애매한 부분에 대해 한비자는 꽤 선명한 기준을 제시한다. 털을 입으로 불어 허물을 찾는 행위는 과하다는 기준이다.

한동안 우리나라에서 "정치 보복이 무엇인가?"라는 질문에 '표적을 정해 놓고 하는 수사'라고 했는데, 한비자가 말하는 취모구흠과 같다. 안전경영의 강조는 '기업활동 위축'이라는 명분에 한 번도 이겨 본 적이 없다. 새로운 경영진이 부임하면 처음에는 명분론이 우세한 듯하다가도, 시간이 지나면 금세 그 추진력을 잃어버린다. 이 문제는 결국 구성원 전체의 사회적 합의를 통해 극복할 수밖에 없다.

제2부

인간의 합리성은 항상 옳은가?

인간은 스스로를 합리적이고 이성적인 존재로 여기지만, 이는 평온한 상태에서나 유효한 가정일 뿐이다. 막상 절박한 위기 상황에 직면하거나 거부할 수 없는 강한 욕망과 마주하면, 그토록 믿었던 이성은 쉽게 힘을 잃고 마비되기 마련이다.

이때의 인간은 냉철한 분석 대신 감정적인 충동이나 비합리적인 신념에 따라 움직이는 경우가 허다하다. 이는 경제학의 '완전 합리적 인간'이라는 가정이 현실에서 빗나가는 이유이기도 하다. 나아가 '대중, 즉 다수의 의견이 가장 합리적'이라는 통념 또한 위험하다. 이 믿음은 자칫 집단의 무지함을 정당화하고, 소수의 합리적인 비판을 묵살하는 명분으로 악용되어 어리석은 결정을 방치하는 결과를 낳을 수 있기 때문이다.

따라서 개인과 집단의 합리성만을 전적으로 신뢰하는 경영 방식은 근본적인 한계를 가질 수밖에 없다. 예측 불가능한 인간의 감정과 비합리적인 측면을 이해하고 이를 경영에 반영할 때, 비로소 조직의 잠재력을 온전히 이끌어낼 수 있을 것이다.

25. 욕망이 이성을 가린다

"인간이 패닉 상태에 빠질 때를 가정하는가?"

초나라 장왕의 동생 춘신군에게는 '여'라는 애첩이 있었다. 본처에게서 난 아들을 '갑'이라 불렀다. 여는 춘신군이 본처와 이혼해 주기를 바랐다. 그래서 스스로 몸에 상처를 내고 눈물을 흘리며 말했다.

"당신의 첩이 된 것만 해도 한없는 행복입니다. 하지만 정실부인의 마음에 들면 당신 마음에 들지 않고, 당신 마음에 들면 정실부인의 마음에 들 수가 없습니다. 저는 원래 수양이 부족한 사람이라 동시에 두 분의 마음에 들 수 없습니다. 차라리 부인의 손에 죽기보다는 당신 손에 죽고 싶습니다. 제가 죽고 나서 다시 다른 여인을 곁에 두신다면, 제 사정을 살펴 남의 웃음을 사지 않게 해주십시오."

춘신군은 이 거짓말에 속아 정실부인과 이혼했다. 그러나 여의 욕망은 멈추지 않았다. 이번에는 갑을 죽여 자기 자식을 후계자로 삼으려 했다. 여는 속옷을 찢고 울며 호소했다.

"저는 당신의 사랑을 오래 받아왔습니다. 그런데 오늘 갑이 억지로 저를 농락하려 했습니다. 죽음을 각오하고 저항했지만 이렇게 속옷까지 찢기고 말았습니다. 이보다 더 큰 불행이 어디 있겠습니까?"

결국 춘신군은 자신의 아들 갑을 죽였다.

이 이야기는 《한비자》〈내저설 하(內儲說 下)〉에 전한다. 사랑에 눈먼 군주가 이성을 잃고 터무니없는 판단을 내린 사례다. 교훈은 단순하다. 인간은 측근에게 속기 쉽고, 욕망은 합리적 판단을 마비시킨다.

결국 인간의 욕망은 이성을 앞선다. 가장 강력한 욕망은 생존, 그다음은 색욕과 물욕이다. 이성은 욕망의 힘 앞에서 종종 무력하다.

동양 사상에서는 불교가 욕망(갈애)을 모든 고통과 번뇌의 근원으로 보았다. 유교 성리학은 천리(天理)가 인욕(人欲)에 가려질 수 있음을 경계하며 수양을 강조했다. 한비자의 법가는 더 냉정하다. 욕망은 제어할 수 없으니, 오직 법과 제도로만 다스릴 수 있다고 본다.

서양 철학에서도 비슷하다. 플라톤은 이성을 욕망을 통제하는 마부에 비유했지만, 흄은 '이성은 욕망의 노예'라며 이성이 욕망의 도구일 뿐이라고 했다. 프로이트는 인간 정신을 이드(Id)와 에고(Ego)의 갈등으로 설명하며, 욕망이 이성을 압도할 때 비합리적 선택이 나온다고 보았다.

행동경제학은 인간을 원래 비합리적 존재로 본다. '감정적 자아'가 먼저 행동을 결정하고, '이성적 자아'는 그 뒤에서 합리화한다. 그래서 다이어트를 결심하고도 치킨을 먹고, 본전 생각에 손해 나는 주식을 팔지 못한다. 손실회피 성향이 욕망을 자극하기 때문이다.

위기경영에서 중요한 질문은 이것이다. 인간을 합리적 존재로 가정할 것인가, 아니면 욕망이 이성을 덮어버릴 수 있는 존재로 가정할 것인가? 답은 분명하다. 인간은 상황에 따라 본성이나 욕망이 먼저 작동한다. 안전시스템은 그 전제를 기반으로 설계되어야 한다. '인간의 이성이 멈추는 패닉(panic) 상태가 되면 어떻게 행동할까?'를 전제로 해야 한다. 그래야 수준이 90점이 된다. 인간이 합리적·이성적이란 전제 하에서의 위기경영은 어떤 경우에도 70점을 못 넘는다.

26. 인간의 이성을 마비시키는 요인

"삼독(탐·진·치)와 오욕(색·성·향·미·촉)"

자산은 정나라의 재상이었다. 병이 들어 죽음이 다가왔을 때 유길을 불러 말했다.

"내가 죽으면 당신이 정나라의 재상이 될 것입니다. 그때는 반드시 엄격하게 백성을 다스리시오. 불은 겉보기에 무섭습니다. 그래서 사람들은 조심하여 함부로 불에 타죽지 않습니다. 그러나 물은 느긋해 보이고 무섭지 않아 보입니다. 그래서 방심하다가 물에 빠져 죽는 경우가 많습니다. 당신의 온화함이 오히려 백성을 해치지 않도록 형벌을 엄격히 하시오."

얼마 후 자산은 죽었다. 유길이 재상이 되었지만, 지나치게 가혹한 것 같아 차마 형벌을 엄격히 집행하지 못했다. 그 무렵 정나라의 젊은이들이 무리를 지어 도둑질을 하고, 환부의 늪지를 근거지로 날뛰었다. 그 세력이 커져 마침내 정나라를 멸망 위기로 몰고 갔다. 유길은 전차와 기병을 이끌고 밤낮으로 싸운 끝에 겨우 진압했다. 그리고는 한숨을 쉬며 말했다.

"자산의 가르침을 따랐다면 이토록 후회하지 않았을 텐데."

《한비자》의 많은 이야기가 전하는 바는 결국 인간의 비합리성이다. 따라서 인간의 이성적 의지에만 의존해서는 안 된다는 교훈을 준다. 그렇다면 인간의 이성을 마비시키는 요인은 무엇인가?

불교는 색욕, 물욕과 같은 욕망과 정신적 고통 전체를 '번뇌(煩惱)'라 부른다. 그 근원에는 세 가지 독, '삼독(三毒)'이 있다. 첫째는 끝없이 원하는 '탐(貪, 탐욕)'이다. 색욕과 물욕이 여기에 포함된다. 둘째는 싫어하는 대상을 미워하고 밀어내는 '진(瞋, 분노)'이다. 셋째는 탐욕과 분노의 뿌리인 '치(癡, 어리석음)'이다.

또한 감각 기관을 통해 일어나는 구체적 욕망을 '오욕(五欲)'이라 한다. 눈으로 보는 것에 대한 색욕(色欲), 좋은 소리에 대한 성욕(聲欲), 향기에 대한 향욕(香欲), 맛에 대한 미욕(味欲), 몸의 감촉에 대한 촉욕(觸欲)이다. 결국 인간의 이성을 마비시키는 것은 포괄적으로는 번뇌이며, 핵심 원인은 삼독 중 탐욕이고, 구체적으로는 오욕이다.

안전경영과 위기경영에도 이러한 인문학적 통찰이 필요하다. 안전관리는 인간의 삼독과 오욕을 관리하는 종교와 닮아 있다. 다만 생활이 아니라 작업 현장에서 적용되는 점이 다르다. 안전교육은 교육을 받으면 그 내용을 바탕으로 행동할 것이라는 전제를 가진다. 안전훈련도 훈련받은 대로 위기 상황에서 행동할 것이라는 전제를 깔고 있다. 그러나 실제 위기 상황이 닥치면 인간은 이성을 잃고 비상식적인 행동을 하곤 한다. 이것에 대비하는 것이 진짜 안전경영이다. 그동안 있었던 이태원 참사, 무안 항공기 사고, 세월호, 오송지하차도 등 수많은 사고에서 인간의 이성적인 모습이 보였던가?

26. 인간의 이성을 마비시키는 요인

27. 욕망을 압도하는
또 다른 어떤 것은 무엇인가?

"기쁨의 욕망값 < 고통의 욕망값"

《춘추좌씨전》에는 정나라의 명재상 자산(子産)의 통치 철학을 보여주는 두 가지 일화가 전한다.

첫째는 물고기에 관한 이야기다. 한 사람이 자산에게 살아 있는 큰 물고기를 선물하자, 그는 하인에게 연못에 풀어주라고 명했다. 그러나 하인은 몰래 물고기를 잡아먹고는 "물고기가 유유히 헤엄쳐 사라졌다."고 거짓 보고를 했다. 자산은 "제자리를 찾았구나!"라며 크게 기뻐했다. 이는 만물이 각자의 본성에 맞게 제자리를 찾아야 한다는 그의 통치 철학을 드러낸 것이다. 하인의 속임수와 상관없이 자산은 세상이 조화롭게 돌아가는 이상을 본 것이다.

둘째는 그의 합리적인 태도를 보여준다. 어느 날, 정나라 수도에 큰불이 날 것이라는 소문이 돌았다. 점술가 비조(裨竈)가 자산에게 와서 말했다.

"하늘의 뜻을 보니 곧 도성에 큰불이 날 것입니다. 환부(桓傅)의 소택지가 불의 기운과 관련이 있으니, 그곳의 나무를 베고 제사를 지내 불을 막아야 합니다."

그러나 자산은 단호히 거절했다.

"하늘의 도는 멀리 있고, 사람의 도는 가까이 있다. 내가 어찌 하늘의 도를 알겠는가? 나는 내 자리에서 실질적인 예방책을 다 할 뿐이다."

그는 미신적 제사 대신 백성들에게 불조심을 당부하고 소방 기구를 정비했다.

얼마 후 정말로 도성에 큰불이 났다. 사람들은 비조의 예언이 맞았다며 상을 줘야 한다고 주장했다. 그러나 자산은 거부하며 말했다.

"그의 말은 백성을 불안하게 만든 교활한 말일 뿐이다. 우연히 맞았다고 상을 준다면, 앞으로 사람들은 실질적인 노력은 하지 않고 요행만 바라며 해괴한 말만 하게 될 것이다."

인간의 행동은 욕망에 뿌리를 둔다. 종교, 이념, 학문은 그 욕망을 이성적이고 합리적으로 조절하는 장치다. 그러나 가장 강력한 방법은 욕망을 더 큰 욕망으로 제어하는 것이다. 어떤 행위에

27. 욕망을 압도하는 또 다른 어떤 것은 무엇인가?

서 얻는 기쁨보다 더 큰 고통이 따른다면 사람은 멈춘다. 반대로 불편함을 넘어서는 더 큰 상과 기쁨이 주어진다면 사람은 행동한다. 한비자가 말한 것도 결국 이것이다. 바로 엄격한 상벌의 적용이다.

자산은 하인의 식욕을 제어하지 못했다. 그 점에서는 어리석었다. 그러나 점술가의 미신적 말에 흔들리지 않고, 실질적인 준비를 통해 재앙을 예방했다. 또 우연히 화재 발생을 맞춘 점술가에게 상을 주는 어리석음도 막았다. 준비라는 번거로움을 회피하려는 인간의 욕망을 더 큰 교훈으로 제어한 것이다.

이런 관점에서 안전경영 역시 인간의 욕망을 어떻게 통제할 것인가의 문제다. 작은 편의나 안일함의 욕망을 더 큰 책임과 성과라는 보상과 처벌로 다스려야 비로소 실질적인 힘을 갖게 된다.

28. 사랑은 가장 사랑스럽지 못한 것에 의해 지켜진다

"뜨거운 사랑을 담으려면 차가운 그릇이 필요하다."

은(殷)의 법률은 거리에 재를 버린 자의 손목을 자르는 가혹한 규정이었다. 자공이 이를 두고 "가벼운 죄에 무거운 벌을 내리니 옛사람은 잔혹하다."고 말하자, 공자는 오히려 '그것이 나라를 다스리는 길'이라 했다. 재를 버린 작은 행위가 결국 다툼과 살인을 불러 3대에 걸친 멸문지화를 낳을 수 있으니, 가벼운 죄를 무겁게 다스려 미리 싹을 자른 것이라는 설명이었다.

한비자 〈육반(六反)〉은 여섯 가지 상반되는 요소가 혼동될 때 나라가 어지러워진다고 경계한다. 이 대목은 세 가지 메시지를 담는다. 첫째, 경한 죄일지라도 예방 차원에서 무겁게 다스려야 한다는 것. 둘째, 형벌은 백성을 미워해서가 아니라 백성을 보호하기 위한 사랑의 다른 얼굴이라는 것. 셋째, 은상의 남발은 혼란을 불러온다는 것.

　현대의 안전경영과 비교하면 더욱 선명하다. 오늘날 제재의 방향은 사고 이후에는 무겁게 처벌하지만, 사고 이전의 위반에는 관대하다. 예방적 규율보다 사후적 처벌이 강화되는 구조다. 그러나 공자와 한비자가 말한 것은 정반대였다. 작은 위반을 단호히 다스려 큰 재앙을 막아야 한다는 것이다.

　소설가 김훈이 말했듯 "사랑은 사랑이 아닌 것에 의해 지켜진다." 강물이 흐르려면 강둑이 있어야 하고, 뜨거운 사랑을 담으려면 차가운 그릇이 필요하다. 십자가라는 가장 인간적이지 않은 형벌이야말로 예수의 사랑을 드러낸 방식이었듯, 인간 존엄을 지키는 안전도 때로는 가장 인간 존엄적이지 않은 규율과 처벌을 통해 지켜질 수 있다. 이는 안전경영이 직면한 가장 큰 역설이자 숙제다. 가시를 품은 장미가 아름다운 이유다.

29. 가치와 가치의 충돌 그리고 공동의 가치

"양을 훔친 아버지를 신고한 아들을 어떻게?"

초나라의 직궁은 양을 훔친 아버지를 고발했으나, 불효라는 이유로 사형당했다. 반면 노나라에서 세 번 도망친 병사는 "아버지를 봉양하기 위해 전쟁터에서 죽을 수 없었다."고 말했고, 공자는 그를 효자라 하여 벼슬에 추천했다.

한비자는 이를 비판한다. "국가의 법과 백성의 도덕은 양립할 수 없다." 직궁을 죽인 뒤 초나라에는 고발이 사라졌고, 도망병을 발탁한 뒤 노나라에는 항복과 도피가 만연했다는 것이다. 개인적 가치(효)와 공적 가치(법치)가 충돌할 때 법이 밀리면 국가는 망한다는 경고였다.

오늘날 사회와 조직도 마찬가지다. 인간의 욕망은 저마다 다른 가치를 추구한다. 어떤 이는 경제적 풍요를, 또 다른 이는 환경 보호를, 또 다른 이는 신념의 수호를 최고의 가치로 여긴다. 그러나 가치가 무수히 분화될수록 충돌은 불가피하다. 성장과 환경, 효율과 안전, 개인의 자유와 공동체의 질서가 곳곳에서 맞부딪친다.

이 혼란을 조정하는 장치가 바로 '공동의 가치'다. 공동의 가치는 사회 구성원이 최소한 합의한 원칙, 즉 정의, 공정, 신뢰, 인간 존엄, 안전 같은 절대적 기준이다. 이는 가치와 가치의 충돌 속에서 타협과 공존을 가능케 하는 경계선이 된다.

안전경영 역시 본질적으로 가치 충돌의 문제다. 이익 증대와 편의 추구라는 가치, 생명 존중이라는 가치는 늘 부딪친다. 진정한 안전경영이란, 다양한 가치가 충돌할 때 언제나 '생명'이라는 공동의 가치를 최우선으로 삼는 선택에서 출발한다. 조직이 흔들리지 않고 '생명은 타협 불가한 가치'라는 철학적 결단을 유지할 때 비로소 안전은 제도와 문화로 정착된다.

결국 안전 실무자에게 요구되는 힘은 기술적 지식만이 아니다. 인간 욕망을 꿰뚫는 이해와 공동의 가치를 흔들림 없이 붙드는 철학적 태도다.

30. 어떤 새도 다 맞춘다고 하면 거짓이다

"뛰어난 개인보다 잘 설계된 제도"

오감(五感) '시청후미촉(視聽嗅味觸)'에 직관을 더하여 육감이라 한다. 직관(直觀)은 척 보면 아는 것이다.

《한비자》〈내저설 하(內儲說 下)〉에는 정나라 재상 자산의 이야기가 나온다. 어느 날 아침, 자산이 길을 가다 여인의 울음소리를 들었다. 죽은 이를 위한 곡(哭)이었다. 그는 마차를 멈추게 하고 담당 관리에게 여인을 데려오게 했다. 심문 끝에 여인은 강도의 짓으로 꾸미고 남편을 목 졸라 죽였다고 자백했다.

뒤에 마부가 물었다.

"주군께서는 어떻게 그것을 아셨습니까?"

자산은 이렇게 대답했다.

"사람은 사랑하는 이가 병들면 걱정하고, 죽음이 다가오면 두려워하며, 죽고 나면 슬퍼하는 것이다. 그런데 그 여인은 이미 죽은 남편 앞에서 두려워하는 기색만 있었고, 슬픔은 없었다. 그래서 수상하다고 여겼다."

한비자는 이 이야기를 들어 '술(術)'과 '법(法)'을 구분한다. 술은 군주의 개인적 통찰력, 법은 공개적이고 누구에게나 적용되는 규칙이다. 자산의 뛰어난 직관은 훌륭하지만 재현성이 낮다. 보통의 군주가 따라 할 수도 없다. 반면 법은 개인 능력에 의존하지 않고도 나라를 안정적으로 다스릴 수 있게 한다.

한비자는 말한다. 천하의 일은 많고 복잡한데, 인간의 능력은 한계가 있다. 소수의 지혜로 무수한 사건을 처리할 수는 없다. 다스림은 특출난 소수가 아니라, 시스템을 통해 누구나 평균 이상의 결과를 내게 하는 방식이어야 한다.

송나라 속담에도 비슷한 뜻이 담겨 있다. "명궁 예가 어떤 새든 다 맞힐 수 있다는 것은 거짓이다. 그러나 천하를 그물로 삼으면 새는 단 한 마리도 도망칠 수 없다." 이는 뛰어난 개인보다 잘 설계된 제도가 더 강력하다는 말이다.

현대의 프랜차이즈는 이런 철학을 보여주는 대표 사례다. 프랜차이즈는 특정인의 재능이나 '손맛'이 아니라 표준화된 매뉴얼과 공급망, 브랜드의 힘으로 운영된다. 점주는 정해진 규칙을 따르기만 하면 된다. 특별한 경영 역량이 없어도 평균 이상의 성과를 낼 수 있도록 설계된 것이다.

위기경영도 마찬가지다. 담당 임원이나 관리자의 성향, 개인 역량에 따라 성과가 좌우되는가? 그렇다면 아직 제도가 미흡한 것이다. 욕망을 단순히 억누르는 방식이 아니라, 욕망을 활용하고 통제하는 시스템이 필요한 이유다. 잘 설계된 제도는 평범한 개인에게도 안정적인 성과를 내게 만든다. 안전 역시 사람의 통찰이 아니라 누구에게나 적용 가능한 시스템으로 지켜져야 한다.

31. 권한과 역할
그리고 임파워먼트와 델리게이션

"무엇을 해야 할지가 분명한가?"

경영자들을 만나보면 "혼자서는 잘했는데, 승진시켜 놓으면 헤맨다."는 불평을 하곤 한다.

자산이 정나라의 재상이 되었다. 정나라 군주인 간공이 자산에게 말했다.

"제사에 쓰는 제수가 충분하지 못하며, 종(鐘), 고(鼓), 슬(瑟)이 잘 울리지 않고 예악이 퇴보하기라도 한다면 그것은 나의 책임이다. 국가가 안정되지 않고 국민이 불안하며 농경에 종사하고 전시에는 전사가 되는 일이 순조롭지 못하다면 그것은 그대의 책임이다."

자산이 재상이 된 지 5년. 나라에는 도적이 없고 길에 떨어져 있는 것을 주워 제 것으로 삼으려는 자도 없어졌다. 복숭아나 대

추가 온 길에 주렁주렁 달려 있어도 따 먹는 자가 없었다. 칼 같은 작은 물건을 길에서 잃어도 사흘이 지나면 주인의 손으로 돌아오게 되었다. 3년 동안 그 방침을 변함없이 계속했더니 국민들 사이에는 굶는 자가 없어졌다.

《한비자》〈외저설 우상(外儲說 右上)〉에 나오는 이야기다.

한비자는 이 이야기를 통해 명확한 책임 분담(職分)과 성과 중심적 시스템의 중요성을 이야기한다. 이야기의 핵심은 정나라 군주 간공과 재상 자산이 각자의 책임과 역할을 명확히 나누는 것이다. 군주는 국가의 상징이자 권위의 원천으로서 제사와 예악 같은 의례적이고 상징적인 일을 책임진다. 반면 재상은 국가 안정, 국민 생활, 경제, 국방과 같은 모든 실질적인 행정을 책임진다.

한비자는 이처럼 군주와 신하가 서로의 영역을 침범하지 않고 각자의 직분에만 충실할 때 국가가 가장 효율적으로 운영된다고 보았다.

한비자가 생각하는 이상적인 군주는 세세한 실무에 직접 관여하는 사람이 아니다. 군주의 역할은 자산과 같이 유능한 신하를 적재적소에 임명하는 것이다. 그리고 그에게 명확한 목표와 전적인 권한을 위임한 뒤 오직 결과로써 그를 평가하는 것이다. 간공이 자산에게 '국민이 불안하면 그것은 그대의 책임'이라고 명확히 선언한 것은 바로 이러한 평가의 기준을 제시한 것이다. 이는 군주가 직접 통치하는 것이 아니라 유능한 신하를 통해 시스템적으로 통치해야 한다는 법가(法家)의 핵심 원리다.

5년 뒤 나라가 안정되고 풍요로워진 모습은 바로 이 시스템이 성공적으로 작동한 결과다. 한비자는 자산의 개인적인 인품이나 덕(德) 때문에 나라가 잘 다스려졌다고 말하지 않는다. 욕망 충돌을 통제하기 위해서는 군주가 역할을 명확히 하고 신하가 그에 따라 책임을 다해야 한다. 그때 나타나는 결과는 필연적이다. 즉 훌륭한 시스템은 인치(人治)가 아닌 법치(法治)와 술치(術治)의 우월성을 이야기하는 것이다.

기업 경영 관점에서도 이런 부분에서의 우월성으로 성공한 사례는 많다. 세 가지 정도의 사례를 들어본다.

첫째, 애플의 기술 천재와 마케팅 대가의 만남이다. 1980년대 초반, 스티브 잡스는 애플을 한 단계 더 성장시키기 위해 자신의 약점을 보완해 줄 인물이 필요했다. 그는 기술과 제품 개발에는 천재였지만 대중 마케팅과 대기업 운영 경험은 부족했다. 잡스는 펩시콜라의 사장이었던 존 스컬리에게 CEO 직책을 맡기며 마케팅과 회사 운영 전반을 위임했다. 스컬리는 CEO로서 회사를 전문적으로 경영할 모든 권한을 부여받았다. 이를 통해 잡스는 경영 부담을 덜고 제품 개발과 혁신에 집중하고자 했다. 스컬리의 마케팅과 잡스의 혁신이 결합하여 1984년 매킨토시를 성공적으로 출시했다.

그 뒤 잠시 애플을 떠나야 했던 잡스는 1997년 애플에 복귀했다. 그는 비효율적인 재고 관리로 회사가 파산 직전임을 발견했다. 그는 당시 최고의 공급망 관리(SCM) 전문가였던 팀 쿡을 영입했다. 잡스는 팀 쿡에게 제조, 물류, 재고 관리 등 애플의 모든 운영(Operation)을 위임했다. 이는 단순한 위임을 넘어 공장을 폐쇄하고 공급망을 완전히 재설계할 수 있는 전적인 권한을 부여한 완전한 임파워먼트였다. 그 결과 팀 쿡은 애플의 재고를 70여 일치에서 단 6일치 분량으로 줄이는 기적을 보여주었다. 이는 각자 영역의 최고 전문가가 서로를 신뢰하고 권한을 위임하여 회사를 구한 가장 이상적인 성공 사례로 평가된다.

둘째, 구글의 알파벳 전환이다. 핵심을 위임하고 미래에 집중한 사례다. 2015년 구글의 창업자 래리 페이지는 미래를 위한 거대한 결단을 내렸다. 그는 모회사 '알파벳(Alphabet)'을 설립하고 자신은 그 CEO로 취임했다. 그는 구글의 핵심 수익 사업 전체를 당시 부사장이었던 순다르 피차이에게 위임했다. 이는 단순한 위임을 넘어 피차이에게 구글의 CEO라는 직책과 함께 모든 의사결정 권한을 부여한 완전한 임파워먼트였다. 이 결정으로 피차이는 구글의 핵심 사업을 안정적으로 성장시켰다. 창업자 래리 페이지는 일상 업무에서 벗어나 인공지능이나 자율주행 같은 미래 혁신 사업에만 집중할 수 있었다. 이는 최고 경영자는 미래 비전을, 담당 경영자는 현재의 실무를 책임지는 이상적인 역할 분담의 성공 사례다.

셋째, 스타벅스의 부활이다. 현장에 권한을 부여해 위기를 극복한 사례다. 2008년 스타벅스는 글로벌 금융 위기로 큰 위기를 맞았다. 당시 회사는 지나치게 중앙집권화되어 현장의 목소리가 무시되고 있었다. 이때 CEO로 복귀한 하워드 슐츠는 '임파워먼트'를 통해 위기를 극복했다. 슐츠는 본사가 모든 것을 통제하던 방식에서 벗어났다. 그리고 매장 운영과 관련된 많은 의사결정 권한을 다시 점장과 지역 관리자에게 위임했다. 그는 점장들을 각 매장의 '작은 CEO'로 대우하며 현장에서 고객의 불만을 즉시 해결할 수 있는 권한을 부여했다(임파워먼트). 현장에 힘이 실리자 직원들의 사기와 책임감이 극적으로 높아졌다. 고객 만족도는 빠르게 회복되었다. 이는 최고 경영자가 비전을 제시하고 현장 담당자에게 실질적인 임무를 부여(델리게이션)했을 때 조직 전체가 역동적으로 살아날 수 있음을 보여주는 대표적인 사례다.

32. 법은 변화의 속도를 느리게 하는가?

"한비자가 순임금을 비판한 이유?"

법은 느린 것의 대명사다. 일어난 일에 대한 평가나 하는 과거 중심이다. 앨빈 토플러는 《부의 미래》라는 책에서 기업의 속도는 100마일이고, 학교는 10마일, 법은 1마일이라고 말한다. 한비자는 어떤 생각을 했을까?

역산의 농부가 서로 논의 논두렁을 침범하고 있었다. 그러나 순(舜)이 그곳에 가서 농사를 짓게 되자 1년 만에 논두렁은 정상으로 되돌아갔고 아무도 침범하지 않았다.
하빈의 어부들이 하주의 어장에서 서로 다투었다. 그런데 순이 그곳에 가서 고기잡이를 하자 1년 만에 어장을 연 장자에게 양보하게 되었다.
동이의 도공이 만드는 도자기는 깨어지기 쉬운 조악품이었다.

그런데 순이 그곳에 가서 도기를 만들자 1년 만에 동이의 도기는 튼튼해졌다.

《한비자》〈오두(五蠹)〉에 나오는 이야기다. 한비자는 이 이야기를 통해 인치의 한계성을 말하고자 한다. 순임금은 스스로 경작하고 솔선수범하는 동안에 백성들이 그것을 따르게 된 것이다. 공자는 "성인의 덕은 사람을 감화시킨다."라고 하면서 감탄했다. 그러나 과연 이것이 맞는가? 지금 만약 대통령이 이렇게 하고 있다면 옳은 일인가? 한비자는 이런 점을 정확하고도 날카롭게 지적한다.

한비자는 어떤 사람을 빌어 이렇게 말한다. 어떤 사람이 유자에게 물었다.
"그때 요는 대체 어디에 있었습니까?"
"요는 천자였다네."
"그렇다면 공자가 요를 성인이라고 한 것은 무슨 뜻입니까? 깊은 통찰력을 가진 성인이 위에 있으면 모든 것을 내려다보고 온 세상에 나쁜 짓은 없을 것 아닙니까? 그렇다면 온 세상에 나쁜 것이 없어졌다면 농부나 어부도 다툴 일이 없을 것이고 도기도 조악품이 아니었을 것이므로 순으로서는 굳이 그렇게 백성을 교화할 필요도 없었을 텐데, 순이 나쁜 점을 고치려 한 것은 요가 부족했다는 것 아니겠습니까?"

한마디로 순임금 이전에 요임금이 잘했다면 순임금이 그렇게까지 할 필요가 없었을 것이다. 만약 순임금이 잘한 것이라면 요임금은 잘못한 것이 된다.

"더구나 순임금은 1년에 한 가지씩, 3년에 세 가지를 고쳤을 뿐이다. 순의 행위는 한계가 있고 언젠가는 죽을 텐데 세상의 악은 그칠 날이 없을 만큼 많다. 언제 다 고치겠는가? 기준에 맞는 것에는 상을 주고 맞지 않는 것에는 벌을 주는 법령을 공표하면 하루 만에 고쳐지고 전국적으로 고쳐질 텐데 어째서 1년을 기다려야 합니까?"

효율성에 대한 이야기다.

"그럼에도 순은 요를 설득하고 온 세상 사람을 복종시키려 하지 않고 오히려 제 발로 걸어가서 손수 일을 했다. 이 얼마나 어리석은가? 자신의 몸을 괴롭힘으로써 사람들을 감화시키는 방법은 요·순임금 같은 훌륭한 사람들도 쉽지 않다. 권위와 지위, 그리고 법을 이용해서 다스리는 것은 범상치 않은 군주도 할 수 있다. 쉽게 할 수 있는 방법을 버리고 순임금도 어려운 방법을 주장하는 것은 옳지 않다."

흡사 한비자가 법정에서 변호인이나 검사가 되어 논리를 펴는 듯하다. 명쾌하고 논리적이다. 우리 사회에서 법은 속도가 느린 것의 대명사다. 일어난 일, 즉 과거의 일에 대한 시시비비를 가리는 역할을 하기 때문이다. 그러나 한비자의 주장을 보면 법이 가지는 긍정적 역할은 배제되어 있음을 알 수 있다.

어떤 훌륭한 개인이나 리더의 역량에 기반한 사회의 변화보다 법률에 근거한 변화가 훨씬 영향력이 크고 속도도 빠름을 알 수 있다. 만약 그렇지 않다면 그 긍정적 영향력이 그것에 저항하는 욕망보다 작거나 약하기 때문이다. 다만 지금은 한비자가 살던 시대처럼 단순한 시대가 아니다. 때문에 법이 오히려 변화와 발전을 발목잡는 경우가 생겨난다. 이 말은 법이 제대로만 역할을 한다면 가장 빠르게 변화시킬 수 있다는 역설이기도 하다.

33. 사기 순임금 설화에서 배우는 〈중대재해처벌법〉의 한계

"순임금의 감동 스토리에 대한 한비자의 의견"

순(舜)은 평범한 농부였으나 지극한 효심으로 이름이 높았다. 그의 아버지는 완고했고 계모는 음험했으며 이복동생은 오만했다. 이들 가족은 한마음으로 순을 미워하여 여러 번 죽이려 했다.

그들은 순에게 창고 지붕을 고치게 한 뒤 사다리를 치우고 불을 질렀다. 순은 삿갓 두 개를 이용해 불길 속에서 뛰어내려 목숨을 건졌다. 또 우물을 파게 한 뒤 흙과 돌로 그를 생매장하려 했다. 그러나 순은 미리 파 놓은 옆굴을 통해 무사히 빠져나왔다.

이러한 박해에도 순은 조금도 그들을 원망하지 않고 예전처럼 효도를 다했다. 그가 역산(歷山)에서 밭을 갈자 1년 만에 밭두둑을 다투던 풍조가 사라졌다. 하빈(河濱)에서 고기를 잡자 어부들은 서로 좋은 어장을 양보하기 시작했다. 동이(東夷)에서 그릇을 굽자 조잡했던 도자기들이 튼튼하고 정교해졌다.

순이 가는 곳마다 사람들이 그의 덕에 감화되어 1년이면 마을을 이루고 3년이면 도시가 되었다. 그의 높은 덕망은 마침내 요임금의 귀에까지 들어갔다. 요임금은 후계자를 찾기 위해 자신의 두 딸을 시집보내는 등 여러 시험으로 순을 확인했다. 순은 모든 시험을 통과하며 자신의 인품과 능력을 증명했다. 이에 요임금은 혈연이 아닌 덕을 기준으로 그에게 왕위를 물려주었다.

천자가 된 후에도 순은 자신을 죽이려 했던 동생 상(象)을 처벌하지 않았다. 오히려 그를 유비(有鼻)라는 지역의 제후로 봉해 다스리게 했다. 이는 자신을 해친 혈육마저 용서하고 품는 성인의 위대한 덕을 보여주는 일화로 전해진다.

이 설화에 대한 한비자의 생각은 무엇일까?

첫째, 극심한 비효율성을 꼬집는다. 앞에서 살펴본 대로 한비자는 순임금이 직접 밭을 갈고 고기를 잡으며, 1년이라는 긴 시간 동안 노력해야 겨우 한 마을의 풍속을 바로잡았다는 점을 지적한다. 그는 "세상의 문제는 무한한데, 성인이 평생을 돌아다녀도 과연 몇 곳이나 바로잡을 수 있겠는가?"라고 반문한다. 이는 개인의 감화에 의존하는 방식이 얼마나 느리고 비효율적인지를 비판하는 것이다. 반면 잘 만들어진 법(法)은 공포 즉시 전국에 적용되어 단 하루 만에 질서를 잡을 수 있다고 주장한다.

둘째, 사적인 정(情)이 공적인 법(法)을 무너뜨린다고 본다. 한비자의 관점에서 가장 심각한 문제는 바로 순임금이 자신을 죽이려 했던 동생 상을 처벌하지 않고 오히려 제후로 봉한 것이다. 상은 살인 미수와 반역을 꾀한 흉악한 범죄자이다. 국가의 법에 따르면 당연히 사형에 처해야 마땅하다. 그러나 순임금은 국가의 공적인 법 대신 '형제'라는 사적인 정을 앞세워 범죄자를 용서하고 심지어 그에게 영지와 권력까지 주었다. 한비자는 바로 이 지점이 나라를 망하게 하는 핵심이라고 본다. 군주가 공평한 법을 적용하지 않고 사사로운 감정이나 도덕을 공적인 질서보다 우선하는 순간, 법의 권위는 무너지고 백성들은 더 이상 법을 신뢰하지 않게 된다는 것이다.

셋째, 비현실적인 이상을 꿈꾼다는 점이다. 성인은 천 년에 한 번 나올 뿐이다. 한비자는 순과 같은 위대한 성인이 나타나기를 기다리는 것은 천 년에 한 번 있을까 말까 한 행운에 국가의 운명을 거는 어리석은 짓이라고 비판한다. 그는 평범한 군주라도 따르기만 하면 나라를 안정시킬 수 있는 객관적이고 예측 가능한 시스템, 즉 법치(法治)를 구축해야 한다고 주장했다.

결론적으로 한비자에게 순임금의 설화는 유학자들이 숭배하는 '인치(人治)'가 실제로는 얼마나 비효율적이고 위험하며, 사적인 감정이 어떻게 공적인 법치를 파괴하는지를 보여주는 완벽한 반면교사일 뿐이다.

그렇다면 〈중대재해처벌법〉 같은 강력한 법규가 제정되어 적용되고 있음에도 실효적이고 즉각적인 성과로 연결되지 않는가에 대해 의문을 제기할 수 있다.

그 이유는 다음과 같다.

첫째, '사후 처벌' 중심의 접근법이다. 중대재해처벌법의 핵심은 사고 발생 시 경영책임자를 처벌하는 것이다. 이는 분명 강력한 경고 메시지를 주지만, 본질적으로는 일이 터진 뒤에 책임을 묻는 방식이다. 많은 기업이 실질적인 '사전 예방' 시스템을 개선하기보다 처벌을 피하기 위한 법률 자문이나 서류 작업에 집중한다. 즉 현장의 위험 요소를 없애는 것보다 재판에 대비하는 데 더 많은 노력을 기울일 수 있다는 단점이 있다.

둘째, 법과 현장의 괴리다. 법에서 요구하는 '안전보건관리체계' 구축은 매우 복잡하고 추상적인 개념이다. 많은 기업, 특히 중소기업은 실질적인 현장 개선보다 법적 의무를 다했다는 것을 증명하기 위한 서류 작업에 매몰되기 쉽다. 안전 규정은 수백 페이지에 달하지만 현장에서는 여전히 위험한 작업 방식이 그대로 유지되는 경우가 많다. 자원 부족과 불균형도 심각하다. 50인 미만 사업장의 경우 전문적인 안전관리 시스템을 구축하고 운영할 인력과 예산이 절대적으로 부족하다. 법의 기준을 맞추고 싶어도 현실적으로 어려운 경우가 많다.

셋째, 견고한 '안전 불감증' 문화다. 실행이 어렵거나 이미 고착화된 잘못된 안전문화 또는 그 처벌 시 법망을 피해갈 수 있는 점 등이 문제다. 이런 점에서 한비자의 주장대로 "하루면 모두 개선된다."는 논리는 당시 단순하고 절대 권력에 기반한 통치 시스템의 논리라는 한계도 있다.

34. 유방과 한신에게 배우는 공격적 안전경영

"안전과 성과, 두 욕망은 양립할 수 있는가?"

욕망의 양립은 불가한가? 진나라가 춘추전국시대를 마감한 뒤 중국 대륙은 또 한 번의 혼란 속으로 빠져들었다. 바로 초한지로 알려진 항우와 유방의 대결과 진나라의 멸망이다.

기원전 203년, 초한전쟁의 판도를 가를 형양성에서 한왕 유방은 항우의 대군에 겹겹이 포위되었다. 절체절명의 위기였다. 식량은 바닥났고 병사들의 사기는 땅에 떨어졌다. 그야말로 바람 앞의 등불 같은 신세였다. 유방은 북쪽 제나라를 평정한 대장군 한신이 하루빨리 구원군을 이끌고 와주기만을 애타게 기다렸다.
그때 한신이 보낸 사자가 도착했다는 소식이 전해졌다. 유방은 가뭄의 단비 같은 소식에 기뻐하며 사자를 맞았다. 그러나 서신을 읽어 내려가던 유방의 얼굴은 희망에서 경악으로 바뀌었다. 이내 참을 수 없는 분노로 시뻘겋게 달아올랐다.

"이게 대체 무슨 말이냐!"

유방은 서신을 바닥에 내던지며 포효했다. 한신이 보낸 서신의 내용은 구원군 파병이 아니었다. 제나라의 민심이 흉흉하니 자신을 임시 왕, 즉 '가짜 왕'으로 봉해달라는 요구였다.

"내가 지금 여기서 죽느냐 사느냐 하는데 감히 왕 자리를 논해? 이 배은망덕한 놈!"

분노한 유방이 칼을 뽑으려는 순간 곁에 있던 책사 장량이 그의 발을 지그시 밟았다. 장량이 속삭였다.

"전하, 참으십시오. 지금 한신이 돌아서면 우리는 끝입니다."

진평도 거들었다.

"이럴 때일수록 크게 베푸셔야 합니다. 기왕이면 진짜 왕을 주어 그의 마음을 사로잡으소서."

조언을 들은 유방은 분노를 억눌렀다. 그는 상황의 본질을 꿰뚫어 보았다. 태도를 바꾼 유방은 호탕하게 웃으며 말했다.

"하하하! 대장부가 공을 세웠으면 진짜 왕이 되어야지. 어찌 쪼잔하게 가짜 왕을 구한단 말이냐!"

유방은 즉시 장량에게 명해 '제왕'의 인장을 만들게 했다. 그리고 한신을 정식 제나라 왕으로 봉했다. 소식을 전해 들은 한신은 유방의 통 큰 결단에 감격했다. 그는 즉시 군사를 일으켜 초나라를 공격했다. 이는 결국 항우를 패망시키는 결정적 계기가 되었다.

 그러나 천하를 통일하고 한나라의 황제가 된 유방에게 한신의 막강한 군사적 재능과 공로는 더 이상 고마운 힘이 아니었다. 두려운 위협으로 다가왔다. 유방은 한신을 제왕에서 초왕으로, 다시 회음후로 강등시켰다. 그의 힘을 빼앗고 의심의 눈초리를 거두지 않았다.

 결국 유방이 자리를 비운 사이 황후 여후와 승상 소하가 계략을 꾸몄다. 소하는 반란을 핑계로 한신을 장락궁으로 유인했다. 한신은 평소 소하를 깊이 믿었다. 아무 의심 없이 궁으로 들어갔다. 그는 매복해 있던 병사들에게 붙잡혔다. 무기도 없는 좁은 방 안에서 처참하게 살해되었다.

 죽음의 순간 한신은 탄식했다.

 "내가 괴철의 말을 듣지 않아 결국 이런 변을 당하는구나. 이는 하늘의 뜻이로다."

 천하의 명장 한신은 유방의 천하 통일에 결정적인 공을 세웠다. 그러나 그 공로가 자신을 옥죄는 족쇄가 되었다. 그는 토사구팽의 비극적 최후를 맞았다.

 욕망을 들켜버린 한신의 처참한 말로를 보여주는 대목이다. 욕망과 욕망이 충돌하는 상황이다. 욕망은 힘과 밀접한 연관이 있다. 욕망이 세를 만들고 세가 또 다른 욕망을 낳는다.

안전경영은 사고 예방이라는 욕망과 성과 창출이라는 욕망의 충돌 과정에서의 의사결정 행위다. 결국 방향성은 두 가지다. 하나는 어느 한쪽의 욕망을 크게 하는 방법이다. 다른 하나는 두 욕망이 지향하는 바를 같게 하는 것이다.

과연 어느 것이 실효적일까? 성과를 창출하는 것도 사고를 예방하려는 것도 결국 조직이 지향하는 또 다른 욕망을 충족하기 위함이라는 점에서는 이견이 없다. 문제는 방법이다. 과연 이 두 가지 욕망은 양립할 수 없는가?

답은 의외로 단순하다. 사고 예방이 곧 돈이 되게 하면 된다. 비재무적 요소를 성과라고 해석하는 수준을 넘어 실제 이윤이 되게 하면 된다.

이런 점에서 각 조직의 안전보건관리 조직에 안전 기술 사업팀을 추가할 것을 제안한다. 안전과 관련된 기술이나 관리 기법이 수익을 창출하기만 해도 인식은 바뀐다. 방어적 안전경영이 아니라 공격적 안전경영으로의 전환이다.

어느 한쪽의 욕망을 제한하거나 어느 한쪽의 욕망이 더 가치있다고 보는 관점으로는 해법이 없다.

35. 우리는 왜 상과 벌 이야기를 싫어하는가?

"불안전 행동으로 편암함을 누려 본 경험이 있다."

욕망의 씨앗은 결핍이다. 역설적이게도 살고자 하는 욕망은 전쟁터에서 가장 크다. 욕망이 아무리 커도 전쟁이라는 현실은 그 욕망을 충족시키지 못한다. 한비자는 그 점에 대해 전문적이고 예리하다.

안전과 이익을 추구하고 곤궁과 위험을 회피하려는 것 역시 욕망에 근거한다고 했다. 이익을 위해서라면 내 자식을 죽이고 내 몸의 성 기능을 파괴하고 자신의 생명까지도 버릴 수 있음을 사례가 증명한다. 그중에서도 가장 큰 욕망은 이익을 향한 욕망이다. 농사일은 힘들고 괴롭다. 그래도 농민들은 수확이라는 이익 때문에 버틴다. 전쟁에서 전투에 참여하는 것은 위험하기 짝이 없다. 그래도 백성들이 적진에 뛰어드는 것은 높은 지위를 얻을 수 있다고 믿기 때문이다.

《한비자》〈팔경〉은 이 점을 분명히 한다. 〈팔경〉은 군주가 나라를 다스릴 때 반드시 따라야 할 여덟 가지 원칙을 설명한다. 인용한 내용은 국가 권력의 핵심 작동 원리를 말한다.

"사력은 백성이 가지고 있는 것이다."

사람은 본성상 원하는 바를 얻기 위해 사력을 다한다.

"호악은 윗사람이 제어할 수 있는 것이다."

백성은 이익을 좋아하고 형벌을 싫어한다. 윗사람은 그 호악을 장악해 백성의 사력을 관리한다.

결론은 간명하다. 군주는 백성의 본성을 바꾸려 하거나 도덕으로 교화시키려 애쓸 필요가 없다. 보상이라는 당근으로 국가에 이로운 일을 하게 하고 형벌이라는 채찍으로 해로운 일을 막으면 된다.

이 주장은 요즘 시대에 먹히지 않는 것으로 치부된다. 문제는 이미 그렇게 하고 있기 때문이 아니다. 그렇게 하는 것이 비인간적이고 가혹하다고 생각하기 때문이다. 이는 전혀 다른 문제다. 상과 벌의 공정함이 없기 때문에 일이 꼬이는 경우가 대부분이다. 그럼에도 마치 상벌 자체가 잘못인 것처럼 주장하는 것은 본질의 왜곡이다.

〈팔경〉의 여덟 가지 원칙은 다음과 같은 주제를 포함한다. 인과응보, 신상필벌, 정언, 일도, 삼참, 비하, 애단, 이병이다.

〈팔경〉은 네 가지 핵심으로 요약된다. 첫째, 법률은 절대적 기준이다. 만인에게 공개된 명확한 법이 기준이 되어야 한다. 군주는 법 위에 존재해서는 안 된다.

둘째, 상과 벌이라는 두 개의 손잡이를 독점하라. 상벌 권한을 신하에게 넘기면 충성은 군주가 아닌 신하에게로 향한다.

셋째, 믿지 말고 끊임없이 검증하라. 말과 행동과 결과를 교차 확인하고 불일치하면 벌을 내려야 한다.

넷째, 국가의 에너지를 한곳으로 향하게 하라. 사사로운 이익이나 헛된 명예가 아니라 농사와 전쟁이라는 목표로 힘을 집중시켜야 한다.

어느 것 하나 틀린 말은 없다. 다만 듣기에 거북할 뿐이다. 왜 상벌 이야기가 거북한가? 상을 주는 자와 받는 자, 벌을 주는 자와 받는 자 사이에 신뢰가 없기 때문이다. 불신의 뿌리는 공정성 결여다.

이는 국가와 사회, 기업 조직이 무엇을 해야 하는지 명확히 말해준다. 공정하게 하면 된다. 그러나 하기 싫은 것이다. 그렇게 하지 않아서 누렸던 편안함이 서로에게 있다. 기업은 근로자의 위험을 담보로 이익을 얻어 본 경험이 있다. 근로자나 행위자는 불안전 행동으로 편안함을 누려 본 경험이 있다.

36. 욕망이 없는 자는 통제할 수 없다

"비전없는 조직에서 사고가 많은 이유?"

만약 인간이 결핍을 느끼지 않는다면 통제는 불가하다. 제일 무서운 사람은 아무것도 필요 없다는 사람이다. 결핍은 욕망이 낳는다.

고대 그리스의 철학자 디오게네스와 알렉산더 대왕의 일화가 이를 보여준다. 알렉산더와 부하들이 다가가자 디오게네스는 누워서 햇볕을 쬐었다. 그는 위대한 왕이라 소개한 알렉산더에게 "나는 개 같은 디오게네스다."라고 말했다. 알렉산더가 "소원이 무엇이든 말해보라."고 하자 디오게네스는 "내 햇빛을 가리지 말고 비켜주시오."라고 했다. 알렉산더는 "내가 알렉산더가 아니었다면 디오게네스가 되기를 바랐을 것이다."라고 말했다.

천하를 호령하던 알렉산더도 "아무것도 필요 없다."는 말 앞에서는 무력해진다. 한비자도 이 점을 정확히 포착한다.

태공망 여상은 동쪽 제나라 왕으로 봉해졌다. 제나라 동쪽 발해 변경에는 화사라는 은사 형제가 살았다. 두 사람은 의논해 강령을 만들었다. "천자의 신하가 되지 않는다. 제후들과 교분도 맺지 않는다. 전답을 갈아 식량을 얻고 샘을 파서 물을 마신다. 남에게서 얻지 않는다. 윗사람이 주는 명예도 봉록도 필요 없다. 관리 체계에 얽매이지 않고 노동에 종사한다."

태공망은 수도에 도착하자마자 두 형제를 잡아 죽였다. 노나라의 주공단이 사자를 보내 이유를 물었다.

"그들은 행실이 뛰어나다. 왕으로 봉해지자마자 그 훌륭한 사람을 죽인 까닭은 무엇인가?"

태공망이 대답했다.

"그들은 '천하의 신하가 될 수 없다.'고 했다. 그러면 나도 신하로 삼을 수 없다. '제후와 교분을 맺지 않겠다.'고 했다. 그러면 나도 사용할 수 없다. '식량과 물을 남에게서 구하지 않겠다.'고 했다. 그러면 상벌로 장려하거나 다스릴 수 없다."

여기서 태공망은 한비자를 대신해 말한다. 제일 무서운 사람은 아무것도 필요 없는 사람이다. 아이를 키울 때도 마찬가지다. 아무것도 하기 싫다는 아이는 통제할 수 없다.

태공망은 말을 이었다. "위로부터 지급되는 명예가 필요 없다면 아무리 현명해도 나를 위해 도우려 하지 않을 것이다. 봉록이 없다면 아무리 현명해도 나를 위해 공적을 세우려 하지 않을 것이다. 취직하지 않으면 관리할 방법이 없다. 임용되지 않으면 충성심이 없다고 말할 수밖에 없다. 옛 왕들이 신민으로 하여금 일을 잘하게 한 것은 작록과 형벌 때문이다."

"작·녹·형·벌 네 가지로 충분히 일을 시킬 수 없다면 나는 누구를 위해 정치하겠는가? 전쟁터에서 공을 세운 것도 아닌데 이름이 높아지고 농경으로 생산성을 높인 것도 아닌데 평판이 좋아진다면 교화에 좋지 않다."

이런 사람이 좋은 평판을 얻으면 또 하나의 세력이 만들어진다. 요즘 표현으로 바꾸면 아무것도 필요 없다는 사람이 늘어나면 통치 시스템이 작동되기 어렵다.

태공망은 비유를 들었다.

"그야말로 좋은 말이 있다 하자. 모양은 천하 제일가는 양마다. 그런데 달리라 해도 달리지 않고 멈추라 해도 멈추지 않는다. 좌우로 돌라 해도 돌지 않는다. 그러면 천한 하인이라도 그 말의 다리를 믿지 않을 것이다."

하인이 양마의 다리를 신뢰하는 이유는 간단하다. 맡기면 이익을 얻고 위해를 면할 수 있기 때문이다. 이익이 되지 않으면 천한 하인도 그 다리를 믿지 않는다. 그러므로 자기 자신은 현인이라 생각할지라도 윗사람을 위해 일하려 하지 않는 자는 신하로 삼아서는 안 된다. 그래서 죽였다는 것이다.

국가 권력이 체제를 위협하는 사상적 반대자를 제거한 사례는 서양 역사에도 있다. 아테네는 소크라테스를 처형했다. 그는 폭력을 쓰지 않았다. 그러나 기존 권위와 전통에 끝없이 질문하도록 가르쳤다. 국가는 그의 철학을 위험한 사상으로 판단했다.

로마 제국의 초기 기독교 박해도 유사하다. 초기 기독교인은 로마의 법을 따랐다. 그러나 황제 숭배를 거부했다. 로마는 이를 제국의 통일성을 저해하는 정치적 불복종으로 보았다. 그들은 이념적 통제를 거부하는 이들을 반체제로 규정하고 처형했다.

두 사례는 국가 권력이 물리적 저항뿐 아니라 통치 이념을 따르지 않는 소극적 불복종도 반역으로 간주했음을 보여준다.

이제 위기경영의 관점에서 보자. 아무것도 필요 없다고 하는 사람은 누구인가? 욕망이 없는 사람이다. 욕망이 없는 사람은 꿈이 없는 사람이다. 언제든 떠날 수 있는 사람이다. 조직에서 더 바라는 것이 없다면 그들의 목소리에 힘이 실리기도 한다. 그런 조직에서 선진적 안전문화가 형성되고 시스템이 작동되기는 어렵다.

한비자에 나오는 화사 형제는 바로 이런 사람들이다. 그들은 군주의 명예도 국가의 녹봉도 거부했다. 자신들만의 왕국에 안주했다. 안전경영에서 조직의 '화사 형제'는 마음이 떠난 직원을 상징한다. 조직의 성공과 실패에 아무 욕망이 없다. 조직의 미래라는 꿈을 함께 꾸지 않는다. 언제든 떠날 수 있다고 생각한다.

　안전 시스템은 규정과 절차로 이루어져 있다. 그러나 그것을 살아 움직이게 만드는 것은 구성원의 자발적 참여와 의지다. 꿈이 없는 직원은 안전을 '나의 일'이 아니라 '회사의 일'로 여긴다. 그는 감시와 처벌이 두려워 최소한의 규칙은 지킬지 모른다. 그러나 동료의 위험한 행동을 보고도 못 본 척한다. 더 나은 개선을 제안하지 않는다. '나 하나쯤이야.'라며 위험한 지름길을 택한다. 그들의 무관심이 안전 시스템의 가장 취약한 구멍이 된다.
　태공망은 시스템 편입을 거부한 화사 형제를 제거했다. 현대 경영자는 마음을 닫은 직원을 해고하는 것만으로 문제를 해결할 수 없다. 리더의 진짜 역할은 정반대다. 구성원에게 꿈과 욕망을 심어주는 일이다.
　진정한 안전경영은 처벌과 통제를 넘어선다. '안전이라는 가치가 우리 모두의 성공과 행복을 위한 것'이라는 공동의 목표 제시에서 시작된다. 리더가 안전을 최우선 가치로 삼아야 한다. 구성원의 안위를 진심으로 아껴야 한다. 안전을 위한 노력을 아낌없이 인정하고 보상해야 한다. 그때 직원은 조직의 꿈에 동참한다.

37. 욕망 너머 욕망은 무엇인가?

"안전 교육에 꿈과 비전 교육이 필요한 이유"

제나라 환공이 관중에게 물었다.

"부자가 되려는 욕망에 한계가 있는가?"

관중이 대답했다.

"물의 한계는 물이 다한 곳이다. 부에 대한 욕망의 한계는 그 부가 만족에 이른 경지다. 사람이 그 지점에 이르렀으면서도 아직 충분하지 못하다고 생각한다면 욕망에는 한계가 없다고 말할 수 있다."

"사람의 근심은 두 가지다." 관중은 이어 말했다. "부유하지만 존귀하지 못한 근심이다. 존귀하지만 부유하지 못한 근심이다. 그래서 부유한 자는 귀해지기 위해 다툰다. 존귀한 자는 부유해지기 위해 다툰다."

결론은 지족이다. 만족을 아는 것이다. 지족은 부유하면서 동시에 존귀해지는 것이다. 사람이 부유하고 존귀해지면 더는 바랄 것이 없다. 근심이 사라지고 만족하게 된다. 부의 욕망이 채워지면 귀의 욕망이 작동한다. 그러니 군주는 부와 귀에 이르는 통로를 장악해야 한다.

안전과 무재해는 최종적 욕망이 아니다. 어떤 최종적 욕망에 이르기 위한 조건으로서의 욕망이다. 그렇다면 우리의 안전경영은 부를 넘어 귀에 이르려는 욕망을 장악하고 있는가? 단언컨대 아니다.

대부분 회사는 무재해나 무사고 이상의 이야기를 하지 않는다. 하더라도 매우 두루뭉술하고 추상적이다. 간혹 그런 이야기를 꺼내면 쓸데없는 소리라고 한다. 그저 잔소리 같은 수칙 반복을 원한다.

더 힘든 점이 있다. 구성원 다수는 꿈에 대해 생각해 본 적도 말해 본 적도 없다. 꿈 이야기를 부끄러워하기도 한다. 꿈을 가지면 이뤄진다는 경험을 해본 적이 없다. 성취보다 좌절과 실패를 더 많이 겪었다.

이런 인식의 직원에게 안전을 위해 불편함을 감수하라고 말하면 귀찮음으로 귀결된다. 때로는 반발로 확대된다. 한비자는 이 점을 정확히 본다. 요즘 국민의 절반이 심리상담사 같을 만큼 심리 공부를 한다. 그러나 심리의 근원에 욕망이 있다는 사실을 깊이 아는 이는 드물다. 욕망을 어떻게 실무에서 통제할지 아는 이는 더 적다.

안전교육과 경영에는 개인과 조직 단위의 꿈과 비전 교육이 필요하다. 직업을 꿈이라 말하는 사람이 있다. 돈과 직위를 목표로 말하는 이가 태반이다. 그런 목표는 타협에 취약하다. 또 다른 타협을 낳는다. 안전경영은 최종 위치에 있는 욕망을 보아야 한다.

관중의 말대로 부자의 욕망은 끝이 없다. 그러나 종착점에는 귀해지려는 욕망이 자리한다. 돈을 벌고 열심히 일하는 이유는 안전 그 자체가 목적이 아니다. 자신의 꿈을 이루고 가족과 행복하려는 최종적 욕망을 위한 과정이다.

이 두 가지를 통제할 수 있을 때 안전경영 시스템은 정상적으로 작동한다. 최종적 욕망이 꿈틀거릴 때 그것을 방해하는 사고에 대한 저항은 스스로 커진다. 이 지점을 통제할 수 있어야 한다.

38. 위험에 대한 맹자, 장자, 한비자의 차이점

"도덕과 초월 그리고 통제"

진나라의 지백이 적나라인 구유를 치고자 했으나 길이 좁아서 지나갈 수가 없었다. 그래서 큰 종을 제작하여 구유에게 선물하겠다고 했다. 큰 종을 옮기려면 큰 수레가 가야 하니 스스로 길을 넓히게 할 목적이었다. 구유의 왕은 기뻐하며 도로를 확장하고 정비하여 그 큰 종을 받아들이려고 했다. 그러나 대신인 적장만지가 만류했다.

"안 됩니다. 종을 선물한다는 것은 소국이 대국에 하는 것입니다. 그런데 대국인 진나라가 우리에게 종을 선물한다는 것은 무언가 꿍꿍이가 있는 것입니다. 그 뒤에는 반드시 진나라의 군대가 따라 올 것입니다. 절대 받지 말아야 합니다."

그러나 구유의 왕은 그 말을 듣지 않고 그대로 종을 받아들이

기로 했다. 신하 적장만지는 황급히 제나라로 도망쳤다. 7일이 지난 뒤에 구유는 멸망했다.

맹자가 말한 견리사해(見利思害) 즉 '이익을 보거든 해로움을 생각해라.'가 생각나는 대목이다. 《장자(莊子)》의 〈산목(山木)〉편에 나오는 유명한 우화 '당랑포선, 황작재후(螳螂捕蟬, 黃雀在後)' 이야기가 생각나는 대목이기도 하다.

"사마귀가 매미를 잡으려 할 때, 그 뒤에는 꾀꼬리가 있다."는 뜻으로, 눈앞의 이익에만 몰두하다가 닥쳐올 위험을 깨닫지 못하는 상황을 비유하는 고사성어의 유래가 된 이야기이다.

어느 날 장자가 밤나무 숲(栗林)을 거닐고 있었다. 그때 어디선가 이상한 까치 한 마리가 날아와 장자의 이마를 스치고는 숲 속에 앉았다. 기이하게 여긴 장자는 활과 화살을 들고 조심스럽게 그 까치를 쫓았다. 숲 속을 살펴보던 장자는 놀라운 광경을 목격하게 된다.

나뭇잎 그늘에 숨어 유유자적 울고 있는 매미(蟬) 한 마리가 있었다. 매미는 시원한 그늘에 안주하여 자신에게 닥쳐올 위험은 전혀 눈치채지 못하고 있었다. 바로 그 뒤에는 사마귀(螳螂) 한 마리가 몸을 숨기고 앞발을 들어 매미를 덮치려는 찰나였다. 사마귀는 눈앞의 먹잇감인 매미를 잡으려는 욕심에 사로잡혀, 자신

또한 위험에 처해 있다는 사실을 까맣게 잊고 있었다.

그리고 그 사마귀의 뒤에는 장자가 처음 보았던 바로 그 이상한 까치(異鵲)가 있었다. 까치는 날개를 접고 사마귀를 낚아채려고 기회를 엿보고 있었다. 까치 역시 사마귀라는 먹잇감에 정신이 팔려, 자신이 누군가에게 겨냥되고 있다는 사실은 알지 못했다.

"아아, 만물이란 본래 서로에게 해를 끼치는구나. 이익을 좇다가 결국 서로가 서로를 끌어들여 해를 입게 되는구나!"

그리고 장자는 까치를 잡으려는 이익에 눈이 멀어, 정작 자기 자신이 위험에 처한 것을 잊고 있었다는 사실을 깨달았다.

"당신은 누군데 허락도 없이 남의 숲에 들어와 새를 잡으려 하는가?"

깜짝 놀란 장자는 활을 내던지고 황급히 숲을 빠져나와 도망쳤다. 장자가 도둑으로 몰리는 사건이었다.

어떤 욕망 뒤에는 '항상 위험이 뒤따른다'는 문제의식에서는 맹자나 장자나 혹은 한비자나 공통점이 있다. 다만 이러한 상황에 어떻게 해야 하는가에 대한 해법에서는 차이가 명확하다.

먼저 맹자는 '내면의 도덕률로 극복하라(克己)'고 한다. 맹자에게 이익(利)을 보고도 위험(害)을 생각하는 '견리사해(見利思害)'의 주체는 도덕적 개인이다. 그는 인간의 내면에 선한 본성, 즉 인의(仁義)가 있다고 보았다. 따라서 눈앞의 이익이라는 유혹에 직면했을 때, 개인은 내면의 도덕률을 발동시켜 '이것이 과연 의로운가?'를 스스로 묻고 판단하고, 개인의 끊임없는 수양과 도덕적 각성을 통해 욕망을 극복하는 것이 맹자의 해법이다.

장자는 '이익과 해로움의 구분을 넘어서라.' 즉 '초월(超脫)하라'고 한다. 장자에게 이익을 좇는 사마귀와 그 뒤의 위험(까치)은 세상 모든 만물이 얽혀있는 거대한 그물(道)의 한 단면일 뿐이다. 그는 이익과 해로움, 옳고 그름을 나누는 것 자체가 편협한 인간의 시각이라고 보았다. 따라서 장자의 해법은 이익과 해로움 중 하나를 선택하는 것이 아니라, 아예 그 구분 자체를 넘어서는 초월적인 깨달음을 얻는 것이다. 눈앞의 이익에 집착하지 않고, 거대한 자연의 흐름에 몸을 맡김으로써(無爲) 모든 위험으로부터 자유로워지는 것이 그의 방식이다.

마지막으로 **한비자는 외부의 시스템으로 '통제(統制)하라'고 한다.** 한비자는 인간이 이익을 좇고 해로움을 피하려는 존재라는 것을 바꿀 수 없는 사실로 받아들인다. 그는 개인의 도덕성(맹자)이나 깨달음(장자)에 전혀 기대를 걸지 않았다. 그에게 해결 주체는 오직 국가와 군주이다. 한비자의 해법은 인간의 이기적인 욕망을 인정하되, 상(賞)과 벌(罰)이라는 명확한 법률 시스템을 통해 그 욕망의 방향을 국가에 이익이 되는 쪽으로 돌리는 것이다.

39. 무엇이 통찰을 가능케 하는가?

"비옥한 땅 대신 자갈밭을 원한 이유"

《한비자》 제12편 〈난일(難一)〉에 나오는 이야기다.

초나라 장왕(莊王)은 강국 진(晉)나라 군대를 물리치고 돌아왔다. 그는 승리의 일등 공신인 재상 손숙오(孫叔敖)에게 상을 내리려 했다. 장왕은 당연히 기름지고 비옥한 좋은 땅을 하사할 생각이었다. 그러나 손숙오는 모두의 예상을 깨고 이렇게 말했다.

"제가 한수(漢水) 유역을 보니, '침구(寢丘)'라는 곳의 땅이 매우 척박합니다. 아무도 탐내지 않을 것 같습니다. 그 땅을 저에게 주시옵소서."

모래와 자갈뿐인 척박한 땅을 달라고 하니 장왕과 신하들은 의아했다. 그러나 그의 청을 들어주었다.

세월이 흘렀다. 손숙오가 죽고 그의 아들이 그 땅을 물려받았다. 장왕이 죽고 다른 왕들이 즉위했다. 많은 공신들의 땅은 몰수되거나 분쟁에 휘말렸다. 그러나 손숙오의 후손만은 아무도 거들떠보지 않는 그 척박한 땅을 9대에 걸쳐 대대로 온전히 지킬 수 있었다. 초나라 법률에 따르면 봉록으로 받은 영지는 2대까지만 소유한 뒤 반환해야 했다.

좋은 땅은 위험하다. 비옥하고 가치 있는 땅은 다른 귀족들의 질투와 시기를 불러온다. 다음 왕이 즉위하면 "선왕이 내린 땅이니 돌려달라." 하며 몰수의 표적이 된다. 눈앞의 큰 이익은 미래의 큰 위험을 동반한다. 반면 척박하고 쓸모없는 땅은 아무도 탐내지 않는다. 다른 귀족의 견제도 없다. 왕이 바뀌어도 굳이 빼앗지 않는다. 손숙오는 당장의 가치는 없지만, 누구에게도 위협이 되지 않기에 영원히 소유할 수 있는 '안전함'을 택한 것이다.

한비자는 단순히 손숙오가 겸손했다는 말을 하려는 것이 아니다. 그의 진짜 의도는 손숙오의 냉철한 현실 인식과 전략적 통찰을 보여주는 데 있다. 그리고 그 통찰은 '봉록으로 받은 영지는 2대까지만 소유할 수 있다.'는 법이 있었기에 가능했다는 점을 드러내고자 한 것이다.

통찰은 꿰뚫어 보는 것이다. 그러나 꿰뚫어 본다고 해서 곧바로 좋은 것은 아니다. 그것이 득이 될지 실이 될지는 결국 기준이 있어야 한다. 통찰은 선택이라는 의사결정으로 연결되어야 한다. 선택은 어떤 기준에 의해 가능하다.

물론 기준만 안다고 되는 것도 아니다. 전체를 본다는 말은 때로 아무것도 못 보는 것과 다를 바 없다. 전체를 보고 끊임없이 변화하는 상황 속에서 무엇이 핵심인지를 알아채는 능력이 필요하다. 그것은 무엇을 피하고 무엇을 선택해야 하는지 기준을 아는 데서 비롯된다.

세상 모르는 것 없이 많이 아는 사람이 결정장애를 겪는다. 그가 가진 기준이 도덕이나 이상에 머물러 있기 때문이다.

40. 《한비자》에서 말하는 재해의 종류

"조직을 좀 먹는 다섯 가지 해충"

《한비자》에는 '재해'라는 단어가 여러 번 등장한다. 〈유로(喩老)〉(제21편)에서는 욕망이 부르는 재해를 말한다. 〈간겁시신(姦劫弑臣)〉(제14편)에서는 군주 시해의 재해를 말한다. 군주가 권력을 신하에게 빼앗기거나 시해당하는 것을 '재해'라고 표현한 것이다. 이는 군주가 자신의 약점을 드러내거나 신하를 제대로 통제하지 못했을 때 발생하는 최악의 정치적 재앙(弑君之災害)을 의미한다. 〈오두(五蠹)〉(제49편)에서는 국가 붕괴의 재해를 말한다. 나라를 좀먹는 다섯 종류의 벌레(五蠹)를 방치하면 국력이 약해지고 혼란이 발생하여, 결국 국가가 멸망하는 재해가 닥칠 것이라고 경고한다.

한비자는 국가의 힘이 오직 농업(農業)과 전쟁(戰爭)에서 나온다고 보았다. 이 두 가지에 기여하지 않으면서 국가 시스템을 어지럽히는 자들을 '벌레(蠹)'라고 강하게 비판했다. 그 다섯 종류의 해충은 다음과 같다.

1. 학자(學者)
2. 언변가(言辯家)
3. 협객(俠客)
4. 측근(患御)
5. 상공인(商工人)

오늘날 한비자가 이 시대를 본다면, 이들이 여전히 건재하다는 것과 특히 농어민의 어려운 현실과 상공인들의 활약을 본다면 놀라 자빠질 일일 것이다.

'오두(五蠹)'를 현대 조직에 대입하면, '조직의 핵심 목표 달성을 방해하고 시스템을 어지럽히는 다섯 유형의 인물'로 재해석할 수 있다. 한비자가 국가의 핵심 기능을 농업(생산)과 전쟁(경쟁력)으로 본 것처럼, 현대 조직의 핵심은 가치 창출(생산)과 시장 경쟁(경쟁력)이다. 여기에 기여하지 못하는 '벌레'들은 다음과 같이 볼 수 있다.

첫째, 원론만 따지는 비평가다. 과거의 성공 사례나 경영 이론만 인용하며 현실적인 대안 없이 현재의 전략을 비판하는 유형이다. 실행보다 논쟁을 유발해 조직의 속도를 저해하고, 새로운 시도를 막는 걸림돌이 된다. 삼성 이건희 회장은 1993년 독일 프랑크푸르트에서 '신경영 선언'을 하며 말했다.

"바꾸려면 제대로 바꿔라. 못 바꾸겠으면 자리를 비켜라. 그것도 싫으면 차라리 방해나 하지 마라."

변화가 혁신이 아닌 피신에 멈추는 이유는 바로 이들 때문이다. 안전경영이 늘 구호에 머무는 이유도 이런 해충 때문이다.

둘째, 사내 정치꾼이다. 성과 창출보다 화려한 언변과 학벌, 출신 인맥 관리에 집중한다. 이들은 부서 간 협력을 저해하고, 객관적 성과보다 주관적 평판을 중시하는 문화를 만들어 시스템을 왜곡시킨다.

셋째, 사적 파벌을 만드는 실력자다. 과거의 협객에 해당한다. 뛰어난 실력을 갖췄지만 회사 전체의 목표보다 자신의 팀이나 파벌의 이익을 우선한다. 이들은 정보를 독점하고 다른 부서와 비협조적인 태도를 보인다. 그 결과 보이지 않는 벽(사일로)을 만들고 조직의 시너지를 파괴한다.

넷째, 무임승차자다. 과거의 측근이 여기에 해당한다. 책임감 없이 편한 일만 찾고 어려운 과제는 회피하는 '월급 루팡' 유형이다. 조직의 자원(월급, 시간)을 소모하면서도 가치를 창출하지 못해 성실한 구성원의 사기를 떨어뜨린다.

마지막으로, 보여주기식 프로젝트에만 몰두하는 유형이다. 조직의 핵심 목표나 수익성과는 무관하지만, 겉으로 화려하고 주목받는 업무에만 매달린다. 이들은 한정된 자원을 비효율적으로 낭비해 조직의 경쟁력 강화를 방해한다.

41. 한비자와 다른 사상가들의 자연재해에 대한 입장

"천재와 인재의 경계"

한비자는 〈오두〉 편에서 유학자들이 숭상하는 '덕에 의한 통치'가 얼마나 비현실적인지를 비판하며, 흉년과 풍년을 예로 든다. 앞에서 살펴본 대로 그는 이렇게 말한다.

"옛날 성군이었던 요(堯) 임금 시절에도 흉년이 들어 백성들이 굶주렸고, 폭군이었던 걸(桀) 임금 시절에도 풍년이 들어 백성들이 배불리 먹었다."

"만약 흉년이 군주의 부덕함 때문에 생긴다면 요 임금 시절에는 왜 흉년이 들었으며, 풍년이 군주의 덕 때문에 생긴다면 걸 임금 시절에는 왜 풍년이 들었겠는가?"

이 논리를 통해 한비자는 흉년이나 풍년과 같은 자연 현상은 군주의 개인적인 도덕성(德)과는 아무런 관련이 없다고 못 박는다.

따라서 한비자는 군주가 흉년이 들었을 때 하늘에 제사를 지내거나 자신의 부덕함을 탓하는 것은 어리석은 짓이라고 비판한다.

그가 제시하는 유일한 해법은 바로 법(法)에 기반한 국가 시스템이다. 풍년일 때는 국가는 법에 따라 백성들에게서 세금으로 곡식을 넉넉히 거두어 창고에 비축해야 한다. 흉년일 때 국가는 비축해 둔 이 곡식을 법에 따라 백성들에게 효율적으로 분배하여 굶주림을 막고 사회 혼란을 방지한다.

이제 다른 사상가들의 자연재해에 대한 관점을 알아보자.

공자(孔子)는 자연재해를 군주의 부덕(不德)과 실정(失政)에 대해 하늘이 내리는 경고로 보았다. 군주는 스스로를 반성하고 덕(德)을 바로 세워 하늘의 뜻에 답해야 한다고 주장했다.

노자(老子)는 자연재해를 인간의 선악과 무관하게 발생하는 자연스러운 도(道)의 순환 과정으로 보았다. 인위적으로 개입하기보다 자연의 흐름에 순응하는 무위(無爲)의 자세를 강조했다. 《도덕경(道德經)》의 '천지불인(天地不仁)'(하늘과 땅은 어질지 않다) 구절은 자연이 인간의 도덕적 기준에 따라 움직이지 않음을 상징한다.

맹자(孟子)의 관점은 공자의 관점을 계승했다. 그는 재해로 백성이 고통받는 것은 군주가 왕도(王道) 정치를 펴지 않았기 때문이며, 이는 하늘이 천명(天命)을 거두는 징조라고 보았다. 《맹자(孟子)》〈양혜왕(梁惠王)〉 편 등에서 흉년으로 고통받는 백성을 구제하는 것이 왕의 첫 번째 임무임을 강조하며 재해와 통치자의 책임을 직접적으로 연결한다.

장자(莊子)는 자연재해를 포함한 삶의 모든 재앙과 행운은 인간의 기준으로 판단할 수 없는 거대한 변화의 일부일 뿐이라고 보았다. 좋고 나쁨의 구분을 넘어선 초월적인 수용의 자세를 주장했다. "죽음과 삶, 재앙과 행운은 밤낮의 변화와 같아 인간의 지혜로 어찌할 수 없다."고 말하며 자연의 거대한 운행을 받아들일 것을 이야기한다.

한비자의 스승인 순자(荀子)는 두 가지를 분리해서 봤다. 자연은 자연이고 정치는 정치일 뿐이다. 일식이나 홍수 같은 현상은 군주의 도덕성과는 아무런 관련이 없는, 그저 규칙적인 자연의 운행(天道)일 뿐이라고 주장했다. 백성들이 재해를 두려워하는 것은 당연하다. 그러나 군주가 해야 할 일은 미신적인 의식을 행하는 것이 아니라 인간의 도리(人道), 즉 훌륭한 정치를 펼치는 것이라고 보았다. 재해 자체는 자연 현상이지만, 그 재해에 제대로 대비하지 못해 백성을 고통받게 하는 것은 명백한 통치자의 책임이라는 현실적인 관점을 제시했다.

놀라운 것은 아직도 이런 관점이 여전히 존재한다는 사실이다. 여기에 종교적 신앙심까지 가세하면 사고는 운에 기인한다고 생각하는 사람들도 종종 만나게 된다.

그러나 최근에는 자연재해가 천재가 아닌 인재라는 인식이 급속히 확산되고 있다. 최근 발생한 '강남 침수'와 '오송 지하차도 침수'를 넘어서 폭염이나 한랭마저도 인재라고 한다.

이태원 사건 발생 직후 정부는 공식적으로 '이태원 사고'라는 중립적인 용어를 사용했다. 이는 사건의 비극성을 축소하고 국가의 책임을 회피하려는 의도라는 비판을 받았다. 반면 희생자 유가족과 시민사회, 그리고 대다수 언론은 이것이 예방 가능했던 인재(人災)이자 사회적 재난이라는 의미를 강조하기 위해 일관되게 '이태원 참사'라는 용어를 사용해 왔다.

자연재해에 의한 피해도 인재라는 관점으로 본다는 것은 재해는 예방할 수 있다고 생각한다는 의미다. 그런데 정작 예방의 주체에서 행위자는 늘 빠져 있다는 것이 고민의 지점이다. 사회 구성원 전체가 보호의 대상이 아니라 예방의 주체라는 인식의 개선이 절실하다.

42. 안전경영과 안전문화에 대한 치열한 논쟁이 있는가?

"합종이든 연횡이든 혼자서는 안 된다."

전국책에 나오는 합종론자가 한나라 군주에게 합종을 설득하는 주장과 논리를 살펴보자.

"한나라는 북으로는 공, 낙, 성고의 요지. 서로는 의양, 상판의 요새. 동으로는 완, 위수. 남으로는 형산이 있으며 영토는 사방으로 천 리이며, 병력은 수십만인 대국입니다.

천하 최강의 활이나 쇠뇌(화살을 한꺼번에 여러 발 쏘는 활)는 모두 한나라에서 만들어지고 있습니다. 한나라의 병사가 그것을 쏘면 연달아 백 발이 날아갑니다. 먼 데에 있는 자라도 가슴을 맞출 수 있고, 가까이에 있는 자는 심장을 꿰뚫을 수 있습니다.

또 한나라 군대의 칼은 모두 명산에서 만들어진 것입니다. 탄탄한 갑옷이나 투구도 두 동강 낼 수 있습니다. 그 밖에도 정강이나 팔을 보호하는 방구, 활을 쏠 때 쓰는 가죽장갑, 방패 등 없는 것이 없습니다.

원래부터 용감한 한나라의 군대가 단단한 갑주, 강력한 쇠뇌, 날카로운 칼을 들고 나선다면 혼자서 능히 백 명을 상대로 싸울 수 있습니다. 국력이 강대하고 현명한 대왕을 받들고 있는 나라가 창피를 무릅쓰고 진나라의 속국으로 전락한다면 그 이상의 국치, 그 이상의 웃음거리는 없을 것입니다."

한나라도 나름 잘하는 점이 있는데 진나라의 속국이 된다면 한심스럽다고 한다. 그러니 다른 나라들과 합종하여 대응해야 한다고 설득하는 장면이다.

다음은 연횡론자가 역시 똑같이 한나라 왕을 설득하고 있는 내용이다.

"한나라는 산악지대가 많은 나라이기 때문에 추수를 해 봐야 보리나 콩이 고작입니다. 백성은 콩밥에다 콩잎 국으로 끼니를 때웁니다. 흉년이 들면 지게미나 겨죽조차 배불리 먹을 수가 없습니다. 게다가 면적은 사방 900리에 못 미칩니다. 비축된 식량은 2년 치가 채 못 됩니다. 병사들은 잡역부, 운반부를 합쳐도 30만이 채 안 됩니다. 거기서 국경지대의 척후나 성채를 지키는 군사를 빼면 상비 병력은 기껏해야 20만입니다.

그것에 비해 진나라는 병사 백만, 병거 천 량, 기마 1만의 대국입니다. 게다가 진나라 군사들은 일기당천의 장병들입니다. 그런

용맹한 군대가 약소국을 치는 것은 반석으로 달걀을 내리치는 것과 같습니다. 한나라를 위해서는 무엇보다도 진나라를 받드는 것이 상책입니다."

합종이란 강대국 진나라에 대항하기 위해 나머지 6개국이 종적으로 동맹하는 것이다. 연횡이란 진나라가 합종을 분열시키려는 공작으로 각각의 나라와 연대하여 대항하는 것을 말한다.
무엇이 옳고 그른가의 문제가 아니다. 결과적으로는 어떤 상황에서 어떤 전략이 유효한가의 문제다. 결과적으로 연횡 전략을 폈던 진나라가 최후 승자였다.

이것이 의미하는 바는 크게 두 가지다.
첫째, 아무리 강대국이어도 혼자서는 안 된다는 것이다.
둘째, 6개의 나라 즉 다수가 마음을 하나로 모아가는 것이 더 어렵다는 점이다.
여기서 눈여겨보게 되는 것이 있다. 어찌 되었건 매우 상반된 주장을 가지고 신하들이 토론을 하고 있다는 점이다. 치열한 토론이 가능했고, 그 과정을 통해 의견을 조율하고 합의를 도출해가는 민주적 방식이 적용되고 있었다.
현재 우리 사회나 조직에 이런 토론의 시공간적 공간이 존재하는가? 어느 한쪽이 주장을 하면 그 일을 도맡아서 하게 될 가능성이 크다. 또 그 반대쪽 사람들과 척을 지거나 불편한 관계를 각오해야 한다. 결국 적당한 수준의 타협안이 만들어진다.

결국 '실행을 안 했다고 할 수도 없고 했다고 할 수도 없는' 결론이 예쁘게 포장되어 나온다. 수없이 많은 메뉴가 있어서 '딱히 어느 것을 먹었다고 혹은 맛있다고 할 수도 없는' 뷔페 음식점 같은 '없는 것도 없고 있는 것도 없는 상태'의 결과가 도출된다. 이렇게 어떤 요구에도 응하고 있고, 어떤 법망도 대응하고 있는 상태가 된다. 편하고 안전하다. 나머지 결과는 담당자의 의지에 의존한다.

열정적인 사람은 무엇이든 할 수도 있다. 그렇지 않은 사람이 맡게 되면 아무것도 하지 않아도 뭔가는 하고 있는 상태의 안락함이 확보되는 것이다. 무임승차다.

시스템은 있으나 작동되지 않는 이유다. ISO45001이나 KOSHA MS 같은 안전보건경영시스템 인증을 받았지만 그것은 그저 또 하나의 서류로서만 존재하는 경우가 그렇다.

'모든 것을 포함하고 있는 것은 아무것도 안 하는 것이다.' 적당한 수준에서의 접근은 적당한 수준에서의 방어력을 가진다. 문제는 사고는 사소하고 별것 아닌 것들에서도 발생한다는 점이다. 사소하고 별것 아닌 것은 적당한 수준에서는 걸러지지 못한다.

43. 생과 사의 긴장감이 있는 소통을 하는가?

"안전 커뮤니케이션에 긴장감이 없다."

전국시대의 신분제도는 경(卿), 대부(大夫), 사(士) 같은 제도가 무너졌다. 그동안 경과 대부 등에 가려져 능력을 발휘할 기회가 없었던 사가 대거 사회에서 두각을 나타내게 되었다.

원래 '사(士)'는 귀족 계급 중 가장 낮은 계층이었다. 주로 하급 관리나 무사를 담당했다. 귀족에서 몰락한 자나 소작농에서 벼락치기로 소지주로 올라선 자들로 구성되어 있었다.

그러나 전국시대에 이르러 '사'는 새로운 의미를 갖는 지식인 계층으로 변모하게 되었다. 이들은 놀면서 먹고 지낼 만한 재력은 없고, 문벌이라는 배경도 없다. 다만 지식과 능력으로 무장된 전문가로 등장했다.

이들은 토지나 혈통이 아닌 학문, 사상, 행정 능력, 군사 전략 등 전문 지식을 자신들의 자산으로 삼았다. 경영학의 아버지 피터 드러커의 정의로 보면 신지식인이다. 드러커가 말하는 '지식인'은 단순히 학식이 높은 사람이 아니다. 자신이 가진 지식을 활용하여 성과와 가치를 창출하는 '지식근로자(Knowledge Worker)'를 의미한다.

'사' 계급 중에서도 특히 전국시대의 역동성을 가장 잘 보여주는 이들이 '세객(說客)'이다. 세객은 여러 나라를 직접 돌아다니며 자신의 외교적, 정치적, 군사적 지략을 군주에게 설득하여(說) 등용되던 '객(客)' 신분의 지식인을 말한다. 오늘날의 정치 컨설턴트 또는 로비스트와 유사한 역할을 했다.

이들은 크게 세 그룹으로 구분할 수 있다.

첫째, 외교 교섭을 담당한 세객이다. 소싯적에 설득술이나 교섭술을 배우고 여러 나라를 유세했다. 운이 좋으면 재능을 인정받아 대신이나 재상으로 등용되어 대외 관계를 절충했다. 합종책의 소진이나 연횡책의 장의가 대표적이다.

둘째, 이론 연구에 종사하여 저술을 남긴 사람들이다. 맹자나 한비자가 대표적이다.

셋째, 병법가 그룹이다. 오기와 손빈이 대표적 인물이다. 이중 압도적으로 많은 부류가 외교 교섭을 담당하는 세객이었다.

이들은 대개 줄을 찾아 각국의 유력자 밑에서 기식했는데 이들을 '식객(食客)'이라 했다. 제나라의 맹상군 같은 사람은 수천 명의 식객을 거느렸다.

이들이 유력자의 힘을 빌어 군주를 알현할 기회를 잡게 되면 출세가도를 달리게 되었다. 그런데 운 좋게 군주를 알현할 기회를 잡았다고 치자. 일생 일대에 한 번뿐인 기회다. 군주를 감탄시키면 출세한다. 그러나 섣불리 행동했다가는 등용은커녕 처형을 당할 수도 있다. 때문에 그 한 번뿐인 기회에 어떻게 상대를 감동시킬 것인가는 목숨을 걸고 하는 일이었다.

그들의 소통 역량에는 처세의 지혜와 난세에 처하는 예지가 넘쳐흘렀다.

우리가 마키아벨리의 《군주론》을 세기의 걸작이라 하는 것은 바로 활시위를 당기는 것 같은 긴장감이 흐르기 때문이다. 《군주론》의 헌정사는 단순한 존경의 표시가 아니었다.

이는 몰락한 외교관이었던 마키아벨리가 새로운 권력자에게 자신의 가치를 증명하고 재등용되기를 바라는, 일종의 '정치적 이력서'와 같았다. 그 글을 읽으면서 메디치 가문의 새로운 군주 로렌초가 그의 정치적 지식과 통찰력이 유용하다고 판단하면 재등용될 수 있었다. 반대로 조금이라도 심기를 거스른다면 처형될 수도 있었다.

세객들도 처지가 다를 바 없다. 그럴싸한 계책을 내놓으면 "그래 네가 해봐라." 하며 상대국에 스파이로 보내질 수도 있었다. 그렇다면 요즘 시대의 커뮤니케이션은 어떨까? 설득이라는 개념은 아니다. 커뮤니케이션 능력이 있으면 대인관계가 좋다. 업무 진행에 도움이 된다. 혹은 스트레스를 예방하거나 줄일 수 있다는 정도이다.

스마트폰이나 SNS 같은 소통 수단이 발달했지만, 정작 가장 힘들어하는 것이 소통이다. 소통 교육을 그렇게 많이 받았지만 전혀 개선되지 않는다. 오히려 형식에 치우치면서 소통의 본질이 가려지거나 감춰지는 일들이 생겨난다.

우리가 주고받는 대화는 실상 죽고 사는 문제가 아니다. 그래서 그 속에 치열한 고민의 흔적이 없다. 안전 커뮤니케이션도 마찬가지다. 자칫 죽고 살고 혹은 다치고 다치지 않는 문제를 두고도 소통은 겉돌기 쉽다. 대표적인 안전소통의 공간은 안전교육 시간이다. 한비자에 소개되는 세객들의 이야기는 이런 점에서 안전교육이나 안전 커뮤니케이션 측면에서 시사점이 크다.

44. 안전을 설득할 수 있는가? 아니면 그저 강요하는가?

"강요, 설득 그리고 합의"

장의는 연횡책을 주장한 대표적인 거물이다. 세객에서 시작하여 진나라와 위국의 재상까지 지냈다. 귀곡자가 스승이었다. 소진(蘇秦)과 장의(張儀), 손빈(孫臏)과 방연(龐涓)은 모두 그의 제자들이다.

초나라 재상의 잔치에 손님으로 참석하게 되었다. 잔치가 한창 무르익었을 때, 재상은 자신이 아끼는 매우 귀한 구슬인 화씨지벽(和氏之璧)을 꺼내 손님들에게 자랑하며 돌려보았다. 그런데 잠시 후 구슬이 온데간데없이 사라지는 소동이 벌어졌다. 사람들은 가난하고 행색이 초라했던 장의를 범인으로 지목했다.

"저 자는 원래 품행이 좋지 않고 가난하니, 틀림없이 저 자가 훔쳤을 것이다!"

재상의 부하들은 장의를 붙잡아 수백 대의 매질을 하며 구슬의 행방을 추궁했다. 장의는 끝까지 자신의 결백을 주장했지만, 아무도 그의 말을 믿어주지 않았다.

그는 결국 초죽음이 되어 피투성이로 풀려났다. 만신창이가 된 채 집으로 돌아온 장의를 보고 그의 아내는 통곡하며 말했다.

"가여운 분! 쓸데없이 글을 배우고 천하를 돌아다니지 않았다면 어찌 이런 억울한 모욕을 당했겠습니까?"

그러자 장의는 간신히 입을 열어 아내에게 물었다.

"여보, 내 혀가 아직 붙어 있는지 좀 봐주시오."

아내는 어이없다는 듯 웃으며 대답했다.

"네, 혀는 멀쩡히 잘 붙어 있어요."

그 말을 들은 장의는 안도의 한숨을 쉬며 말했다.

"그렇다면 괜찮소. 혀만 있으면 충분하오!"

우리는 무언가 자기 생각을 주장하거나 감정을 표현하는 일이 조심해야 할 영역이라고 생각하는 경향이 있다. 그러나 우리가 매일 만나는 정치인이나 연예인들은 하나같이 말을 잘한다.

소통하지 않으면 관계를 맺을 수 없다. 관계가 형성되지 않으면 인간이 아니고, 인간이 살지 않으면 사회도 아니다. 한마디로 소통은 선택이 아닌 필수 요소다.

소통이 상대를 설득할 만하면 비즈니스다. 장의의 행동이 자칫 사기꾼처럼 보일 수 있다. 그러나 그의 말에는 혀만 있다면 어떤 문제도 해결할 수 있다는 자신감이 보인다. 행동을 변화시키는 것은 결국 설득이다. 욕망의 충돌에서 안전에 유리한 행동으로의 설득이다. 이것을 스스로 하면 좋겠지만, 한비자는 시스템에 의존해야 한다고 한다. 그러나 그 또한 행동으로 연결될 때만 의미가 있다.

결국 최종적으로는 설득의 단계에 도달한다. 그 설득을 담당하는 최일선에 누가 있는가? 그들은 바로 안전관리자와 안전경영책임자다. 스스로에게 물어보자. '나는 누군가를 안전이라는 주제로 설득할 실력을 가졌는가?'

의외로 안전 소통과 안전 교육에 대한 역량은 향상시키려는 노력이 부족하다. 지식이 많으면 잘할 것이라 생각한다. 혹은 경험이 많으면 잘할 것이라 생각한다.

수없이 많은 교육 콘텐츠 속에 유독 발전하지 못하는 분야가 바로 안전 소통과 안전 교육이다. 세객들에게 배워야 하는 이유다. 어떤 경우에도 그들은 목숨을 걸고 소통을 했다. 안전 소통의 수준과 안전 교육의 수준이 안전 문화의 수준이다. 필자가 인문학을 안전 교육에 접목하려고 시도하는 이유다.

45. 장의에게 배우는 안전설득 협상 스킬 1

"질문의 힘과 듀퐁사의 BBS"

장의가 진나라의 재상이 된 후의 일이다. 진나라가 제나라를 공격하려고 했다. 제나라는 초나라와 동맹을 맺고 있었으므로 선불리 공격할 수 없었다. 때문에 진나라는 장의 재상을 초나라에 파견했다. 목적은 제나라와 초나라를 이간질시키려는 것이다.

장의 입장에서는 실로 목숨을 내놓고 수행해야 하는 책무다. 혹시 그 의도가 들통이라도 나거나, 혹은 이간질에 실패하게 되면 진나라에서 자기가 그동안 호언장담한 말들이 무색해질 것이기 때문이다.

초나라 희왕은 최고의 예우로 장의를 맞이했다. 친히 숙소로 찾아와서 말했다.

"우리 초나라는 원래 벽지인데도 불구하고 이렇게 먼 길을 찾아 주신 걸 보니 무슨 좋은 책략이라도 있으신지 듣고자 합니다."

장의가 기다렸다는 듯 대답한다.

"대왕께서 저를 신뢰해 주신다면 모쪼록 제나라와의 국교를 단절해주십시오. 그 대신 진나라에서는 상오의 땅 사방 600리를 헌상하겠습니다. 거기에 더하여 진나라의 왕녀로 하여금 왕의 측실이 되게 하여 모시겠습니다. 그리고 초나라에서도 왕녀를 진나라로 보내어 양국은 형제의 인연을 맺는 것입니다. 초나라로서도 이 이상 묘책은 없을 것입니다."

초왕은 그 말에 귀가 솔깃해져서 따르기로 했다. 신하들도 모두 왕의 결단을 칭송했다. 그러나 오직 한 사람 반대하는 사람이 있었다. 진진이라는 세객이었다. 그는 장의의 속셈을 훤히 꿰뚫어 보고 있었다.

그 진진이 말하기를,

"그건 안 됩니다."

"군사 행동을 일으키지도 않고 사방 600리의 영토가 굴러들어오는 것이다. 신하들은 모두 지지하는데 그대만 반대하는 것은 무슨 까닭인가?"

"그렇지 않습니다. 제 생각으로 상오의 땅이 굴러들어올 까닭이 없습니다. 뿐만 아니라 제나라와 국교를 단절하면 오히려 제진연합의 설립을 촉진하게 될 것입니다. 제진연합이 되면 초나라가 궁지에 몰리게 될 것은 뻔합니다."

"구체적으로 말해 보라."

진진이 답했다.

"진나라가 초나라를 중시하는 것은 어째서이겠습니까?"

먼저 질문을 한다. 설득에서 우위적 입장에 서려는 것이다.

듀폰(DuPont)의 BBS(행동기반 안전, Behavior-Based Safety) 운영 프로세스(4단계)는 이렇다.

1단계는 관찰(Observation)이다. 동료 근로자들이 서로의 작업 행동을 주기적으로 관찰한다. 이때 관찰의 목적은 잘잘못을 따지는 감시가 아니라, 불안전한 행동과 안전한 행동을 객관적으로 파악하는 것이다. 이때 반드시 어떤 행동에 대한 이유를 물어보아야 한다.

2단계는 피드백(Feedback)이다. 관찰이 끝나면 즉시 해당 근로자에게 긍정적이고 건설적인 피드백을 제공한다. 안전한 행동에 대해서는 구체적으로 칭찬하여 긍정적인 행동을 강화한다. 불안전한 행동에 대해서는 비난이나 질책이 아닌, 어떤 위험이 있었는지 설명하고 함께 안전한 방법을 논의하며 개선을 유도한다.

3단계는 데이터 분석(Data Analysis)이다. 관찰된 행동들은 개인정보 없이 데이터로 기록 및 수집한다. 이 데이터를 통계적으로 분석하여, 어떤 유형의 불안전한 행동이 가장 빈번하게 발생하는지, 그 원인은 무엇인지 등 경향을 파악한다.

마지막으로 4단계는 개선 조치(Improvement Actions)다. 데이터 분석 결과를 바탕으로 가장 시급하고 중요한 문제부터 해결하기 위한 개선 계획을 수립하고 실행한다. 이는 단순히 '조심하라'는 구호가 아니다. 특정 행동을 개선하기 위한 맞춤형 교육, 절차 변경, 시설 개선 등의 구체적인 조치가 필요하다.

질문을 하게 되면 상대의 의도나 의중을 알 수 있다. 또 한 가지는 대답을 하면서 무엇이 문제가 있거나, 확증편향을 가지고 있음을 스스로 알게 된다는 점이다.

실무자나 다른 공종 관계자들의 이야기를 얼마나 묻는가? 묻는다는 것은 생각한다는 것이다. 묻지 않고 바로 지적하는 것은 반발심으로 연결된다. 안전관리자들이 업무보다 업무 갈등에 힘들어한다. 갈등이 유독 높은 것은 규제 중심 안전관리라는 증거다. 묻고 답하는 것을 다른 말로는 참여라고 한다. 참여하는 안전이 어려운 이유는 질문하지 않기 때문이다. 왜 그렇게 불안전 행동을 하는지 물어봐야 한다. 왜 불안전 상태를 방치하는지도 물어봐야 한다. 그 문답 속에는 일치되는 지점이 있을 것이다.

46. 장의에게서 배우는 안전협상 스킬 2

"안전은 시간과의 협상에서 늘 패배한다."

진진은 초왕이 생각하는 틈을 이용해서 자신의 주장을 펼치기 시작한다.

"진나라가 초나라를 중요하게 생각하는 것은 뒤에 제나라가 붙어 있기 때문입니다. 그런 네 나라와의 국교를 끊으면 우리 초나라는 고립되게 됩니다. 진나라가 그런 고립무원(孤立無援)인 나라에게 사방 600리나 되는 상오의 땅을 줄 리가 없습니다. 장의가 진나라로 돌아가면 반드시 약속을 깰 것입니다. 그렇게 된다면 초나라는 제나라와의 국교를 단절한 데다가 진나라와도 일을 벌이게 됩니다. 양국의 군대가 연합해서 쳐들어올 것은 불을 보듯 명백합니다."

설득이나 협상학에서 보면 먼저 위기감 혹은 불안감을 조성하는 단계다. 트럼프식 협상에서는 아주 크게 시작하라는 원칙이 있다. '그 정도는 감수할 수 있겠는데'라는 수준이 아니다. 죽고 살거나 이기고 지는 극단적인 상황을 제시한다.

실상 '진진'의 말대로 진나라와 제나라 사이에 고립된다 하더라도, 그때 가면 또 그 나름의 방안이 없는 것은 아니다. 그러나 그런 여지를 주지 않는다. 이쯤 되면 상대, 즉 왕은 그다음 이야기가 궁금해진다.

이때 진진은 말을 이어간다.

"그래서 제 생각은 제나라와는 표면상 단교한 것처럼 꾸며 둔 다음 장의에게는 감시자를 붙여 두는 것이 상책이라고 생각합니다. 제나라와의 단교는 땅을 받고 난 다음에 해도 늦지 않습니다."

그러나 이미 600리 땅에 눈이 먼 초나라 왕은 진진의 말을 받아들이지 않았다. 결국 '아주 크게 시작하라.'는 원칙에서 보면, 당장 눈앞에 있는 장의가 제시한 이익과 나중에 될지도 안 될지도 모르는 진진의 위기에서 장의가 이긴 셈이다.

안전사고가 운 좋게 안 나는 경우에 대한 경험치를 가진 근로자가 많다. 번번이 당장 눈앞에 보이는 편리함과 속도감이라는 이익에 판단이 진다. 안전을 선택함에 따른 이익의 가시화, 혹은 현실화가 필요한 대목이다. 이 카드가 없는 안전관계자의 안전 강조는 번번이 우선 순위에서 밀리고 만다.

장의는 진나라에 귀국하여 자신이 약속했던 상오 땅 600리를 주겠다고 했던 것을 지키려고 하지 않았다. 마침내는 수레에서 굴러떨어진 것을 핑계로 3개월 가까이 자기 집안에 틀어박혀 두문불출했다. 이 소식을 전해 들은 초나라 왕이 가관이다. 괘씸하게 생각하기는커녕 자신의 마음이 부족해서 그런가 생각했다. 그래서 제나라에 용사를 보내 제나라 왕을 헐뜯게 했다. 화가 난 제나라 왕은 사신을 죽이고 진나라에 머리 숙여 국교 수립을 요구했다. 진·제 연합이 성립되게 된 것이다.

이때서야 장의는 조정에 출근해서 초나라 사신에게 말했다.

"내가 사방 6리의 땅을 주겠다."

"나는 상오의 땅 사방 600리라고 알고 있습니다."라고 항의했지만, 장의는 상대도 해 주지 않았다.

귀국해서 초나라 왕에게 보고하자 화가 난 초나라 왕은 진나라를 쳐들어갔다. 그러나 진·제 연합군에 의해 대패하게 된다. 그리하여 오히려 성읍을 떼어 주고 강화를 맺게 된다.

장의가 애초에 옳지 못한 방법으로 협상에 임했으므로 근본적으로 나쁜 것이었다. 그러나 전쟁으로 나라가 망하고 백성이 죽는 일은 그보다 더 참혹한 일이다. 그런 불순한 의도를 알아차리지 못하고 진진의 의견을 무시한 초나라 왕이 어리석은 것이다.

우리가 일선에서 안전경영을 실천하도록 협상하는 일에서 참고할 만한 점들이 있다. 안전 실무자들이 곧잘 장의와 같은 태도를 취한다는 것이다. 불안전한 행동을 하는 데는 불안전한 상태에 기인한다. 즉 안전대를 착용하지 않는 것은 안전대 걸이가 없기 때문인 것과 같다.

결국 그것에 대한 개선을 해 주겠다고 약속을 하고선 이행해 주지 않는 것이다. 개선조치에 대한 실행 권한이 없거나 약한 상황에서 당연한 결과다. 이 사이에 불신이 형성된 상황에서는 어떤 협상이나 설득도 먹히지 않는다는 점을 배울 수 있다.

또 한 가지, 협상술에서 중요한 요소는 바로 '시간도 협상'이라는 점이다. 시간을 지연시키면 그 사이에 새로운 변수가 생겨난다. 당초 서로 간의 입장이 달라질 수 있다. 이 점을 불안전한 행동을 하는 근로자는 정확히 알고 있다. 안전은 시급을 다투는 일이다. 시간이 지나면 위험이 소멸되는 경향이 있다. 반면에 다른 일들은 시간만 흐르면 약속했거나 해야만 하는 안전조치를 안 해도 된다는 이익이 생긴다. 이익이 상호 충돌한다.

이런 점에서 안전관리는 시간을 지연시키려는 심리와 즉시 조치하게 해야 하는 것의 협상술이다. 다만 장의의 협상 지연 전술이 이겼다는 점에 주목해야 한다. 실제 우리나라의 안전경영 현장에서는 매일같이 이런 일들이 일어나고 있다.

시간을 지연시키려는 마음을 가지는 것은 즉시 하지 않았을 때의 이익이 크기 때문이다.

47. 장의의 심리전과 협상 스킬 3

"감성에 호소해야 하는 이유"

위에서 초나라가 진·제 연합국에 패하고 강화를 맺은 이후의 이야기다. 진나라가 초나라에게 상오의 땅과 초나라 영토인 검중을 교환하자고 제의했다. 실로 국가 간에는 이익을 위해서라면 염치 같은 것은 없다는 것을 알게 한다. 약속했던 그 땅을 주지 않아서 생겨난 그 엄청난 결과를 모른 체하고, 또 다른 제안을 할 수 있다는 것이 냉혹한 현실이다.

청나라가 병자호란을 일으켜 남한산성으로 허겁지겁 도망간 상황에서도 명나라에 사대로서의 예를 갖추어야 한다고 주장하던 조선 선비들의 모습을 생각해 보면 기가 막힌 상황이다.

그러자 초왕은 말했다.

"땅은 교환하지 않겠다. 다만 장의의 신병을 인도해 준다면 검중은 공짜로 주겠다."

배반당한 보복으로 장의를 잡아다가 능지처참을 하겠다는 것이었다. 그런데 진나라의 혜왕은 그 조건이 마음에 들었다. 하지만 차마 장의에게 '가도록 하라.'고 할 수가 없었다.

그것을 알아차린 장의는 스스로 "저를 보내주십시오."라고 자청했다. 이때 장의의 입장은 매우 미묘했다. 혜왕의 신임을 받아 재상으로 등용은 되었지만 자신은 결국 타국 사람이었다. 당연히 중신들 중에는 그에게 반감을 품은 사람들도 많았다. 또 혜왕의 신뢰가 언제까지 지속될지도 모르는 일이었다.

만약 내가 이런 처지라면, 나는 어떤 협상 전략을 쓸 것인가? 실상 이 정도는 아니어도 삶을 살아가는 모든 사람은 늘 이런 진퇴양난의 상황 속에 살아간다. 부모의 입장, 직장생활의 모습, 우리가 이 책에서 다루고 있는 안전경영에 대한 내용도 다 이런 모습과 상황에 있다.

이때 장의는 도박을 건다. 혜왕이 거절을 하면 그 신임을 확인받는 것이다. 허락을 하면 이제 자신의 운명은 자신의 선택에 따라 달라지게 되는 주도권을 확보하게 된다. 한마디로 배신을 할 수도 있고, 또는 더 큰 공을 세울 수도 있다.

장의가 자청하자 혜왕은 자기 부담은 줄었지만, 한편으로는 장의의 신상이 걱정이 되어 물었다.

"그대는 상오의 땅을 주겠다고 약속해 놓고 그 약속을 지키지 않았다. 초왕은 원한을 풀기 위해 만반의 준비를 하고 기다리고 있을 것이다. 무사하기 어려울 텐데 괜찮은가?"

"괜찮습니다."

그리하여 장의는 사신 자격으로 초나라로 향했다. 사실 장의는 초나라 측근인 근상이라는 사람과 절친한 사이였다. 그는 초왕이 아끼는 정수부인의 심복이었다. 장의는 이 두 사람을 이용한 공작에 기대를 걸고, 근상과 충분한 사전 교섭을 해 둔 후에 초나라로 갔다.

장을 보자 초나라 왕은 두말없이 그를 죽이려고 했다. 그러자 근상이 정수부인을 설득했다.

"심상찮은 사태입니다. 왕의 총애도 이제는 끝장이 날 것 같아 걱정이 되옵니다."

"대체 무슨 일이 있다는 거요?"

"주군께서 장의를 죽일 생각이십니다. 그런데 장의는 진왕의 신임을 두텁게 받고 있는 사람입니다. 그를 구출하기 위해 상용의 6현과 아름다운 왕녀를 우리 임금께 선물하겠다고 제의하고 있습니다. 왕녀에게 가무에 뛰어난 시녀들을 많이 딸려 보낸다고 합니다. 임금께서는 땅을 선물 받은 데 대한 보답으로라도 당연히 진나라의 왕녀를 총애하실 것이 틀림없습니다. 부인을 위해 말씀드리는 것입니다만, 이번에는 어떻게 해서든지 장의를 석방시켜 주어야 합니다."

제2부 인간의 합리성은 항상 옳은가?

여자의 질투심을 교묘히 파고드는 설득술이다. 정수부인은 사랑을 빼앗길 수 없다는 생각에서 필사적으로 왕에게 졸랐다.

"신하가 임금을 위해 온갖 노력을 다하는 것은 당연한 일입니다. 장의만 책망하시는 것은 가혹합니다. 게다가 아직 땅을 떼어 주지도 않았는데 진나라 쪽에서 장의를 사자로 보낸 것은 폐하를 존경하고 있다는 증거입니다. 그런데도 주군께서는 사자로서 대우는커녕 죽이려고 하십니다. 그렇게 되면 진나라의 노여움을 살 뿐입니다. 도대체 진나라가 공격해 오면 어떻게 하실 작정이옵니까? 저는 꼼짝없이 앉아 죽기는 싫습니다. 아무쪼록 우리 모자가 함께 궁에서 떠나가게 허락해 주십시오."

결국 초왕은 장의를 석방했다. 이 이야기에서 우리가 협상 스킬에 대해 배울 수 있는 것은 무엇이 있을까?

첫째는 심리적 측면에 대한 이해와 접목이다.

장의는 자신이 처한 상황과 상대의 심리적 상황을 적절히 활용했다. 진나라 혜왕의 난처함을 역이용하면서 자신의 입지를 강화한다. 이때 상대의 곤란함을 전격 수용해 버림으로써 오히려 주도권을 확보하는 방법을 선택한다.

위기경영 측면에서도 물어보자. 과연 안전경영 관계자들이 이러한 난처함을 수용해 줄 수 있는 권한이 있는가? 공기, 품질, 예산 절감이라는 삼중고를 겪고 있는 것이 기업의 실행 부서다. 그런 중에 안전까지 챙겨야 한다. 그렇다고 못하겠다고 하기도 뭐한 어중간함이 흡사 진나라 혜왕과 같다.

이때 장의는 그것을 수용해 버린다. 만약 안전경영 부서에서 그중 어느 한 부분을 담당해 주겠다고 하면 어떨까? 장의처럼 "제가 가겠습니다. 대신 이것만 좀 챙겨 주십시오."라고 한다면 어떤 일이 벌어질까? 아마도 상당 부분 협업이 가능하리라 생각한다. 해야 하니까 하는 것과 하면 이득이 되니까 하는 것은 다르다. 후자의 경우 자발성이 수반될 것은 너무나 자명하다.

둘째는 장의가 사전에 상대국의 핵심 영향력을 미치는 사람과 소통하고 있었다는 점이다. 실상 늘 그렇듯 일이 어려운 것은 아니다. 그저 사람 간의 관계가 어려운 것이다. 내가 아무리 진정성을 가지고 말해도 기본 의혹을 가지는 경우가 있다. 진위 여부와 무관하게 이해가 충돌하면 어쩔 수 없는 것이다. 같은 말이라도 누가 하느냐에 따라 완전히 달라진다. 장의는 이 점을 정확하게 파악하고 준비했다.

근로자의 안전행동을 유도하기 위해 우리는 '힘'을 이용하는 경향이 있다. 상사 혹은 대표, 또는 법을 집행하는 권력자들을 이용한다. 우리는 근로자에게 가장 신뢰감을 가진 사람을 이용하려는 노력은 상대적으로 부족하다. 필자가 '전 근로자 안전강사화'를 주장하는 이유다. 근로자의 가족들에게 안전교육을 시켜야 한다고 주장하는 이유다. 똑같은 말도 안전관리자가 하면 강압이고 잔소리다. 그러나 내가 존재하는 이유인 사랑하는 사람이 하면 '염려'가 된다. 염려는 감동을 낳는다.

셋째는 정수부인을 합리성으로만 설득하지 않았다는 점이다. 국가의 이익이나 왕의 품위 같은 것을 우선으로 하지 않았다. 여성이 가지는 본성인 질투심을 이용했다. 결국 사람은 합리적인 존재가 아니다. 결국 이성이 우선하지 않는다. 그런데 그 본성은 선하지 않다. 질투는 나쁜 것이고, 하지 말아야 할 것이다. 그러나 본능적으로 생겨나는 것을 하지 말도록 하는 것은 현실적이지 않다. 산에 들어가서 몇십 년씩 수도하는 종교인들도 곧잘 본능을 억제하지 못해 파계한다. 일반인이 그리하길 기대하는 것은 무모하다. 장의는 이 점을 정확히 파고든다. 그래서 미리 그것을 준비했을 것이다.

우리가 시행하는 안전경영이 합리성과 이성적 논리를 가지고 진행되고 있다면, 반드시 짚어봐야 할 대목이다. 오히려 인간의 본성을 충분히 활용하는 정책과 대책이 있어야 한다. 정수부인은 자신의 그 본성을 그대로 말하지 않는다. 스스로 그 합리성을 준비하거나 준비해 달라고 했을 것이다. 결국 본능에 의한 행동을 합리적인 모습으로 다듬는 것이다.

우리가 결혼을 할 때를 보라. 이성적이고 논리성에 근거해서 배우자를 선택하지 않는다. 감정에 의해서 선택하고, 나름의 명분과 합리성을 끌어다가 부모님이나 주변 사람을 설득한다. 다를 바 없다.

넷째, 정수부인이 초왕을 설득할 때 마지막 클로징 멘트를 사용하기 전에 **자신이 하는 말이 객관적이고 합리성을 기반으로 하고 있다는 것을 차분하게 설명**한다.

아무리 감정에 호소를 한다고 해도, 막중한 책임감을 가지고 있는 군주를 설득하는 일에는 합리적이고 객관적인 측면을 무시할 수 없다.

정수부인이 한 이야기는 두 가지다.

첫째, 장의는 진나라의 신하로서 자기 주군에게 충성을 다하는 것은 죄라 할 수 없다. 이를 탓하게 되면 우리의 신하들도 충성을 하지 않고 적에게 이롭게 해도 된다는 의미가 된다. 인정하기 어려운 지점이다.

둘째, '장의가 직접 오면 검중 땅을 주겠다.'고 했는데, '검중 땅을 먼저 주면 가겠다.'고 하지 않았다. 이는 믿고 있다는 것이고, 군주를 존경한다는 의미라고 역발상적인 말을 했다. 결국 군주가 판단을 할 명분을 제시했다는 점이다.

불안전 행동이나 상태에 대해 개선조치를 하지 않는 조직이나 당사자들도, 그것이 옳지 않은 것임을 모르는 경우는 드물다. 다만 그로 인한 또 다른 평가에 대한 명분을 확보하지 못했을 때가 많다. 인간은 누구나 가치 있는 일에 대한 지향점을 가진다. 좀 더 현실적인 명분을 개발해야 한다. 안전을 지키는 일이 오히려 이득이 된다는 것에 대한 실증적 논리가 있어야 한다. 필자가 강의 때마다 말하는 "안전이 돈 되게 하자."는 주장이 그것이다. 빈약하고 실효적이지 않은 명분으로 누군가를 안전행동을 하도록 설득하는 일은 욕심일 뿐이다.

마지막으로 정수부인이 최종 결심을 끌어내는 장면에서도 고도의 심리적 방법이 사용된다. 이성적 판단을 했다 해도 결국 자기 스스로의 이해와 결정이 필요하다.

정수부인은 말한다.

"저는 꼼짝없이 앉아 죽기는 싫습니다. 아무쪼록 우리 모자가 함께 궁에서 떠나가게 허락해 주십시오."

이 말은 최후통첩이다. 사랑이라는 외면할 수 없는 본성을 자극한다. 이것마저 거절하게 되면 결국 가족을 사랑하지 않는 것이라는 극단의 궁지에 몰아넣는 말이다. 혈륜을 저버렸다는 평가는 양심이라는 마지막 경계선을 넘어서는 부분이다.

남아프리카공화국의 아파르트헤이트 철폐 협상 당시, 넬슨 만델라는 백인 정부를 향해 "우리가 함께 새로운 남아공의 역사를 만들자."며, 끊임없이 공동의 미래와 역사적 책임을 강조했다.

이는 상대방을 적으로 규정하는 대신, 위대한 역사를 함께 쓸 파트너로 격상시켜 대타협을 이끌어내는 데 결정적인 역할을 했다.

지미 카터의 '손주 사진'을 이용한 감정에 호소한 클로징 멘트도 유명하다.

1978년, 이집트와 이스라엘 간의 평화 협상인 캠프 데이비드 협정은 12일간의 격론 끝에 결렬 직전의 위기에 놓였다. 이스라엘의 메나헴 베긴 총리는 완고한 입장을 굽히지 않았다. 이집트의 안와르 사다트 대통령은 짐을 싸서 떠날 준비를 하고 있었다.

이때 협상을 중재하던 미국의 지미 카터 대통령은 베긴 총리가 손주들을 매우 사랑한다는 사실을 알고 있었다. 카터는 베긴 총리의 손주 8명의 이름을 일일이 물었다. 각각의 이름이 적힌 손주들의 사진에 직접 사인을 해서 베긴에게 건넸다. 사진을 본 베긴 총리의 얼굴에서 굳은 표정이 사라지고 눈물이 맺혔다.

그는 협상의 정치적 유불리를 넘어, 바로 저 '손주 세대를 위한 평화'라는 더 큰 가치를 떠올렸다. 이 감정적인 순간이 경직된 분위기를 완전히 바꾸었다. 베긴은 협상 테이블로 돌아와 역사적인 평화 협정에 서명했다. 이는 논리가 아닌, 상대방의 가장 깊은 가치와 감정에 호소하여 교착 상태를 돌파한 극적인 클로징 사례다.

안전경영에서 안전행동을 설득하기 위해 사용하는 클로징 멘트는 무엇인가? "처벌받습니다." "삼진아웃제가 시행되고 있습니다."는 식의 극히 이성적인 화법을 구사하고 있다면, 나타날 결과는 뻔하다. "그렇게 하세요." "왜 나만 가지고 그렇게 합니까?" "내 잘못이 아니고, 이건 회사 잘못 때문에 어쩔 수 없습니다."와 같은 형태의 반응이다.

이러한 반응은 결국 갈등이 된다. 그 갈등을 힘이나 권위로 잠시 누를 수는 있다. 그러나 최소한 자발성은 기대하기 어렵다. 자발적이지 않은 일로 선진이나 일류가 되는 경우는 없다.

'상오 땅 600리' 이야기는 한비자의 〈설림 상〉 편에 나오는 이야기다. 이 '상오 600리' 일화는 《사기》의 〈장의열전(張儀列傳)〉과 〈초세가(楚世家)〉에서 더 자세히 다룬다.

한비자가 굳이 이야기를 다루고 있는 것은, 인간을 이성적이고 합리적인 존재로만 볼 수 없기 때문이다. 때문에 법과 규율을 가지고 다루어야 한다. 또한 그 인간의 욕망을 알아야 그 법과 제도라는 것도 작동된다는 것을 잘 대변해 주고 있기 때문일 것이다.

48. 장의에게 배우는 협상스킬 4

"비밀을 말하는 사이"

《전국책》에 나오는 장의에 대한 이야기다. 초나라로 유세하러 갔다가 돈이 떨어져 어려움을 겪게 된 장의는 한 가지 계책을 생각해 냈다. 그리고 초왕에게 회견을 신청했다.

초왕은 정수부인이 울며 매달려 장의를 석방하기는 했다. 그러나 진심으로 용서한 것은 아니었다. 그를 돌봐 줄 생각은 조금도 없었다. 물론 장의도 알고 있었다.

장의는 이렇게 말을 꺼낸다.

"이제 왕께서는 저를 필요로 하지 않으므로, 지금부터 북쪽의 여러 나라를 돌아볼까 합니다."

"좋겠지."

"그런데 그들 나라에서 구하고 싶으신 것이 있으십니까?"

"우리 초나라에도 황금, 목, 코뿔소, 코끼리, 무엇이든지 다 있다. 갖고 싶은 것은 아무것도 없다."

"여자도 필요 없다는 말씀이십니까?"

"여자…."

"정나라나 주나라 거리에서 가끔 볼 수 있는 여인들의 아름다움은 타관에서 온 사람에게는 마치 하늘에서 선녀가 내려온 것처럼 보입니다."

그러자 초나라 왕이 말한다.

"초나라는 그대도 알다시피 아주 외진 나라다. 그래서 중원의 여러 나라 여인 같은 미인들이 없어. 한 번쯤 그런 여자를 거느려 보고 싶은 마음이 없지도 않다."

왕은 노자 비용으로 쓰라며 주옥을 주었다. 그때 초왕에게는 정수라는 애첩과 남후라는 정부인이 있었다.

서양철학을 인용해 보면, 장의는 이런 인간의 욕망을 꿰뚫고 있었던 듯하다. 소크라테스 이전의 철학자들은 "세상은 무엇으로 이루어졌는가?"를 물었다. 이는 자연철학이었다. 소크라테스는 "좋은 삶이란 무엇인가?"를 물었다. 철학의 관점을 인간으로 돌려놓았다. 그의 제자인 아리스티포스는 키레네 학파를 열었다. 그 답을 '순간의 쾌락'이라 처음 주장했다. 그들은 불확실한 미래보다 지금 이 순간의 감각적 즐거움이 최고선이라 보았다.

이에 플라톤과 아리스토텔레스는 반박했다. 정신적 즐거움이나 덕 있는 삶이 더 중요하다고 했다. 플라톤은 현실은 이데아라는 진리가 왜곡되어 비치는 그림자라 했다.

이후 에피쿠로스는 쾌락주의를 정교하게 발전시켰다. 그에게 진정한 쾌락은 '아타락시아(Ataraxia)', 즉 마음의 평온이었다. 이는 육체적 고통과 정신적 불안이 모두 사라진 평화로운 상태다. 그는 순간의 강렬한 쾌락보다 지속적인 평온함을 더 우위에 두었다.

초나라 왕의 입장을 보자. 물욕이나 명예, 혹은 덕을 쌓는 일이 자신의 삶에서 가장 중요한 것은 아니었을 수 있다. 플라톤의 말처럼 통일 국가를 만들고 풍요로운 국가를 만드는 이상적 이데아를 쫓는 일. 당시 힘의 패권 속에서 너무 먼 이야기였을지 모른다. 결국 어느 위치에 올라선 사람에게 찾아오는 허무함 같은 것이 있다. 장의는 이를 정확히 알고 있었다.

"황금도 옥도 다 있다."는 말에서 그 기색을 엿볼 수 있다. 이때 장의는 쾌락의 가장 상징적인 '색욕'을 건드린다. 그동안 눌려 있던 욕망은 기다렸다는 듯 머리를 든다. 그 뒤의 대답은 없었지만, 암묵적으로 서로 통하는 마음을 가지게 된 것이다. 사람은 비밀 같은 것을 서로가 가질 때, 급격히 동지애가 발동한다. 왕은 서슴없이 주옥을 건넸다. 실상 이 이야기는 지금부터가 훨씬 재미있다.

왕과 장의 사이에 오고간 이야기는 곧 두 여인에게 들어갔다. 그 말을 들은 두 여인은 걱정이 되기 시작했다. 남후의 시종이 장의의 숙사로 찾아왔다.

"장군께서 머지않아 북쪽의 여러 나라를 향해 길을 떠나신다는 이야기를 들었습니다. 여기 금 1천 근입니다. 바라건대 노자에 보태시라 합니다."

정수부인도 금 500근을 선물했다. 두 여인의 바람은 분명했다. 북쪽의 미녀를 데리고 오지 말라는 뜻이다. 데려오더라도 자신들보다 못생긴 여자들을 데려와 달라는 뜻이다. 장의는 두 여인으로부터 금 1천 500근의 전별금을 받아냈다. 그리고 초왕에게 하직 인사를 하러 갔다.

"이제 먼 길을 떠납니다. 나라마다 왕래를 엄중히 단속하는 터라, 언제 뵐 수 있을지 모릅니다. 바라옵건대 이별주를 한 잔 주시면 감사하겠습니다."

"좋다."

왕은 술을 하사했다.

장의는 분위기를 보고 말했다.

"두 사람만 술을 먹으니 서먹합니다. 마음에 드시는 분을 불러 상대를 하시지요?"

"그것도 그렇다."

왕은 남후와 정수, 두 여인을 불러 술을 따르게 했다.

장의는 공손하게 말을 했다.

"제가 죄송한 짓을 하였사옵니다."

"무슨 말인가?"

"저는 각국을 돌아다녀 보았습니다. 그러나 이토록 아름다운 분들을 뵌 적은 처음입니다. 그런 줄도 모르고 미인을 구해 오겠노라고 허튼 말씀을 드렸습니다."

이 말을 하는 순간, 초왕은 당황했다. 빨리 상황을 수습하는 것 말고는 없다. 자칫 난처해질 수 있는 상황이었다.

"괜찮다. 걱정하지 마라. 나도 사실은 천하에 이 두 사람만 한 미인은 없을 것이라고 생각하고 있는 중이다."

이렇게 해서 장의는 아무런 부담 없이 두둑한 군자금을 손에 넣고 초나라를 떠났다. 뇌물을 줬다는 약점을 장의가 쥐고 있는 이상, 두 여인은 그 이야기를 들춰내기도 어렵다. 또한 그들의 바람을 들어주기까지 했으니, 책 잡을 일도 없다.

요즘 같은 시대에는 매우 조심스러운 내용이다. 그러나 당시 시대 상황으로 보면, 속임수라기보다 기가 막힌 처세술이라 해야 옳을 것이다. 극단적인 협상력은 자신감만으로 되지 않는다. 상대의 욕망을 정확히 꿰고 있을 때 가능하다. 초왕의 욕망, 사랑을 받으려는 두 여인의 욕망은 한 나라의 군주라는 위치마저 무색하게 했다. 정부인의 자리마저 무색하게 했다.

안전사고에는 행복하게 살겠다는 궁극적이고 이성적인 욕망이 있다. 그러나 편리함이나 물욕이 우선하면서 사고가 생겨난다. 그렇다면 안전행위는 철저하게 그 편리함이나 물욕을 충족시켜 주는 쪽으로 발전해야 한다. 안전하면서도 빠른 것. 안전하면서도 편리한 것. 안전하면서도 돈이 되는 것. 안전하면서도 즐거운 것으로의 대안을 준비해야 한다. 그래야 협상력을 가진다.

49. 장의의 연횡론에서 배우는 협상스킬 5

"제3자의 역할과 협상력"

《사기》에 의하면 정수부인의 주선으로 석방된 장의는 초나라 회왕에게 진나라와 손을 잡는 것이 유리하다고 설득해 승낙을 받았다. 그 후 한, 제, 조, 연 나라를 유세하여 연횡론을 내세운 끝에 모두 연맹을 맺게 하는 대업을 이룬다. 위나라는 이미 진나라와 연맹을 맺고 있었으므로 6개국 전부가 진나라와 연맹을 맺게 되어 연횡론이 완성된 것이다. 장의는 의기양양하게 귀국길에 올랐다.

문제는 귀국하던 중 자신을 믿어준 혜왕이 죽고 무왕이 즉위한 것이었다. 무왕은 태자 시절부터 장의와 마음이 맞지 않았다. 이 틈을 타서 신하들 중에 장의에 대한 비방이 시작되었다. 어느 시대에나 실력이 있는 사람은 그를 이해하고 믿어주는 사람이 바람막이 역할을 해줄 때는 괜찮다. 그러나 바람막이가 사라지면 순식간에 비판의 대상이 된다. 새로 왕위에 오른 무왕과 장의의 사이가 원만하지 않다는 소문이 났다. 그 소문을 들은 제후들은 잇달아 연횡책을 파기하고 다시 합종하게 되었다.

장의의 노력이 수포로 돌아간 것이다. 이 지점이 바로 안전조직을 어디에 두느냐 하는 '안전조직론'과 최고 의사결정권자의 의도적인 안전에 대한 지지가 필요한 대목이다. 결국 간신히 뭐 좀 되어 가나 싶었던 일이 허무하게 무너져 버린다.

실력이 우선인가? 아니면 믿음과 지지가 우선인가? 이 문제는 조직 관리에서 늘 논란이다. 분명한 것은 두 가지가 만났을 때만 제대로 된 성과가 난다는 것이다.

이때 제나라는 사신을 보내 장의를 문책하라고 요구했다. 이 정도 상황이면 대부분 끝장이 났을 것이다. 그런데 장의는 그 위기를 기회로 전환시킬 역량이 있었다. 장의는 무왕에게 제안한다.

"저를 위나라로 보내주십시오. 제나라에서는 저를 눈엣가시로 여깁니다. 제가 위나라로 가면 반드시 제나라는 위나라를 침공할 것입니다. 두 나라가 대치 상태가 될 때 왕께서는 주(周)나라에 위압을 가해 천자를 배경으로 천하를 호령하시면 됩니다."

무왕은 손해 볼 것이 없었다. 당장 장의에게 전차 30대를 주어 위나라로 가게 했다. 이 소식을 들은 제나라는 대군을 동원해 위나라에 쳐들어왔다. 당황한 것은 위나라 애왕이었다.

장의는 애왕에게 말했다.

"걱정하실 것 없습니다. 제가 해결하겠습니다."

그는 왕을 달래놓고, 식객인 '풍희'를 초나라 사자 자격으로 제나라에 보냈다.

풍희는 장의의 명령대로 제왕을 설득했다.

"왕께서는 장의를 누구보다 미워하십니다. 그런데 왕께서 하시는 일은 장의의 신용만 높여주는 일입니다."

"그게 무슨 소린가? 이것이 어째서 장의의 신용을 높여주는 것인가?"

풍희는 그 이유를 설명했다.

"사실 장의가 위나라로 간 것은 진나라 무왕과 다음과 같은 밀약이 있었기 때문입니다. 진나라로서는 동쪽에 난이 일어나야 영토를 넓힐 수 있습니다. 그런데 제나라 왕이 장의를 미워하는 것을 잘 이용해 위나라와 제나라가 전쟁을 하게 하고 그 틈에 출병해 손쉽게 팽창을 달성할 수 있다는 밀약입니다. 그런데 지금 판세를 보니 장의의 생각대로 일이 진행되고 있습니다. 왕께서는 장의를 미워한다는 마음만으로 뻔히 알면서도 국력을 낭비하고 동맹국까지 적으로 돌리려 하십니다. 그러면 진나라 왕은 더욱더 장의를 신뢰할 것입니다."

제왕은 이 말을 듣고 즉각 군대 철수를 명령했다. 장의는 진나라와 제나라 두 대국을 마음대로 농락한 것이다. 《사기》에 의하면 장의는 1년간 위나라에서 재상을 지냈다. 그 재임 중에 파란만장한 생애를 마쳤다.

여기서 우리는 안전경영의 전략적 측면에서 매우 중요한 점을 배울 수 있다. 바로 이해 당사자가 아닌 제3자의 역할이다. 내용상으로 보면 장의의 책사 풍희다. 당사자가 냉철한 이성을 가지기란 쉽지 않다. 설혹 신하라 하더라도 그 말이 100% 객관성을 가진다고 보기 어렵다. 장의가 초나라의 사자 자격으로 풍희를 보냈다는 점이 놀랍다.

실상 우리가 살아가면서 발생하는 대부분의 문제도 제3자의 역할이 매우 중요하다. 경영의 관점에서 제3자는 컨설턴트, 즉 외부 전문가다.

이들의 의견이 필요한 지점이다. 성찰(省察)은 한 발 물러나서 보는 것이다. 그러나 스스로 한 발 물러서서 자신을 보는 것은 쉽지 않다. 그러나 반드시 봐야만 한다. 그래야 자신을 명확히 파악할 수 있다. 현상 파악이 되어야 문제를 개선하고, 위험을 기회로 바꿀 수 있다.

전문가는 독립성이 우선이다. 그래야 제3자의 역할이 가능하다. 어느 쪽에도 쏠리지 않는 독립성은 실력과 경제적 자립에서 확보된다. 실력이 없으면 강한 쪽 의견에 맞추려 한다. 경제적 자립이 안 되면 끌려가게 된다. 김훈 작가의 말대로 "밥속에는 낚시 바늘이 들어있다."고 하지 않던가?

   외부 진단이나 점검, 혹은 컨설팅을 받을 때는 이런 점을 고려해야 한다. 그러나 현실은 그렇지 못한 경우가 많다. 자신들의 입장이나 주장이 반영되기를 원한다. 심하게는 그것을 증명하거나 지지해 달라고 한다. 우리가 우리의 현상을 제대로 보지 못하는 이유다.

   거울에 때가 낀 것은 거울의 잘못이 아니다. 반대로, 때가 낀 거울 속에 비친 모습의 문제도 아니다. 장의는 자신의 생각을 제3자를 통해 관철시켰다. 의도성을 가진 인물이었지만 무엇이 중요하고 무엇이 핵심 포인트인지를 아는 사람이었다. 그 결과는 진나라를 배반하고, 위나라에 공을 세운 것이었다. 그 때문에 그는 재상의 자리에 올랐고, 죽는 순간까지도 최고의 자리에 머물 수 있었다.

50. 소진에게 배우는 설득스킬 1

"안전을 위해 세일즈맨처럼 설득하는가?"

연횡론의 거물이 장의라면 합종론의 거물은 소진이다. 소진은 젊었을 때 장의처럼 귀곡(鬼谷) 선생 밑에서 유세술을 배웠다. 귀곡자(鬼谷子)는 중국 전국시대의 전설적인 책략가이자 스승이었다. 그의 이름은 '귀곡'이라는 계곡에 은거한 선생이라는 뜻이며, 종횡가(縱橫家) 학파의 시조로 알려져 있다.

그는 도덕이 아닌 권력을 얻고 세상을 움직이는 현실적인 기술을 가르쳤다. 그의 가르침은 외교술, 협상술, 인간 심리 통찰 등을 포함했다. 소진, 장의와 같은 위대한 외교 전략가들이 그의 제자였다. 전설적인 군사 전문가로 〈손자병법〉으로 유명한 손무의 후손인 손빈과 방연 또한 그에게서 병법을 배웠다고 전해진다. 결론적으로 그는 혼란의 시대를 살아남는 모든 지략을 집대성한 전략의 스승이었다.

소진은 학문의 뜻을 이루고자 여러 나라를 다녔으나 어디에서도 받아들여지지 않았다. 가난한 생활 속에서 독심술을 고안해 내게 되었는데 그것이 '취마'다. 처음에는 알아주지 않았으나 진나라에 대항하는 '육국합종(六國合從)'이라는 국제 전략을 구상했다. 차례차례 6개국의 왕들을 설득한 끝에 그것을 실현시켰다. 그 자신도 그 전략의 책임자 자리에 앉아 6개국의 재상을 겸무하게 된다.

진나라의 장의가 연횡을 실현시키기 위해 분주하게 뛰어다니기 조금 전의 일이다. 소진에 대한 이야기는 그 진위에 논란이 있으나 《백리와 전국책》에서 그 활약에 대한 근거를 찾을 수 있다.

《전국책》에 의하면 소진은 연나라 소왕의 밀명을 받고 제나라와 다른 나라에 파견된 세객이었다. 목적은 제나라의 공격 목표를 연나라 이외의 나라로 돌리게 하고 제나라 국력을 약화시키는 스파이 활동이었다. 이런 활동을 성공시키고 위나라와 조나라에도 갔다. 이때의 목적은 제나라를 위해 5개국 합종을 실현시키는 것이었으나 실제는 연나라를 위해 위나라, 조나라와 반제 연합을 결성하는 것이었다.

소진에게서 배울 수 있는 설득술은 뛰어나다. 안전경영과 선진 안전문화를 위해서는 자신 스스로뿐 아니라 전체 구성원, 그리고 이해를 달리하는 관계자들을 설득해야 한다. 옳은 일이고 당연한 일이니 교육하고 법으로 정하면 그리 될 것이라고 생각한다면 아주 무식한 생각이다. 결국 설득이라는 조금 더 적극적인 노력이 필요하다. 하지만 우리는 강요할 뿐 설득하지 않는다.

마케팅이 '고객만족을 위한 모든 활동'이라고 이야기할 때, '세일즈' '광고' '결제수단' 같은 실질적이고 구체적인 활동이 기업 성장을 이끌어 내듯이 안전경영도 조직 구성원을 넘어 전 국민을 대상으로 한 실질적인 설득 과정이 필요하다.

이런 이유에서 안전 관계자들은 안전공학과 안전관리라는 영역을 넘어서야 한다. 심리학을 배우고 소비자 행동론을 공부해야 한다.

51. 소진에게 배우는 설득스킬

"식객 3,000명의 맹상군을 설득한 스토리텔링"

제나라 재상 맹상군이 진나라 초대를 받고 진나라로 가려고 했다. 제나라와 진나라는 원래 개와 원숭이처럼 견원지간(犬猿之間)이다. 그런 나라에 맹상군이 가면 위험할 것은 자명했다. 당연히 주변에서 완강히 만류했다.

이때 소진이 이 소식을 들었다. 소진은 연나라 소왕의 밀명으로 제나라에서 스파이 활동을 하고 있었다. 목적은 제나라의 고립과 국력 약화였다. 만약 맹상군이 진나라에 가서 서로 손을 잡기라도 하면 연나라 입장에서는 매우 불리하고 위험해지는 상황이었다. 어떻게든 못 가게 해야 했다. 소진은 맹상군을 찾아간다.

이미 너무 많은 반대 목소리를 들었던 터라 맹상군은 말했다.

"진나라 방문을 반대하는 이야기라면 신물이 나니 하지 마라. 저승 이야기라면 들어주지."

소진이 대답했다.

"물론 이 세상 사람들 같은 이야기를 할 생각은 없습니다. 저승 이야기를 하러 왔습니다."

흔히 미러링(Mirroring) 화법이라 한다. 미러링 화법은 상대방의 말이나 행동을 거울처럼 미묘하게 따라 하여 무의식적인 유대감을 형성하는 소통 기술이다. 이는 상대방의 자세나 제스처를 비슷하게 취하거나, 말의 속도와 톤을 맞추는 비언어적 방식과 함께 상대가 사용한 핵심 단어를 대화에 다시 사용(백트래킹)하거나 상대의 말을 요약해 되돌려주는(패러프레이징) 언어적 방식을 포함한다.

이러한 행동은 상대방에게 '나는 당신의 말을 주의 깊게 듣고 있다.'는 강력한 신호를 보내며, '나와 비슷한 사람'이라는 동질감을 느끼게 한다. 자연스럽게 라포(친밀감)와 신뢰를 구축한다.

맹상군은 저승 이야기를 하면 들어주겠다고 했으니 들어줄 수밖에 없게 되었다. 그러자 소진은 말을 하기 시작한다.

"방금 치수(강 이름)를 지나 왔을 때의 일입니다. 진흙인형과 목각인형이 말다툼을 하고 있었습니다. 목각인형이 진흙인형에게 이렇게 말했습니다.

'너는 근본을 따지면 서안의 진흙이다. 이겨져서 사람의 모양이 되었을 뿐이다. 8월에 비가 내려 치수가 범람하면 너 따위는 끝장이야.'

진흙인형도 지지 않고 반박했습니다.

'당치도 않은 소리. 확실히 나는 서안의 진흙이다. 그러니 서안으로 돌아가는 것뿐이다. 그런데 너는 어떠냐? 동국 태생의 목각인형이 아니냐. 사람 모양으로 새겨져 있기는 하지만, 비로 치수가 범람하면 어디까지 떠내려 갈지 알 수 없지 않은가.'

그런 말로 서로 말다툼을 하고 있었습니다. 그런데 맹상군께서 가려고 하는 진나라는 비밀주의며 위험하기 짝이 없는 곳입니다. 일단 들어가면 돌아올 수 있을지 어떨지 알 수 없습니다."

그 이야기를 들은 맹상군은 생각을 바꾸어 진나라 방문을 보류했다. 누구도 해내지 못한 맹상군 설득을 '스토리텔링'으로 해낸 것이다.

맹상군은 식객을 삼천 명이나 두고 있었던 사람이다. 수많은 사람들이 나름의 합리적 근거를 들면서 이야기했을 것이다. 그러나 소진의 순발력 있는 스토리텔링은 그의 귀를 열게 했고, 결국 마음을 움직이게 했다.

안전교육과 안전개입, 안전설득 과정에 스토리텔링이 중심이 되어야 하는 이유다. 스토리는 기억에 오래 남고 메시지가 명확하다. 안전교육에 욕심을 낸다. 이것저것 많이 말하면 효과가 있을 것이라 생각한다. 그러나 오히려 복잡성을 증가시키고 결국 귀를 닫게 만든다. 너무나 일방적이다.

스토리텔링은 그냥 나오는 것이 아니다. 다양한 역사와 사례를 기반으로 한다. 공부해야 한다. 공부하지 않고 스토리텔링을 말할 수 없다. 소진은 온갖 풍파를 겪은 사람이다.때문에 가능했을 것이다. 한비자의 이야기를 토대로 안전경영이란 이름의 책을 쓰는 이유는 단 한 가지다. 전국의 안전과 관련된 행위에 이 이야기가 인용되기를 희망하는 것 한 가지다.

52. 소진에게 배우는 설득스킬 3

"안전경영의 내부의 적과 외부의 적"

조나라가 연나라를 치려고 했을 때다. 소진이 연나라 왕의 명을 받고 조나라로 가서 조나라 혜왕을 설득하게 되었다.

"이리로 오는 도중에 역수를 건너왔습니다만 조개가 볕을 쬐기 위해 껍데기를 벌리고 있었습니다. 이때 도요새가 날아와 조갯살을 쪼았습니다. 깜짝 놀란 조개는 껍데기를 닫아 도요새의 부리를 꽉 물어버렸습니다. 둘은 서로를 놓아주지 않고 팽팽하게 맞섰습니다.

도요새는 '오늘도 내일도 비가 오지 않으면, 너는 말라 죽을 것이다!'라고 했습니다. 조개는 '오늘도 내일도 너를 놓아주지 않으면, 너는 굶어 죽을 것이다!'라고 했습니다. 이렇게 서로 다투며 양보하지 않고 있을 때, 근처를 지나가던 어부(漁夫)가 이 광경을 보고 다가왔습니다. 어부는 조개와 도요새를 둘 다 손쉽게 잡아가 버렸습니다.

그런데 조(趙)나라가 연(燕)나라를 공격하려 하고 있습니다. 그렇지만 싸움을 오래 끌어서 두 나라가 싸우다 지치면, 옆에 있는 강대국 진(秦)나라가 어부처럼 두 나라를 모두 집어삼킬 것입니다. 숙고하심이 마땅하시옵니다."

"과연 그렇구나."

조나라 혜왕은 그 즉시 연나라 공격을 중지했다.

소진은 이번에도 여전히 스토리텔링을 통한 설득을 했다. 핵심은 싸워야 할 대상은 따로 있다는 것을 설득하는 것이다. 조개가 말라 죽고 도요새는 굶어 죽을 것이라는 생각은 결국 둘 다 어부에게 잡혀가는 결과로 이어졌다.

언제부턴가 안전경영은 사업주와 근로자, 정부와 기업, 생산부서와 안전부서, 규제와 규제 완화의 이분법적 프레임에 갇히고 말았다. '성장 없는 안전 없다'와 '안전 없는 성장 없다'는 주장은 늘 평행선을 그었다. 그 주장을 하는 두 측이 입은 유니폼에는 여전히 '안전제일'이라는 마크가 붙어 있는데도 말이다.

적을 내부에 두는 순간 이 프레임을 벗어날 수는 없다. 서로 자기 주장만 하게 된다. 상황이 안 좋아지면 서로 탓하게 되고 악화가 가속화된다. 그래서 현명한 경영자는 그 내부의 적을 외부로 돌린다. 우리나라도 고도성장기를 가질 수 있었던 것은 우리의 적이 명확했을 때다. 북한이나 일본 같은 경쟁상대가 외부에 있고 명확할 때 우리는 단합했다. 다소간의 불편함은 감수하려는 공감대가 형성되었다.

그러나 그러한 경쟁자와 격차가 벌어지거나 우호적 관계로 변하면서부터 우리는 그 경쟁의 관점을 내부에서 찾게 되었다. 오늘날 우리 사회가 가지는 갈등은 새로운 목표나 새로운 비전을 제시하지 못했기 때문이다.

일본이나 독일 같은 2차 세계대전의 패전국들은 어떻게 경제대국으로 성장했는가? 이스라엘 같은 작은 나라는 어떻게 세계의 강국으로 자리매김했는가? 그들은 외부에 적이 명확했다. 가난을 벗어나야 한다는 목표를 세우고 그것을 방해하는 것을 적으로 삼았다.

이러한 점에서 매우 우수한 경영사례를 들어본다. 애플과 IBM의 사례다. 1980년대 애플 내부는 혼란과 갈등에 빠져 있었다. 스티브 잡스는 경쟁사 IBM을 '빅 브라더'라는 거대한 외부의 적으로 설정했다. 'IBM의 독점으로부터 인류를 구한다'는 공동의 목표는 흩어진 직원들을 하나로 뭉치게 했다. 그 결과 매킨토시 출시를 성공적으로 이끌었다.

1990년대 초 IBM은 사업부 간 극심한 내부 경쟁으로 파산 직전에 놓았다. CEO 루 거스너는 내부 논쟁을 중단시켰다. '고객과 시장'이라는 외부의 적에 집중하게 했다. 모든 평가 기준을 고객 만족으로 바꾸자 서로 싸우던 부서들이 협력하기 시작했다. 회사는 위기에서 구해냈다.

  포드도 2000년대 중반 막대한 적자를 기록했다. 각 지역 본부들이 협력하지 않는 사일로 문화가 원인이었다. CEO 앨런 멀랠리는 '파산'이라는 공동의 적을 명확히 제시했다. 생존이라는 절박한 목표 아래 임원들은 이기주의를 버렸다. '원 포드(One Ford)' 전략으로 뭉쳐 위기를 극복했다.

  삼성전자는 아이폰 등장 이후 위기에 직면했다. '옴니아'의 실패와 조직의 안일함이라는 내부의 적이 있었다. 경영진은 '타도 애플'이라는 명확한 외부의 적을 설정했다. 전사적 역량을 '갤럭시' 개발에 쏟아부었다. 내부 위기를 극복하고 스마트폰 시장의 강자로 도약했다.

  '토스'는 복잡한 금융 규제와 기술 장벽이라는 내부의 어려움에 부딪혔다. 창업자 이승건은 '불편한 금융 경험 그 자체'를 외부의 적으로 삼았다. '고객을 불편함에서 해방시킨다.'는 강력한 미션은 팀을 단결시켰다. 시장 혁신의 원동력이 되었다.

  "나이키의 진짜 경쟁자는 아디다스나 프로스펙스가 아니라 닌텐도다."

  결국 나이키는 부서 갈등이나 '신발과 의류를 파는 회사'라는 내부의 적과 관념이 아닌 외부의 적을 재설정한다. '경쟁사'가 아닌 '고객의 시간'이다.

나이키의 경영진은 진짜 경쟁 상대가 '고객의 한정된 여가 시간과 에너지'임을 통찰했다. 사람들이 소파에 앉아 닌텐도 게임을 하는 시간은 밖에서 운동하며 나이키 신발을 신을 시간을 빼앗는다. 따라서 나이키의 새로운 외부의 적은 특정 회사가 아니었다. 적을 재설정하자 나이키의 모든 전략이 바뀌었다.

피터 드러커는 "리더가 할 일은 조직 내에 지속적인 위기감을 불어넣는 것"이라고 말한다. 위기감은 어디서 생기는가? 적이나 위험이 있을 때 생겨난다.

내부에 적이 있다고 생각하는 순간 자멸한다. 그 적을 빨리 외부로 돌려야 한다. 그렇다면 안전경영에서 외부의 적을 무엇으로 설정할 것인가? 그것은 다름 아닌 저질스러운 안전문화다. "해도 안 된다."는 패배주의와 "별일 있겠어."라는 무사안일주의다. 패배주의는 '어차피 해도 안 된다.'는 체념에 빠진 상태다. 반복된 실패 경험으로 깊은 무력감이 형성된다. 패배주의에 빠진 조직은 도전을 시작하기도 전에 포기한다.

무사안일주의는 '긁어 부스럼 만들지 말자.'며 현실에 안주하는 태도다. 변화에 따르는 위험과 책임을 회피하려는 마음에서 생겨난다. 무사안일주의가 팽배한 조직은 비효율적 관행을 고수하며 변화를 거부한다. 두 가지는 서로 악순환을 만든다.

패배주의는 무사안일로 이어진다. 무사안일은 더 큰 실패를 낳아 패배주의를 심화시킨다. 패배주의는 '능력'에 대한 절망이다. 무사안일주의는 '책임'에 대한 회피다. 솔직하게는 귀찮음과 책임지기 싫음에 대한 합리화와 변명이다.

또 한 가지 외부에 두어야 할 적은 낡은 기술이다. "안전을 하면 느려진다."고들 말한다. "안전을 하면 공정이 복잡해진다."고 말한다. "안전을 하면 돈이 더 들어간다."고 말한다. "안전을 하면 시간이 부족하다."고 말한다.

그렇다면 안전을 해야만 한다고 가정해 보자. 어떻게 하면 안전을 하면서도 빨리할 수 있을까를 고민해야 한다. 설계 단계에서부터 고민한다면 해결될 일이다. 어떻게 하면 안전을 하면서도 단순해질까를 고민해 보자. 이것은 엄청난 기업의 경쟁력이 된다. 어떻게 하면 비용이 절약되면서도 안전을 할 수 있을까를 고민해 보자. 기업에 새로운 수익 창출이 될 것이다. 이것을 못하게 하는 요인들이 적이 된다. 이것을 가능하게 하는 것이 안전기술이다. "누구 때문에 못 하겠다."가 아니다. "이것만 해결하면 대박이 난다."라고 생각해야 한다. 그것을 방해하는 적을 설정하는 순간 서로는 서로를 설득할 수 있게 된다.

적이 외부에, 즉 근처에 어부가 있다는 것을 알았다면 조개와 도요새는 싸울 일이 없었을 것이다. 이런 이야기를 하면 대부분 "그게 되겠어요."라고 한다. "그것을 해볼게요." 하는 사람들로 팀을 꾸려야 한다. 그리고 성공사례를 만들어 내야 한다. 그것이 우선이다.

53. 소진에게 배우는 설득스킬 4

"양쪽에서 환대받지 못하는 일을 하는 사람의 자세는?"

소진이 연나라로 돌아가던 길이었다. 제나라가 대군을 동원해 연나라의 성읍을 10개나 빼앗는 일이 벌어졌다. 당황한 연왕이 소진을 불렀다.

"그동안 수고가 많았는데 모쪼록 제나라로 가서 이번 일도 무사히 잘 수습하도록 해주세요."

어부지리 이야기를 통해 해결된 듯했는데 이렇게 되었으니 네 책임이라는 뜻이다. 그러니 해결도 네가 하라는 의미였다.

"꼭 해결하고 오겠습니다."

소진은 즉시 제나라로 출발했다.

흡사 안전사고가 발생하고 나면 안전 관련 조직에 종사하는 사람들의 입장과 같다. 그 순간 무슨 죄라도 지은 듯한 표정을 지을 수밖에 없다. 보통은 그 원인을 외부에서 찾으려는 심리가 발동한다. 소진의 입장에서는 빼앗긴 땅을 아무런 대가 없이 되찾으라는 것이기에 협상으로서는 매우 어려운 협상이었다.

《사기》에 의하면 소진은 제왕 앞으로 나아가 문안을 할 때 '엎드려서는 경하하고 우러르고는 애도했다.'고 한다. 이 말은 이번에 영토를 넓혔으니 경하한다는 것이고, 애도했다는 말은 제나라의 운명도 이제 끝났다는 생각에서 조문을 했다는 것이다.
제나라 왕은 엉겁결에 그 까닭을 물었다.
"경하와 애도를 동시에 하는 까닭이 무엇인가?"
소진은 말했다.
"굶어 죽기 직전인 사람이라도 독이 든 버섯은 먹지 않습니다. 먹으면 먹을수록 죽음을 재촉하기 때문입니다. 그런데 연나라는 소국이지만 연왕은 진왕의 사위입니다. 그런 연나라의 영토를 빼앗은 만큼 귀국은 강대국 진나라를 적으로 돌리게 된 것입니다. 소국인 연나라의 머리를 한 대 때린 것을 트집 잡아 천하의 정병이 쳐들어온다면 독버섯을 먹는 것과 다를 바가 없습니다."

"그럼 어떻게 하면 좋겠는가?"
"예로부터 '성공하는 사람은 화(禍)를 복(福)으로 바꾸고 패(敗)함으로써 공(功)을 이룬다.'고 합니다. 제 생각입니다만 빼앗은 땅을 즉각 연나라에 돌려주는 것이 최선이라 생각합니다. 뜻하지 않게 빼앗긴 땅이 돌아오면 연나라는 기뻐할 것입니다. 또 진왕은 진나라의 위세를 두려워 돌려준 것이라 생각해 기분 좋아할 것입니다. 이것이 계기가 되어 연나라와 진나라 양국이 제나라에 우호적 관계가 된다면 제후들도 왕의 뜻대로 될 것입니다."

국가 간의 정세와 이해득실까지 들어가며 설득하는 협상력은 가히 타고났다. 제왕은 빼앗았던 성읍을 고스란히 연나라에 돌려주었다. 소진은 아무런 대가도 주지 않고 영토를 회복하는 데 성공한 것이다. 이 대목에서도 협상이나 설득과 관련해 배울 점이 있다.

첫째는 권위를 활용한다는 점이다. 소진은 말을 할 때마다 격언이나 유명한 말을 인용한다. 자신이 가진 영향력은 오해의 소지가 있다. 그러나 유명인의 말은 그 자체로 권위를 가진다. '굶어 죽기 직전의 사람도 독버섯을 먹지는 않는다.' '화를 복으로 바꾸고 패함으로써 공을 이룬다.' 이런 말들은 기가 막힌 표현이다. 세월 속에서 이미 검증된 속담이나 격언에는 논쟁의 여지 없이 수용하게 만든다.

둘째는 자신이 하는 행위가 다른 사람들에게 어떤 평가를 받을까에 대해 고민하지 않는다는 점이다. 오로지 협상의 목적만을 중심에 둔다. 소진은 어떤 결과가 나오든 양쪽에서 의심을 받게 되어 있다. 실제로 소진을 만난 제왕이 땅을 돌려주었을 때 신하들은 무엇이라 했겠는가? 아마도 '소진은 몇 마디 감언이설로 왕을 꼬드겨서 나라를 팔아먹는 놈'이라 했을 것이다. 그렇다고 연나라에서는 마냥 좋아만 했겠는가? 무슨 일이든 착착 해결해 내는 모습에 '또 뒤로는 무슨 짓을 했을까?'라고 의심하지 않았겠는가?

실제로 연나라 왕은 그런 이야기를 듣고 있었기에 소진의 공로에 포상하지 않았다. 이때 소진은 연왕에게 이렇게 말했다.

"왕께서는 이런 이야기를 아십니까? 어떤 사람이 관리가 되어 먼 곳으로 부임을 했습니다. 집을 비운 사이 그 아내가 다른 남자와 밀통을 했습니다. 얼마 후 남편이 돌아온다는 연락이 왔습니다. 상대방 남자가 당황하자 그 아내가 말합니다.

'걱정할 것 없습니다. 남편이 돌아오면 독을 탄 술을 마시게 할 겁니다.'

며칠 후 남편이 돌아왔습니다. 아내는 하녀에게 독을 탄 술을 가져오게 했습니다. 하녀는 술의 비밀을 알고 있었습니다. 그것을 알리면 아내는 쫓겨나고, 알리지 않으면 주인의 목숨이 위험합니다. 하녀는 고민한 끝에 일부러 발을 헛디뎌 술병을 뒤엎고 말았습니다. 주인은 화가 나서 하녀에게 50대의 매를 때리게 했다고 합니다. 결론적으로 하녀는 주인을 살리고 아내의 지위를 지켜주었습니다. 즉 양쪽을 좋게 했는데도 매질을 당했던 것입니다. 안타깝지만 지금 저의 경우도 마찬가지인 것 같습니다. 아무쪼록 통촉해 주십시오."

자신의 공과는 별개로 양쪽에서 오해를 받고 있는 사람의 심정이 절절히 느껴지는 내용이다. 그러나 그 이야기를 직설적으로 하지 않고 자신만의 강점인 스토리텔링을 통해 간접화법을 쓴 것이다. 이렇게 해서 연왕의 신뢰를 회복했다.

이 이야기에서 위기경영과 관계된 일을 하는 사람들의 입장을 느낄 수 있다. 협조가 미약한 상황에서는 여러 가지 대안을 제시하게 된다. 그러나 그 대안이 당장, 그리고 무조건 사고 예방이라는 성과로 연결되지는 않는다. 그런데도 사고가 발생하면 주변의 시선은 일시에 '거 봐라.' '그럴 줄 알았다.'라는 냉소적 시선을 보이게 된다. 그렇다고 근로자나 구성원들 또한 그것을 이해해 주지 않는다. 결국 매번 샌드위치 신세가 된다. 양쪽에 죄인이 된다. 이것을 방치한 것이 우리 사회에 안전문화가 형식으로 흐르고 향상되지 못하고 정체되는 이유다.

그럼에도 불구하고 안전관계자들은 소진의 마음을 가져야 한다. 어느 쪽에서도 인정받지 못하더라도 전쟁을 피하게 해서 무고한 백성들을 구했다는 원칙적 가치에서 존재 이유를 찾아야 한다. 외로움을 견뎌낼 수 있어야 한다. 이것이 안전경영에 종사하는 사람들의 숙명일지 모른다.

54. 소진에게 배우는 설득스킬 5

"죽음의 메시지를 활용하라"

연왕의 신뢰를 받았지만 주변 사람들의 질투와 중상의 소리는 커져만 갔다. 신변의 위협을 느낀 소진은 왕에게 자진해서 청원한다.

"제가 이렇게 연나라에 머물러 있는 이상 세월만 흐를 뿐 연나라의 세력을 확대시킬 수가 없습니다. 다시 한번 제나라로 가서 연나라를 위한 공작을 펼쳐볼까 합니다."

"그렇게 하도록 하라."

소진은 연나라에서 죄를 지어 쫓겨난 것처럼 꾸미고 제나라로 도망쳤다. 제왕은 그런 소진을 맞아들여 대신 대우의 최고 고문으로 등용했다. 소진은 곧 제왕을 설득해서 선대의 제사를 성대하게 올려 천하에 효심을 보일 것과 궁정과 정원을 크고 높게 해서 위세를 과시할 것을 권했다. 제나라 국력을 소진시켜 연나라를 유리하게 이끌려는 의도였다.

그러나 제나라에서 역시 중신들은 의심의 눈초리로 소진을 보았다. 어느 날 소진은 자객의 습격을 받게 된다. 거의 죽을 지경에 이른 소진은 제왕에게 말했다.

"제가 죽거든, 저를 '연나라를 위한 첩자(스파이)'였다고 세상에 공표하십시오. 그리고 제 시신을 길거리에서 수레로 찢는 거열형(車裂刑)에 처한 뒤, '나라의 원수인 소진을 죽인 자에게는 큰 상을 내리겠다.'고 방을 붙이시옵소서. 그렇게 하면 저를 습격한 범인을 체포하실 수 있을 것입니다."

소진이 죽자 제왕은 소진의 유언대로 했다. 과연 범인이 자수했고, 제왕은 곧 그 자수한 사람을 주살했다. 소진은 죽으면서까지도 범인을 잡는 일에 협상술을 발휘했다.

우리는 산업재해로 인해 사망한 사람들의 억울함이나 사연을 충분히 풀어주고 있는가 하는 것이다. 제러미 벤담(1748~1832)은 '최대 다수의 최대 행복'으로 유명한 공리주의(Utilitarianism)의 창시자이다. 그는 자신의 유언에 따라 사후 시신을 해부용으로 기증했고, 남은 유골에 옷을 입혀 의자에 앉은 모습으로 영구히 보존하도록 했다. 자신의 시신마저도 효용의 극대화를 위해 사용한 것이다.

 소크라테스는 "아테네의 청년을 타락시킨다."는 죄목으로 사형을 선고받았다. 그의 제자들은 얼마든지 탈출할 수 있도록 준비했지만, 그는 "악법도 법이다."라며 이를 거부하고 담담하게 독이 든 잔을 마셨다. 그의 죽음은 '자신의 가르침을 목숨으로 실천한 순교자'로서의 소크라테스를 완성시켰다.

 1963년, 베트남의 틱광둑(Thích Quảng Đức) 스님은 수많은 내외신 기자들이 지켜보는 사이공의 한복판에서 스스로 몸에 불을 붙였다. 그는 불길 속에서도 조금의 흐트러짐 없이 평온한 자세를 유지했다. 이 장면을 찍은 한 장의 사진은 전 세계에 엄청난 충격을 주었고, 남베트남 정권의 비도덕성을 고발하는 강력한 상징이 되었다. 이 사건은 국제 여론을 움직여 미국이 남베트남 정권에 대한 지지를 철회하는 계기가 되었고, 결국 정권이 붕괴하는 데 결정적인 영향을 미쳤다. 그의 죽음은 세상을 바꾼 가장 강력한 정치적 메시지가 되었다.

 재해로 돌아가신 수많은 분들이 남긴 죽음의 메시지는 사라진다. 그것이 사고의 원인을 밝혀 또 다른 사람들의 희생을 막으려 하는 것일 수도 있다. 그것이 사랑하는 가족을 위해 최선을 다했다는 것을 말하고 싶었을 수도 있다. 그것이 자신의 한순간 잘못과 실수로 엄청난 사고가 났다는 말을 차마 못하는 것일 수도 있다. 어찌 되었건 죽음에는 메시지가 있다. 그것을 활용하는 것은 어떤 것보다 설득력을 가진다.

죽은 자는 말이 없다. 때문에 그 메시지가 왜곡되거나 숨겨지고 감춰진다. 죽음은 곧 책임의 문제로, 책임은 회피로, 회피는 본질의 왜곡으로 변질된다. 결국 죽음이 주는 메시지는 사라진다. 재해가 발생했던 사업장에서의 재해가 80%를 차지한다. 중대재해가 발생했던 사업장은 그렇지 않은 사업장보다 재해 발생률이 5배 이상 높다.

그 이유는 첫째, 근본 원인 미개선이다. 사고의 직접적인 원인만 해결하고, 그 이면에 있는 안전 시스템의 부재나 문화적 문제는 그대로 두기 때문이다.

둘째, 개인의 실수로 치부되기 때문이다. 시스템의 결함보다는 작업자 개인의 부주의로 책임을 돌리고, 실질적인 개선 조치를 취하지 않는 경우가 많다.

셋째, 학습 효과 부재다. 사고로부터 교훈을 얻어 조직 전체의 안전 시스템을 개선하는 과정이 부족하다. 누군가의 유언이었다면 평생 간직하려 할 것이다. 그렇지 못하면 어떻게든 의미를 부여하고 찾으려 한다. 그러나 우리는 사고로 인한 죽음에는 그렇지 못하다.

제3부

한비자에게 배우는 위기상황 판단

모든 위험을 제거하거나 통제하는 것은 불가능하다. 설령 가능하더라도 경제성 측면에서 실현되기 어렵다. 이는 안전경영만의 문제가 아니다. 모든 경제활동은 유한한 자원을 전제로 한다. 우리가 만들어 내는 재화가 가치를 가지는 것도 유한성 때문이다. 무한하다면 정당성을 확보하기 어렵다.

　예를 들어, 공기를 생산해 판매하는 것은 불가능하다. 무한하기 때문이다. 그러나 맑은 공기를 판매하는 것은 가능하다. 오염된 세상에서 맑은 공기는 유한한 제약조건을 가지므로 가치가 부여된다. 이런 점에서 위험요소를 모두 제거하거나 통제하겠다는 생각은 극히 이상적이다. 지금까지의 안전경영은 이런 이상적 관점에서 진행되어 왔다. 막연하고, 어떻게 말해도 문제가 되지 않는 수준이다. 마치 집을 나서는 가족에게 "조심해!"라고 하는 말과 같다. 반복되면 결국 잔소리로 전락한다. 말하는 이는 사랑이라 하지만, 듣는 이는 간섭으로 받아들인다. 따라서 위험은 경중과 긴급성을 따져야 한다. 전국시대에도 같은 고민이 있었을 것이다.

55. 잔소리만으로도
안전이 가능한 시대가 있었다

　춘추전국시대는 청동기 문화에서 철기 문화로 넘어가던 시기였다. 지금으로 치면 AI 혁명기에 해당한다. 변화에 대응하지 못하면 국가든 개인이든 사라졌다. 고도의 문명과 강력한 세력을 자랑하던 그리스, 로마, 페르시아, 잉카 제국이 결국 멸망한 것도 같은 맥락이다.

　춘추시대 이전에는 해야 할 일도 적었고, 그 수단이 되는 도구도 단순했다. 인구도 적었고, 먹을 것이 부족했으니 사망률은 높았다. 맹수에게 잡혀 먹히거나 알 수 없는 바이러스에 감염되어 죽는 경우도 많았다. 자연히 씨족 중심의 소집단 사회가 형성되었다. 소유 의지가 약하니 양보하며 살 수 있었고, 그럴싸한 말만 해도 살아가는 데 큰 문제가 없었다.

그러나 철기문명이 시작되면서 농산물은 과잉 생산되었고, 저장과 유통이 시작되었다. 자본을 가진 신흥세력이 등장했고, 인구는 늘어났다. 자본은 권력화되었고 기존의 가치체계는 무너졌다. 과거에는 도덕적 고매함을 따졌다면 이제는 힘의 크기를 견주는 시대가 열린 것이다.

오늘날 우리의 안전경영은 여전히 "조심하세요.", "큰일 납니다.", "떨어질 수 있습니다." 수준의 잔소리에 머물러 있다. 최고경영자의 입에서도 이런 말이 나온다.

한비자는 〈내저설상편〉에서 이렇게 말한다.

"허리에 조홀(황제의 명령을 받아쓰기 위한 나무판)을 차고, 무도용 방패나 도끼를 들고 있어도 날이 선 긴 무기나 짧은 무기를 당해낼 수 없다. 예의범절만 강요한다고 해서 병사들이 훈련되지 않는다. 음악에 맞춰 하는 의례적 사격으로는 강한 쇠뇌의 연속사격을 막을 수 없다. 성을 지키는 전법으로는 지하도를 파고 물을 흘리거나 불길을 보내 성벽을 무너뜨리는 전법을 당해낼 수 없다."

우리의 안전대책은 여전히 보호구 착용이 중심이다. 그러나 보호구는 가장 마지막에 쓰는, 소극적이고 최종적인 수단이다. 그럼에도 만능인 것처럼 쓰이고 있다. 이는 선택과 집중의 논리가 안전경영에 적용되지 않았기 때문이다. 부족한 인력·시간·예산을 분산시키니, 염려는 커지고 행동은 줄어든다. 염려가 커지면 문서는 늘고, 실천은 사라진다. 위험은 쇠뇌의 연속사격처럼 다가오는데, 물웅덩이나 파는 방식으로 대응하는 꼴이다. 한비자의 지적처럼 이는 날카로운 비판이다.

그렇다면 어떻게 해야 할까? 한비자는 분명하게 말한다.
"명확해야 한다. 그것이 원칙이고, 결국 법이다."
하지만 우리 사회의 법은 갈수록 선명하지 않다. 똑같은 잘못에도 어떤 이는 처벌을 받고, 어떤 이는 무죄가 된다. 지식인과 전문가들마저 애매한 말을 쓴다. "~인 것 같다.", "~일 수도 있다."는 표현이 리더의 언어가 되어버렸다. 그러나 우물쭈물하다 더 큰 피해를 부르는 경우가 많다.

가습기 살균제 사건이 그렇다. 법은 "불가피한 측면도 있다."고 말했지만, 피해자는 8,011명, 사망자는 1,904명(피해자 대책위 발표, 2025년 기준)에 달한다. 만약 "안 된다, 잘못되었다."라고 분명히 했다면 이런 피해는 막을 수 있었다.

원칙이 없다는 것은 기준이 없다는 것이고, 기준이 없으면 평가도 불가능하다. 결국 선택과 집중은 불가능해진다. 안전경영에서 가장 시급히 도입되어야 할 것은 바로 이 선명한 원칙과 기준이다. 지금 당장 규정집과 매뉴얼을 펴서 이 부분을 찾아봐야 한다.

56. 상황이 변하면 위험도 변하는데 대응이 그대로라면?

한비자의 〈오두편〉을 읽으면 흡사 요즘 신문 사설을 읽는 것처럼 현대 시대와 일치하는 부분이 있다.

"옛날에는 남자들이 밭을 갈지 않았다. 풀이나 나무의 열매로 충분히 먹고 살 수가 있었다. 여자들도 베를 짜지 않았다. 짐승 가죽과 새 털로 옷을 만들어 충분히 추위를 막을 수 있었기 때문이다. 노동을 하지 않아도 충분히 먹고 살 수 있었고, 인간의 수가 적어서 재화에 여유가 있었기에 사람들은 서로 싸우지 않았다. 그러므로 무거운 형벌을 도입하지 않아도 사람들은 안정된 생활을 했다."

시대가 바뀌었다는 이야기를 하려는 것이다. 단순히 먹고사는 문제만으로 보면 당시 사람의 삶에서 위험이란 맹수의 습격 외에는 딱히 존재하지 않았다. 농경사회 이전에는 사람 1인당 약 3천 평의 땅에서 살았으나, 농경사회가 시작되면서 1인당 약 300평, 산업화 시대에는 1인당 30평, 정보화 시대에는 1인당 약 3평의 공간에서 생활한다고 한다. 1인당 투입되는 생산의 요소가 갈수록 줄어들고 있다는 뜻이다. 한비자는 계속해서 말한다.

"그러나 지금은 인간의 수가 많아졌는데도 재화는 적으며, 힘들게 노동을 해도 손에 들어오는 재화는 적은 형편이다. 따라서 사람들은 서로 다투게 되었으며, 상을 배로 주고 벌을 엄하게 해도 혼란을 막을 수 없다."

어떤가? 흡사 지금 시대에 단골로 지적되는 '자본수익이 노동수입을 앞선다'는 것, 그로 인해 양극화가 심해진다는 이야기와 다를 바가 없다.

"요가 천하의 왕이었을 때에는 지붕을 덮을 띠풀도, 상수리나무 서까래도 맞추어 자르지 않았다. 희게 빻은 곡식으로 지은 밥에 명아주나 콩잎으로 끓인 국을 먹었다. 겨울에는 사슴 모피를 걸치고 여름에는 갈대로 엮은 옷을 입었다. 문지기가 먹는 음식과 입는 옷일지라도 비참하지 않았다."

왕과 천민의 삶이 크게 다르지 않았다. 즉 빈부 차이가 없었다는 말이다.

"우가 천하의 왕이 되자 손수 가래와 괭이를 들고 신하들보다 앞장서서 일했다. 그리하여 허벅다리 살이 빠지고 정강이 털이 닳아 없어졌다. 지금은 노예도 그렇게 힘들게 일하지 않는다. 그러므로 옛날 왕이 왕위를 양위한 것은 문지기보다 못한 의식(衣食)을 버리고 노예보다 심한 노동으로부터 떠났다는 의미일 뿐이다. 따라서 옛날 사람이 천하를 양보했다고 해서 특별히 칭찬할 만한 가치가 있는 것은 아니다. 그러나 지금은 현령만 되어 죽더라도 그 자손들이 대대로 마차를 탈 수 있는 신분이 보장되어 있으니 그 자리를 뺏기지 않으려 하는 것이다."

〈오두편〉은 계속된다.

"대체로 산에서 살며 계곡 아래에 있는 내까지 내려가서 물을 길어 오는 사람들은 서로 물을 나누어 준다. 낮은 땅에 살며 물의 피해를 입은 사람들은 사람을 고용하여 배수용 도랑을 파게 한다. 그들은 흉년이 든 봄에는 어린아이들에게도 음식을 나누어 주지 못하지만, 풍년이 든 가을이 되면 낯모르는 손님에게도 식사를 대접할 수 있게 된다. 이것은 낯모르는 사람을 사랑하기 때문이 아니다. 식량이 많고 적음의 차이에서 오는 결과인 것이다. 결국 옛 사람이 물욕이 없었던 것은 도덕심이 높아서가 아니라 넉넉한 상황 때문이었다. 마찬가지로 관직을 탐내는 것은 그 품성이 저열해서가 아니라 그것에 딸린 이익이 크기 때문이다."

한비자는 한결같이 이야기한다. 상황은 변할 수밖에 없고, 그에 따라 인간의 느낌과 생각, 행동이나 풍습은 달라지게 되어 있다. 변하지 않는 것이 오히려 이상하다고 말한다.

안전을 과거 중심적인 업무가 아니라 미래 중심적인 업무라고 말하는 이유다. 과거의 위험 대응 방법이 지금은 먹히지 않는 것은 너무나 당연하다. 한마디로 예측 불가능한 영역이다. 위험에 대응하는 방법에서 근본적으로 변하지 않는 부문과 수시로 변화되는 부문에서의 대응이 달라야 하는 이유다. 맹자나 장자의 접근 방식과 다르게, 한비자의 사상이 안전경영에 한 축으로 반영되어야 하는 절대적 이유이기도 하다.

57. 위험의 경중을 판단하는 기준이 있는가?

한비자 〈화씨편〉에 나오는 이야기다.

초나라에 살던 화씨라는 사람이 천하에 둘도 없는 옥 원석을 발견했다. 그는 이 보물을 나라에 바치고자 당시 왕이었던 여왕을 찾아갔다. 그러나 궁중 감정사가 평범한 돌이라 감정하자, 왕을 속인 죄로 그의 왼쪽 발목을 잘랐다. 여왕이 죽고 무왕이 즉위하자, 다시 옥을 바쳤지만 이번에도 돌멩이라는 판정을 받고 오른쪽 발목마저 잘리고 말았다. 두 발을 모두 잃은 그는 세월이 흘러 문왕이 즉위하자 옥 원석을 품에 안고 산기슭에서 사흘 밤낮으로 피눈물을 흘리며 통곡했다.

이 소식을 들은 문왕이 신하를 보내 그 이유를 묻자, 그는 발이 잘린 것이 슬퍼서가 아니라 고귀한 옥이 천한 돌로 취급받고, 충신이 사기꾼으로 몰리는 것이 원통해 우는 것이라고 답했다.

그의 진심을 느낀 문왕은 옥 원석을 가져오게 하여 장인에게 다듬도록 지시했다. 그러자 돌의 껍질 속에서 눈부시게 빛나는 천하제일의 명옥이 모습을 드러냈고, 문왕은 이 옥을 그의 이름을 따 '화씨지벽(和氏之璧)'이라 불렀다.

이 '화씨지벽'은 훗날 조나라로 넘어가 진나라 시황제가 천하를 통일한 뒤 전국옥새(傳國玉璽)를 만드는 데 사용되었다는 전설로 이어지며, 중국 역사에서 가장 귀한 보물의 대명사가 되었다.

이 이야기는 동일한 사실이라도 상황에 따라 해석이 달라진다는 점과 달리, 몇 가지 교훈을 준다.

첫째는 겉모습만 보고 본질을 꿰뚫어 보지 못하는 어리석음을 경계해야 한다는 것이다. 둘째는 확실한 신념이 있다면 어떤 시련과 고통에도 굽히지 않는 태도가 중요하다는 것이고, 셋째는 전문가의 의견만 믿지 말고 다양한 의견을 들어야 한다는 것이다.

이 교훈을 통해 위험에 대한 리더가 가져야 할 메시지도 같은 관점에서 이해된다. 첫째, 위험에 대한 자신의 과거 경험을 기반으로 한 편견을 가지는 것이 위험하다는 것이다. 무술을 배운 사람이 폭력에 대해 가지는 위험의 크기와 연약한 사람이 가지는 위험의 강도가 다를 수 있는 것과 같다. 둘째, 위험 판단에서 허용 불가한 위험이라면 다리가 잘리는 정도의 형벌에도 굴하지 않아야 한다는 것이다. 그동안 일어난 대부분의 대형사고에는 다 징후가 있었다. 그러나 누구도 그 징후를 끝까지 주장하며 설득했던 경우는 드물다. 셋째, 전문가의 의견만 듣고 의사결정을 하는 것의 위험성을 들 수 있다. 전문가의 의견보다 더 중요한 것은 다양한 의견이다.

몇 가지 사례를 들어본다.

사례 1) 챌린저호 폭발 참사(1986): "엔지니어의 하룻밤 절규"

1986년 1월 28일, 미국 우주왕복선 챌린저호가 발사 73초 만에 공중에서 폭발해 승무원 7명 전원이 사망한 비극적인 사고다. 징후는 명확했다. 고체 로켓 부스터를 연결하는 'O링(O-ring)'은 낮은 온도에서 탄성을 잃고 제 기능을 못 할 수 있다는 치명적인 결함이 이미 알려져 있었다. 이전 비행에서도 손상 흔적이 발견된 바 있었다.

사고 당일 발사대의 기온은 영하로, O링의 기능이 보장되는 최저 온도보다 훨씬 낮았다. 제작사 모튼 사이오콜의 기술자 로저 보이스졸리는 이를 잘 알고 있었다. 그는 발사 전날 밤, NASA와의 화상 회의에서 데이터를 제시하며 발사 연기를 강력히 주장했다. 그러나 그의 경고는 발사 일정 지연을 우려한 NASA와 회사 경영진의 압박으로 묵살되었다. 결국 발사는 강행되었고, 보이스졸리의 경고대로 O링은 제 기능을 하지 못했다.

사례 2) 삼풍백화점 붕괴 사고(1995): "영업 손실에 묻힌 대피 권고"

1995년 6월 29일, 서울 서초구의 삼풍백화점 A동이 붕괴해 502명이 사망하고 937명이 부상당한 대한민국 최악의 건축물 붕괴 사고다. 붕괴 수개월 전부터 기둥 균열, 천장 누수, 파열음 등 명백한 징후가 있었다. 사고 당일 오전에는 기둥에 커다란 균열이 발생했고 시설부 직원들은 즉각 대피를 건의했다. 그러나 경영진은 영업 손실을 우려해 이를 무시하고 정상 영업을 강행했다. 불과 몇 시간 뒤 건물은 완전히 무너졌다.

사례 3) 이태원 압사 참사(2022): "살려달라는 112 신고 무시"

2022년 10월 29일 밤, 서울 용산구 이태원에서 핼러윈 인파가 몰리며 159명이 사망한 참사다. 사고 몇 시간 전부터 시민들은 "압사당할 것 같다", "통제해 달라"는 신고를 112에 수차례 남겼다. 그러나 실질적 조치는 이루어지지 않았다. 결국 좁은 골목에 갇힌 인파가 한계에 이르러 압사 사고가 발생했다.

한비자가 말하는 세 가지 사유가 현대 사회에도 그대로 나타나 있음을 확인할 수 있다. 여기에 한 가지 더 덧붙인다면, 위험 판단의 기준을 명확히 해야 한다는 것이다. 상황에 따라 달라지지 않고, 편견에 의한 오판을 막고, 전문가 의견이 무시되거나 독점되지 않도록 하는 기준이 필요하다. 한비자는 그것을 법률이라 말했다.

58. 포숙아의 행위는 안전경영에 부합하는가?

한비자 〈원군〉 편에 나오는 내용이다. 진나라 군대가 형나라를 공격했다. 제나라의 환공은 형나라를 위하여 원군을 보내려 했다. 그러자 대신 포숙아가 말했다.

"너무 이릅니다. 형나라가 망할 때까지 공격하게 내버려 두지 않으면 진나라의 국력이 피폐해지지 않습니다. 진나라의 국력이 피폐하지 않으면 우리 제나라의 중요성은 커지지 않습니다. 더구나 위험에 처한 나라를 지원해 준다는 훌륭한 공적이 있지만, 멸망한 나라를 다시 세워주는 은혜는 훨씬 큽니다. 좀 더 형나라에 대한 지원을 늦추어 진나라가 피폐해지고 형나라는 더 다급해지게 만들어야 합니다."

한마디로 힘이 더 빠질 때까지 기다리자는 말이다. 환공은 원군을 보내지 않았다.

매우 악의적이라는 생각이 들지만, 한비자는 "선의는 겨우 눈물을 흘리게 하는 데 지나지 않지만, 악의는 일을 성취시킨다."라는 입장을 견지한다. 실상 착한 사람이란 평판 때문에 의사결정을 지연시키거나 성급하게 하여 더 많은 간접적 피해가 발생하게 하는 경우가 있다. 설혹 냉정하다 혹은 악하다는 평가를 받더라도, 결과적으로 성과를 만들어 내는 것이 필요하다는 것이다.

결국 타이밍에 대한 이야기다. 의사결정은 곧 선택이고, 선택은 타이밍이다. 시간(Time) + 행위(ing) = Timing, 즉 시간에 행위를 가하는 것이다. 여기서 ing, 즉 어떤 행위를 우리는 선택이라고 한다. 안전관리란 결국 위험에 대한 시기적절한 선택 행위다. 문제는 이 선택이 다른 영역과 충돌한다는 점이다.

포숙아의 선택은 희생과 피해를 통해 이익을 얻고자 하는 행위로 요약된다. 이로 인해 진나라와 형나라의 피해는 훨씬 커졌을 것이다. 피해를 예방하고자 하는 안전관리의 본질과는 대치된다. 그러나 제나라 입장에서 보면 매우 적절한 시점을 제시하여 손실을 최소화했다는 점에서, 제나라 국가 안전관리의 효과를 극대화했다고 볼 수 있다.

안전관리가 중요하다고 해서 모든 에너지를 투입할 수는 없다. 효율성과 효과성을 동시에 만족하는 최적의 방법이 요구된다. 이런 점에서 위험성 평가는 매우 적절한 방안이다. 또 하나의 규제라는 인식에서 형식적으로 전파된 점이 아쉽기는 하지만, 안전에 '경영'이라는 개념을 접목했다는 점에서는 매우 훌륭한 기법임이 틀림없다. 다만 모든 위험에 대한 조치를 작업 시작 전에 하도록 하는 점에서는 시간 변수가 고려되지 않고 있다는 한계도 있다. 이것은 실시간 즉시성을 확보할 방법이 마땅치 않기 때문이다.

최근 각종 센서나 인공지능의 스마트 기술이 안전에 적용되고 있어서 즉시 조치가 가능해지고 있다는 점은 긍정적인 측면이다.

59. 안전경영,
상황이 우선인가? 실력이 우선인가?

"비룡과 등사도 운무가 없으면 지렁이나 개미다."

흔히 "영웅이 세상을 만드는가? 세상이 영웅을 만드는가?"라는 화두가 있다. 한비자는 단연코 환경이 더 우선임을 강조한다.

한비자 〈용인〉 편에 나오는 말이다.
"한 자(尺)의 재목도 높은 산 위에 세우면 천 길이나 되는 깊은 골짜기를 내려다볼 수 있다. 그것은 이 재목이 길기 때문이 아니라, 높여진 위치가 높은 곳이기 때문이다. 폭군으로 이름이 높은 걸(桀)도 천자가 되면 천하를 다스릴 수 있다. 그것은 그가 현명하기 때문이 아니라, 그의 권세가 막중하기 때문이다."

"성인으로 이름 높은 요임금도 신분이 낮은 보통 사람이었다면 세 칸 정도의 집도 제대로 관리하지 못했을 것이다. 그것은 그가 어리석기 때문이 아니다. 지위가 낮기 때문이다. 천균(千鈞·약 3만근)이나 되는 무거운 물체라도 배에 실으면 물속에 가라앉지 않지만, 치수(稚銖, 상대적으로 가벼운 무게) 정도의 아주 가벼운 것이라도 배에 싣지 않으면 물에 가라앉고 만다. 천균이 가볍고 치수가 무겁기 때문이 아니다. 배가 있는가 없는가 하는 상황에 따른 것이다. 비룡과 등사도 운무가 없으면 지렁이나 개미와 같다."

이런 한비자의 주장에 대해서 반박도 가능하다.
"구름이나 안개라는 상황이 있더라도, 그것을 타고 날 수 있는 것은 비룡이나 등사에게 우수한 재능이 있기 때문이다. 구름이 아무리 짙고 높게 피어올라도 지렁이는 그것을 타는 법이 없다. 안개가 아무리 짙게 끼었다 해도 개미는 그것을 타고 오르지 못한다."

이 또한 그럴듯한 이야기다. 결국 어느 하나만으로 설명할 수 없다는 것이다. 설혹 상황이 되어 천자의 권한을 가졌다 하더라도, 그래서 천하를 호령한다 하더라도 그것이 얼마나 지속될지는 의문이다. 구름이나 안개가 피고 때마침 바람까지 불어 지렁이나 개미가 구름과 안개를 타고 하늘로 치솟아 날게 된다 해도, 결국 얼마 되지 않아 땅바닥에 곤두박질치고 말 것이다.

한비자는 〈세난〉 편과 〈용인〉 편에서 "호랑이에게 날개를 달아주지 마라. 마을에 뛰어들어 사람을 잡아먹으려 할 것이다."라고 말한다. 능력 있는 신하에게 상황을 만들어 주는 것이 얼마나 위험한지를 경고하는 말이다. 달리 말하면 상황을 만들어 주지 않고서는 성취도 어렵다는 말이다.

또 〈용인〉 편에서는 이렇게 말한다.
"아무리 좋은 말(名馬)과 훌륭한 수레가 있어도, 그것을 하찮은 심부름꾼에게 맡기면 오히려 웃음거리가 된다. 그러나 뛰어난 마부인 왕량(王良)에게 맡기면 하루 천 리를 달릴 수 있다."
여기서 말과 수레는 인재를, 마부는 그 인재를 기용하고 다스리는 사람을 뜻한다. 안전경영의 한계는 바로 이 두 가지가 제대로 작동되지 않는 데 있다. 우수한 인재에게 날개를 달아줘야 한다. 설혹 중대재해가 나거나 안전경영에 대한 의지가 최고경영자에게 강하게 작동되는 상황이라 하더라도, 그 위기 상황을 극복할 수 있는 역량이 없는 사람이라면 잠시 경각심을 주는 정도에 그친다. 천리마를 타고도 백리밖에 못 가는 일이 벌어지는 것이다.

이제 전문가가 이 일을 맡아야 할 때가 되었다. 안전경영을 담당하는 책임자가 날개를 달아, 날개 달린 호랑이가 되는 상황을 한 번쯤은 겪어내야 한다. 그렇지 않고서는 구름이 일고 안개가 짙어져도 하늘을 날아오르는 비룡을 만나기는 어려울 것이다.

근로감독관의 수가 부족하다는 이야기가 많다. 이는 규제 중심, 처벌 중심 정책을 펴고 있다는 반증이기도 하다. 문제는 감독관의 수보다 더 중요한 것은 전문성과 실질적 권한의 문제다. 규제가 촘촘해지면 현장에서 원칙대로 하면 될 것이라 말한다. 그러나 법을 다 지키면서 운영하는 것은 거의 불가능하다. 무한정 예산을 투입할 수 있다면 모르겠지만, 기대하기 어렵다. 그것이 가능하다고 생각한다면, 그것은 경영이란 단어로 설명할 것도 없다.

결국 현장에서는 그 방어를 위한 행정이 급증한다. 결과적으로 서류 작업한다고 현장에서 점검이나 개선 대책이 제대로 이루어지지 않는다. 차라리 공무원 늘릴 예산으로 사고가 가장 많은 소규모 사업장을 직접 지원하는 것이 효과적일지 모른다. 법과 함께 술(術)이 필요한 이유다.

60. 세 사람이 주장하면 군주도 속는다

"안전관리자 혼자서 500명을 상대한다."

한비자의 《전국책》에 나오는 '세 사람이면 없는 호랑이도 만든다'는 뜻의 삼인성호(三人成虎)라는 고사성어와 관련된 내용이다.

방공이 볼모가 되어 위나라의 태자와 함께 조나라 수도 한단에 가게 되었다. 출발하기에 앞서 방공은 위왕에게 말했다.

"만약 한 사람이 '시장에 호랑이가 나타났다.'고 말하면 왕께서는 그 말을 믿으시겠습니까?"

"믿을 수 없지."

"세 사람이 '시장에 호랑이가 나타났다'고 말하면 왕께서는 그 말을 믿으시겠습니까?"

"믿겠지."

그러자 방공이 말했다.

"일반적으로 시장에 호랑이가 나타날 수 없다는 것은 확실한 일입니다. 그러나 세 사람이 말한다면 호랑이가 나타난 것이 되고 맙니다. 한단은 위나라에서 시장과는 비교도 되지 않을 만큼 먼 곳에 떨어져 있습니다. 저에 대한 이야기를 이러쿵저러쿵 말할 사람이 불과 세 명뿐이겠습니까? 그런 말을 들으시더라도 특별히 명찰해 주시기를 부탁드립니다."

그러나 방공은 한단에서 돌아온 후 끝내 위왕을 만날 수 없었다.

심리학적 이론을 접목해 본다면, 세 가지 이론이 관련된 이야기다.

첫째, 정보적 사회 영향(Informational Social Influence). 개인이 정보를 얻고 현실을 이해하기 위해 타인에게 의존하는 현상으로, '정답'을 알고 싶을 때 나타난다. 왕은 시장의 실제 상황을 모르기 때문에 사신들의 '정보'에 의존하여 판단을 내렸다. 여러 사람이 동일한 정보를 제공하자 그 정보의 신뢰도가 높다고 착각한 것이다.

둘째, 진실 착각 효과(Illusion of Truth Effect). 어떤 정보가 거짓일지라도 반복적으로 노출되면 나중에는 그 정보를 진실이라고 믿게 되는 현상이다. "시장에 호랑이가 나타났다"는 거짓 정보가 세 번 반복되자 왕은 그 말을 진실로 착각하게 되었다. 반복이 진실성을 부여한 셈이다. 실상 대부분의 사기는 이 현상에 기인한다.

셋째, 밴드왜건 효과(Bandwagon Effect). 특정 의견이나 유행이 다수에게 퍼져나가면서, 그에 동조하는 사람들이 더욱 많아지는 현상이다. 요즘으로 말하면 언론사들이 여론을 통해 자신들의 입지를 만들어 가는 원리다.

한비자는 이러한 '말의 한계성'을 지적하고 싶은 것이다. 가짜 뉴스의 부작용이 민주주의를 위협하는 수준이다. 성문화된 내용조차 엉뚱하게 해석되고, 의도적 여론몰이가 이루어지는 상황에서 말에 의존하는 것은 매우 위험성을 내포한다.

안전경영에서도 안전 실무자들이 어려움을 겪는 지점이 여기 있다. 어떤 사업장이든 안전업무에 종사하는 구성원의 숫자는 절대적으로 소수다. 제조업의 경우 50명에서 500명까지는 안전관리자를 1명 선임해야 한다. 1,000명인 조직에는 2명, 이후 500명 추가당 1명씩 추가한다. 결국 약 500명을 상대로 1명의 안전관리자가 활동하는 꼴이다.

여기에는 두 가지 문제가 있다.

첫째, 세 사람이 말하면 군주도 속아 넘어가는데, 500명과 1명의 비중은 실상 일방적인 게임이라고 봐야 한다. 실제 현장의 안전관리자들을 만나보면 거의 녹초가 되어 있다. 관에서는 법으로, 경영층에서는 '사고가 나면 안 된다.'는 방침으로, 타 부서 직원들은 보이지 않는 파워로, 근로자들은 또 다른 분위기로 압박을 해댄다. 그 속에서 맞서 싸우는 안전실무자들은 거의 전쟁을 하고 있다고 해도 과언이 아니다. 따라서 의도적인 지원과 힘 실어주기가 필요하다.

둘째, 이 문제는 결국 구성원 개개인과 업무 프로세스, 즉 안전문화가 구축되지 않고서는 원천적으로 불가능하다는 증거다. 세 명의 말을 믿을 수밖에 없다면, 500명의 말을 극복해 내기를 기대하기는 어렵다.

존 스튜어트 밀은 《자유론》에서 사상과 토론, 집회의 자유를 보장해야 하는 이유를 설명하며, 소수의 의견이 설혹 잘못되었다 하더라도 유익하다고 했다. 그래야 다수의 옳다는 주장이 더욱 강해지고 발전하기 때문이다. 이런 점에서 안전실무자들에게 마이크를 줘야 한다. 설혹 그들의 의견이 거슬리거나 방해가 된다 하더라도 그렇다.

안전관리가 배제된 상태에서 습득한 기술이나 경영 노하우가 세계 무대에서 인정받을 수는 단연코 없다.

61. 안전분야 기능인력 양성이 시급하다

"능력에서 역량으로 전화되어야"

《한비자》〈외저설(外儲說) 좌상(左上)〉 편에 나오는 이야기다.

이윤은 요리사가 되고, 백리해는 노예가 되었다. 이윤은 본래 요리사였으나 은나라 탕왕의 눈에 띄어 재상이 되었다. 백리해는 전쟁 포로로 노예가 되었으나 진나라 목공이 발탁하여 명재상이 되었다.

한비자는 이 이야기를 통해 출신과 신분은 중요하지 않고, 사람의 능력과 역할이 중요하다고 강조한다. 이윤은 요리사에서 시작하여 은나라의 기틀을 세웠고, 백리해는 노예 신분에서 벗어나 진나라를 강국으로 만드는 핵심 인물이 되었다.

결국 일은 사람이 한다. 그리고 성과를 내는 것은 성과를 내 본 사람이 한다. 안전경영의 성과는 무엇인가? 보고서, 계획서,

매뉴얼인가? 아니면 위험요소를 찾아내고 개선대책을 세운 사례인가? 통계값으로 분석하고 그것을 그래프로 그린 것이 성과인가? 아니면 아차사고^(사고로 연결될 뻔한 사고)를 찾아내어 실질적 사고의 숫자를 감소시킨 것이 성과인가? 그렇다면 안전경영의 PDCA 경영 사이클에서 실행에 집중되어야 한다.

우리나라의 안전경영 인력에서 정부 관계부처는 정책 수립과 감독, 점검과 허가 등의 역할을 한다. 전문 인력은 기사 자격을 가졌거나 전공을 한 사람들이 이 업무에 종사한다. 일정 경력을 쌓게 되면 기술사나 지도사 시험을 치른다. 우리나라에는 유독 '안전기능사'나 기능장 등 기능직렬 자격이 없다. 위험물, 가스설비, 산업위생관리, 소방 기능장은 있고, 산업안전기능사도 있으나 안전관리 실무 인력을 체계적으로 양성하는 트랙은 전무하다. 당연히 관리적·지식적 측면에서 접근하는 인력만 양성되고 있는 것이다.

안전경영이 늘 말과 구호 혹은 매뉴얼로만 이루어지는 이유가 바로 여기에 있다. 실제 기업 현장에 가면 안전반장, 안전담당자, 신호수, 작업지휘자 등의 이름으로 안전 실무를 하는 인력이 상당수 있다. 그러나 그들은 전문성을 갖추었다기보다는 그저 부여된 임무를 수행하는 수준이다.

약간의 교육을 이수하기도 하지만 체계적으로 양성되지는 않는다. 그렇다면 결국 우리나라 안전 관련 인력 공급 체계에 결함이 있는 것이다. 정작 '실무진의 전문성'이 떨어진다는 점이다.

대기업의 안전 관련 부서에 안전관리로 수십 년 경력을 가진 사람이 중책을 맡고 있을 수 있다. 하지만 정작 장비를 다루고, 안전조치를 하는 세부적인 것까지 습득하고 있는 경우는 드물다. 결국 현장의 목소리가 반영되지 못한다.

결국 보고서에 한 줄 적힌 내용이 실무에서는 하루 종일 해야 할 일이다. 또는 전·후 단계가 생략되어 있다. 그래서 현실과의 괴리가 생기는 것이다.

기술사나 지도사 자격을 가지고 경력까지 가진 사람도 필요하다. 그러나 못지않게, 실행에 옮길 때의 전후사정과 일머리를 꿰고 있는 사람이 '이윤'이나 '백리해'처럼 재상에 등용되어야 한다.

눈높이를 낮추라고 할 것이 아니라, 눈높이가 낮은 사람이 하게 하면 될 일이다. 학력과 자격이 성과를 만드는 시대는 종말이 된 지 오래다. 능력이 역량으로 대체된 지 오래다.

이런 면에서 기능인력이 확보되지 않는 영역이 발전한다면 그것은 왜곡이다. 에어컨을 개발하는 사람보다 '에어컨을 설치하고 유지보수'하는 사람이 더 중요하다.

높은 경쟁률을 뚫고 합격한 공무원이 어떻게든 지적사항을 적어가려 하고 그것을 회피하려는 실무자는 갈등관계다. 이들을 협조관계로 전환시켜야 발전한다.

62. 적절한 조치란 무엇을 말하는가?

"적절함의 5가지 구성요소"

안전 관련 보고서에 자주 등장하는 문구가 바로 '적절한 조치'다. 이 문장 하나만 적어 놓으면 책 한 권을 적은 것과 같다. 모든 경우에 면죄부를 받을 수도 있고, 모든 것의 책임을 물을 수도 있다.

"무공이 호나라를 공격할 생각을 했다. 그래서 우선 자기의 딸을 호의 군주에게 시집보내 상대방을 기쁘게 해주었다. 그리고 군신들을 모아 물었다.
 '군대를 출동시키고자 하는데 어느 나라를 공격하는 것이 좋을까?'
 '호나라를 공격하는 것이 좋습니다.' 대신 관기사가 대답했다.
 '호나라는 우리 형제의 나라다. 그런데 공격하라니 무슨 말인가?'라고 하면서 관기사를 처형했다."

이 말을 전해 들은 호나라의 군주는 정나라가 자기 편이라고 생각했다. 그리고 아무런 방비를 하지 않았다. 그러자 정나라 군대는 호나라를 점령해 버렸다. 〈설림(說林) 상〉에 나오는 이야기다.

송나라에 부자가 있었는데, 비가 와서 토담이 무너졌다. 그의 아들이 말했다.

"담을 다시 쌓지 않으면 반드시 도둑이 들어올 것입니다."

이웃 사람인 노인도 같은 말을 했다. 이 두 사람 말대로 밤이 되어 도둑이 들어 많은 재물을 도둑맞았다. 부잣집에서는 그의 아들을 매우 영특하다고 칭찬했지만, 이웃 늙은이에 대해서는 의심을 품었다.

〈세난〉 편에 나오는 이야기다. 이 두 이야기에서 한비자가 하고 싶은 말은, 지혜라고 해서 모든 상황에서 유리한 것은 아니라는 점이다. 관기사의 말이 틀린 것은 아니다. 결국 정나라 군주도 그렇게 했다. 호나라를 속이기 위해서 그렇게 했다고도 할 수 있다. 그러나 분명한 것은 관기사는 옳은 말을 하고도 죽었고, 노인은 의심을 받았다는 사실이다. 동일한 조언이라도 누가, 어떤 상황에서 말했는지에 따라 평가가 달라진다는 인간 심리를 풍자한다.

법가적 시사점은 이것이다. 객관적 법치와 제도가 없으면 인간의 감정과 편견 때문에 올바른 충언도 배척되고, 조직은 위험에 빠진다. 안전불감증의 원인을 생각해 보게 하는 대목이다. 안전불감증을 안전사고의 가장 중심 원인으로 지적한다. 어떤 사고든 상황이 이렇든 저렇든 결국 '조심했으면 되었다.'는 결론에 도달하기 때문이다. 가장 편의적인 접근이기도 하고, 또 사망한 사람은 말할 수 없다는 점을 악용하기 때문이기도 하다.

안전수칙이 다 맞는 말이라고 해도 그것이 화근이 되기도 한다. 예를 들어 '천천히 하라'고 하지만 '느리게'와 구분되지 않는다. '빠르게 하라'고 하지만 '서두르는 것'과 구별되지 않는다.

잘해 놓은 안전시설에 대한 과도한 신뢰가 오히려 사고의 원인이 되기도 한다. 결국 적절해야 한다는 것이다. 그렇다면 적절함은 무엇인가. 적절함은 크게 다섯 가지 구성요소를 가진다.

- 균형성이다. 생산성과 안전, 어느 쪽도 과하지 않게 관리하는 것
- 맥락성이다. 현장 상황과 작업 특성을 고려한 안전조치를 하는 것
- 합리성이다. 법규·데이터 기반으로 위험을 판단하는 것
- 수용성이다. 현장 근로자가 받아들이고 실천할 수 있는 안전규정일 것

- 지속성이다. 일회성 캠페인이 아니라 문화로 정착하는 것

그러니 보고서에서 '적절한 조치'라는 막연한 문구를 쓰지 말아야 한다. 아무리 좋은 지혜라 할지라도 적시성, 즉 맥락을 잃으면 죽임을 당할 수도 있기 때문이다.

63. 목적은 그 수단을 정당화하는가?

　목적이 수단을 정당화하는가? 아니면 목적은 수단을 정당화하지 못하는가?
　'성경을 읽기 위한 목적으로 초를 훔쳤다면 그것은 정당한가?'라는 논제는 세상을 이해하는 데 도움을 준다.

　진나라의 대신 사회가 진나라로 도망을 갔다. 진나라는 사회의 지혜를 이용해 진을 괴롭혔다. 진에서는 구실을 만들어 사회를 데려오라고 했다. 진나라의 요조는 "사회는 진나라의 큰 재상입니다. 그를 돌려보내면 반드시 진나라의 국력이 강해질 것입니다. 돌려보내지 말고 우리나라에 두어야 합니다"라고 사회를 귀국시키지 말라고 군주 강공에게 진언했으나, 강공은 받아들이지 않았다.

요조는 사회를 국경까지 배웅하면서 "진나라, 즉 우리나라에는 사리를 아는 사람이 없다고 생각지 마시오. 내 의견이 받아들여지지 않았을 뿐이오."라고 했다. 그러자 사회는 감동했다. 사회가 진으로 돌아가자 진나라 사람들은 기뻐하며, 사회를 정중하게 대우해 준 요조를 성인처럼 생각했다. 얼마 후 사회는 "요조가 사실은 진나라를 배반하고 나를 추대하려 했다."는 반간계를 흘렸다. 진에서는 그 말을 믿고 요조를 죽이고 말았다. 요조의 말이 잘못된 것은 아니었다. 그러나 진에서는 성인의 칭호를 들으면서 정작 자기 나라에서는 처형을 당했다.

여러 가지 생각할 부분이 있다. 군주가 신하의 간언을 구별해서 듣지 않으면 잘못된 판단으로 소중한 인재를 잃어버릴 수 있다. 또한 신하는 간언을 할 때 시기와 상황을 고려하지 않으면 자칫 모함을 받을 수 있다는 것이다. 진언을 한다는 것은 목숨을 거는 일이다. 임원이 재벌 회장에게 보고를 할 때 마지막으로 묻는 말이 "당신 것이라도 그렇게 하겠는가?"와 "안 되면 어떻게 하겠는가?"다. 진언은 직을 걸고, 때론 목숨을 걸어야 하는 일이다. 달리 말하면 역린을 건드리는 일이다.

《한비자》에서 〈세난편〉은 역작으로 꼽힌다. 임금을 설득하는 인간성에 대한 통찰과 전제군주의 심리 움직임을 세밀하게 그려

낸다. 진시황이 읽고 "이 글을 쓴 인물을 만나 친교를 맺을 수 있다면 죽어도 한이 없겠다."고 했던 내용이다. 설득은 불가능하다. 설혹 마음이 통하고 서로 이해했다고 하더라도 그것은 행운 같은 것이다. 그러니 맞는 말이라도 역린을 건드리지 말아야 한다. 거짓말도 방편이다. 거짓말도 하고, 마음에 없는 말을 하며, 사실을 왜곡하고, 허점을 파고들며, 함정을 파고 아첨하고, 말을 단순한 수단으로 하며, 윗사람의 비위에 맞추라고 권고한다. 말뿐 아니라 상황도, 인간도, 모든 것을 이용하는 데 주저하지 않는다. 결국 목적이 수단을 정당화한다고 본 것이다.

그렇다면 안전경영은 목적인가? 수단인가? 안전경영이 수단으로 존재하고 이익 창출과 기업 성장이 목적이 되는 순간, 안전은 늘 이 시비에 빠진다. 우리가 말하는 안전경영이란 목적이라는 위치에 두는 것을 말한다. 가능한가? 안전경영이 기업 성장에 도움이 되는가? 아니면 안전경영을 위해 기업이 이익을 내고 성장을 해야 하는 것인가? 설혹 답을 말하지 못하더라도 고민을 해봐야 할 지점인 것은 틀림없다.

64. 안전관계자는 최고의사 결정권의 설득을 위해서 어떤 준비를 하는가?

〈전국책〉에 나오는 이야기다. "옛날 중국 제나라에 정곽군이라는 높은 권력자가 있었다. 그는 자신이 다스리는 설이라는 작은 땅에 거대한 성을 쌓아 그곳으로 옮겨 살고 싶어 했다. 많은 신하들이 '좋은 생각이 아닙니다'라고 말렸지만, 정곽군은 고집을 꺾지 않았다. 심지어 '더 이상 이 문제로 찾아오는 사람은 절대 만나주지 말라.'고 문지기에게 명령했다.

그때 한 남자가 찾아와 이렇게 말했다.

'저는 딱 세 마디만 하겠습니다. 만약 약속을 어기고 한마디라도 더 하면 저를 솥에 삶아 죽이셔도 좋습니다.'

이 말을 들은 정곽군은 호기심이 생겨 그를 만났다. 남자는 정곽군에게 예를 갖추고 다가와서는 딱 세 마디만 하고 돌아섰다.

'바다 큰 물고기.'

정곽군이 그를 붙잡고 '도대체 무슨 뜻이오?'라고 묻자, 남자는 '목숨이 걸린 일이라 자세히 말씀드리기 어렵습니다'라며 망설였다. 정곽군이 괜찮다고 재촉하자, 그가 설명했다.

'군주님, 바다에 사는 거대한 물고기를 아십니까? 그 물고기는 너무 커서 그 어떤 그물이나 작살로도 잡을 수 없습니다. 하지만 스스로 물을 떠나 육지로 올라오게 되면 힘을 전혀 쓰지 못해 땅강아지나 개미 같은 작은 벌레들에게도 잡아먹히고 맙니다. 지금 제나라는 군주님께 드넓은 바다와 같습니다. 제나라라는 든든한 바다가 있기에 군주님의 힘과 권위가 유지되는 것입니다. 만약 제나라의 지지를 잃고 설이라는 작은 땅에만 의지하신다면, 그것은 마치 큰 물고기가 스스로 바다를 떠나 육지로 올라온 것과 같습니다. 그때는 아무리 설의 성벽을 하늘 높이 쌓는다 해도 아무 소용이 없을 것입니다.'

이 말을 들은 정곽군은 크게 깨달았다.

'잘 알겠소.'

그는 설 땅에 성곽을 쌓으려던 계획을 바로 중단했다.

안전담당 임원이나 안전관리자 등 안전관계자는 최고경영책임자를 설득시키려는 노력을 얼마나 하는가? 과연 홍보나 마케팅 담당자들만큼 설득하려 할까? 여러 가지 방안으로 제안서를 만들

64. 안전관계자는 최고의사 결정권의 설득을 위해서 어떤 준비를 하는가?

고 난상토론을 하면서 사업을 준비하는가? 이런 점에서 안전관계자들의 책임도 없다고 할 수 없다. 위 이야기에는 목적을 위해 목숨을 걸고, 호기심을 유발하고, 설득력 있는 서사를 준비하는 치열함이 있다.

대부분의 안전관련 계획서는 문제점을 지적하고 법적 요건과 비용 절감의 방향성을 가진다. 당연히 해야 한다는 식의 태도를 가진다. 치열하지 않다. 문제는 계획이 실패할 경우 실패로 끝나는 것이 아니라 무감각을 증가시킨다는 것이다. 환자로 보면 스테로이드제를 잔뜩 먹은 환자가 더 이상 어떤 약에도 반응하지 않는 것과 같다. 이른바 안전불감증은 잦은 정책 실패에 기인하기도 한다.

65. 안전관리자는 왜 설득술을 배우지 않는가?

"사람 생명을 다루는 일에 마케팅만큼의 치열함이 없다."

협상이나 설득 역량 향상은 기업에서 꽤 인기 있는 영역이다. 실상 삶 자체가 자신뿐 아니라 누군가와 늘 소통하고 설득하고 설득당하는 과정이다. 안전은 자신의 목숨을 지키는 너무나 당연한 영역이지만 늘 우선 순위 협상에서 밀리는 것이 현실이다. 이런 점에서 안전경영진이나 실무자들도 설득 스킬을 배울 필요가 있다.

전사가 추나라 임금을 얕보고 속였다. 추 임금은 명령을 내려 그를 죽이려 했다. 두려워진 전사가 혜시에게 부탁했다. 혜시는 추 임금을 만나 말했다.
"만약 주군을 향해 한쪽 눈을 감는 자가 있다면 어떻게 하시겠습니까?"

"반드시 죽일 것이다."

"장님은 두 눈을 감고 있는데 어찌 죽이지 않으십니까?"

"장님은 두 눈을 감을 수밖에 없는 것이니까 그렇다."

그러자 혜시는 말했다.

"전사가 남을 비웃는 것은 장님이 두 눈을 감는 것과 같이 이미 본성이 되고 만 것입니다. 그런데 어찌 미워하시고 죽이려 하십니까?"

추 임금은 전사를 죽이지 않았다.

또 이런 이야기가 있다. 위나라 왕이 한나라 왕에게 말했다.

"원래 한과 위는 한 나라였는데 그 후에 갈라졌습니다. 지금 다시 한을 위에 합쳐 원래대로 하나의 나라로 만들었으면 합니다."

한왕은 대답이 생각나지 않아 신하들에게 물어보았다. 그러자 신하가 말했다.

"아주 간단한 일입니다. 주군께서는 이렇게 말씀하십시오. '한과 위가 원래 하나의 나라였으므로 한이 위에 합병되어야 한다고 말씀하신다면, 한나라도 위를 한에 합병하기를 원합니다.' 라고 하십시오."

그리 했더니 위왕은 요구를 철회했다.

이 두 가지 이야기는 힘이나 감정적 대응보다 지혜로운 말 한마디가 얼마나 중요한지를 보여준다. 혜시는 재치 있는 비유로

왕의 분노를 누그러뜨려 목숨을 구했고, 한나라 신하는 상대의 논리를 그대로 되돌려 나라의 위기를 막았다. 설득과 협상은 본질을 꿰뚫고 상대의 관점을 바꾸는 기술이다. 이는 불필요한 갈등을 피하고 자신에게 유리한 결과를 이끌어내는 효과적인 방법이다. 결국 세상을 움직이는 것은 칼이 아니라 지혜가 담긴 혀임을 알 수 있다.

혜시와 같은 설득 기술을 유비 논증이라 한다. 유비 논증은 "A와 B는 중요한 측면에서 비슷하다. 그런데 B는 X라는 속성을 가지고 있다. 그러므로 A도 X라는 속성을 가졌다."라는 구조다. 위의 예에서 장님은 선택권이 없었지만 전사는 선택권이 있었다는 논리적 취약성을 가졌으나, 그래도 설득력은 있었다.

한왕의 설득 방식은 상대방 논리를 그대로 되돌려주는 미러링 전략 또는 대칭적 논법이다. 상대 주장을 거울처럼 반사해 그 주장이 얼마나 자기중심적이고 불합리한지를 스스로 깨닫게 만드는 방법이다.

국양은 정나라 군주의 신임을 받고 있었다. 군주가 자기를 미워한다는 소문을 듣자 연회에서 선수를 쳐 말했다.

"불행히도 저에게 잘못이 있으면 서슴없이 말씀해 주십시오. 그렇게 하면 사죄를 면할 수 있을 테니까요."

선수 쳐서 중형을 피하거나 다시 한번 기회를 확보하는 설득 기술이다. 이른바 선제적 대응 전략이다. 심리학적으로는 접종 이론으로 설명할 수 있다. 자신에게 불리한 정보를 제3자를 통해 알리기 전에 스스로 먼저 공개해 부정적 영향을 최소화하고 신뢰를 확보하며 주도권을 잡는 기술이다.

이 밖에도 다양한 설득 기법이 있다. 문간에 발 들여놓기 기법은 작은 부탁을 먼저 해서 동의를 얻은 뒤 점차 큰 부탁으로 나아가는 방식이다. 반대로 문 닫기 기법은 일부러 거절할 큰 부탁을 한 뒤 작은 부탁으로 승낙을 유도하는 방법이다. 사회적 증거의 원칙, 희소성의 원칙도 있다. '현재 주문 폭주', '한정 판매', '재고 3개 남음' 같은 표현은 모두 즉각 결정을 유도하는 방식이다.

설득기술이란 단순히 방법을 나열하는 것이 아니다. 한비자를 통해 알 수 있듯, 안전경영이 어렵다는 것을 아는 만큼 노력을 하지 않는다는 점이 문제다. 예산을 조금이라도 더 확보하려고, 마케팅을 시도하려고 치열하게 노력한다. 그런데 왜 사람을 살리고 다치지 않게 하는 일에는 자신 있는 설득과 협상을 시도하지 않을까? 혹시 실행 성과를 자신하지 못하기 때문은 아닐까? 그렇다면 실력의 문제다. 자신이 없고 실력도 없는 일이 성과로 이어지기는 어렵다. 그리고 성과를 정확히 정의하지 않았기 때문이다.

제4부

선택과 결단

인간의 삶을 Life, 즉 live와 end 사이의 if라고 정의하기도 한다. 또 다르게는 B와 D 사이의 C, 즉 Birth와 Death 사이의 Choice라고도 한다. 그럼 여기서 '만약'은 무엇이고 '선택'은 무엇인가? 결국 만약은 불확실성이고, 선택은 위험에 대한 대응으로서 안전과 생존 혹은 지속가능성을 위한 결정을 말한다. 이런 점에서 대부분의 의사결정은 결국 선택을 의미한다. 이 선택의 속도와 상황에 따라 결과값이 달라진다. 살기도 하고 흥하기도 하고 망하기도 한다.

선택이 수반하는 것은 변화다. 변화는 낯설고, 낯설면 안전하지 않거나 두렵다고 느낀다. 자연스럽게 우리는 선택을 할 때 우물쭈물하며 결정을 지연시킨다. 물론 너무 빨라서 문제가 되는 경우도 있다. 이런 점에서 현상을 유지해야 할 상황과 과감하게 끊거나 벗어나야 할 상황을 구별하는 것은 매우 중요하다.

이러한 선택과 결단에 대한 고민은 전국시대에 가장 컸을 것이다. 합종연횡의 치열한 각축전 속에서 너무 빠르면 함정에 빠질 수 있고, 너무 늦으면 속셈을 들켜버리는 위험을 수반했을 것이다.

한비자는 이런 고민에 대한 다양한 사례를 가르친다. 안전경영도 그렇지만 사업장 단위 혹은 근로자 개인 입장에서도 선택과 의사결정에 관한 실감 나는 사례를 배울 수 있다는 점에서 매력적이다.

특히 AI혁명 시대에 의사결정과 선택에서 AI의 탁월성은 압도적이다. 특히 결단력과 실행력에서 그렇다. 선택과 의사결정 영역에서의 경쟁력이 인간이 가진 차별적 우위에 있어야 한다. 어차피 거스르거나 회피할 수 없는 AI시대라면 역할에 대한 기준이 필요하다. 그렇지 않으면 넘지 말아야 할 선을 넘어오게 될 것이다. 인간의 의사결정, 즉 선택 과정에서의 실수나 한계점을 역사를 통해 그것도 법가 사상가의 눈으로 들여다보는 것은 흥미로운 일이다.

66. 선택과 결단의 조건

　진 헌공에게는 세 명의 유력한 아들, 태자 신생(申生), 공자 중이(重耳), 공자 이오(夷吾)가 있었다. 헌공은 융족(戎族)과의 전쟁에서 승리한 후 그곳에서 여희를 얻어 총애하게 된다. 여희는 아들 해제(奚齊)를 낳았고, 자신의 아들을 태자로 세우기 위해 계략을 꾸미기 시작한다.

　여희는 헌공에게 태자 신생이 역모를 꾸민다고 거짓 정보를 흘렸고, 결국 신생은 헌공의 의심을 사게 되어 결백을 증명하기 위해 자결한다. 태자 신생이 죽은 후, 여희는 중이와 이오에게도 역모 혐의를 씌웠다. 중이는 암살 위협을 피해 북쪽의 적(狄)나라로 도망쳤고, 이오는 남쪽의 양(梁)나라로 달아났다. 이때부터 중이는 약 19년 동안 유랑 생활을 하게 된다.

중이가 유랑 생활 중 조나라를 지나게 되었다. 숙첨이 조나라 공공에게 진언했다.

"진나라의 공자를 보니 보통 인물이 아닙니다. 주군께서는 그를 후히 대접하여 은혜를 베풀어 놓는 것이 좋을 것입니다."

그러나 공공은 듣지 않았다. 더구나 중이는 늑골이 한 장의 널빤지처럼 되어 있다는 소문이 있었기에, 그 기형을 구경하려고 중이를 목욕하게 하고 벌거벗긴 몸을 훔쳐보았다. 숙첨이 다시 진언했다.

"주군께서 이와 같은 무례한 처우를 중이에게 하셨습니다. 그가 만일 군대를 일으킨다면 반드시 우리 조나라의 화근이 될 것입니다. 이왕 이렇게 된 이상 죽여 버리는 것이 좋다고 생각합니다."

그러나 공공은 그 진언도 받아들이지 않았다. 희부기는 그날 집으로 돌아간 뒤에도 우울했다. 그의 아내가 그런 남편의 표정을 보고 걱정되어 물었다.

"계속 우울한 표정이십니다. 오늘 무슨 일이 있었습니까?"

"오늘 우리 주군께서 진나라 공자님을 초청해 매우 무례를 범했소. 그래서 마음이 우울하오."

그러자 그의 아내가 말했다.

"저도 진나라 공자님을 뵈었지만 그는 만대의 전차를 갖춘 큰

나라의 주인이 될 수 있는 분 같았습니다. 그리고 좌우에 거느린 분들도 그와 같은 큰 나라의 재상이 될 수 있는 분들이었습니다. 지금은 추방당해 자기 나라를 떠난 사람이지만, 지나가던 조나라에서 무례한 처우를 받았다면 그가 귀국한 뒤에는 반드시 책임을 추궁할 것입니다. 그러므로 당신은 조나라 공공과는 다르다는 뜻을 분명히 표시해 두는 것이 좋겠습니다."

그리하여 희부기는 황금을 그릇에 가득 담고, 음식에 구슬까지 곁들여 밤중에 사자를 보내 공자에게 바쳤다. 공자는 사자를 만나 재배하고 음식을 받았지만 그 구슬은 받기를 거절했다.

얼마 후 공자는 조나라에서 초나라로 갔다가, 다시 진나라로 돌아갔다. 그리고 3년째 해에 진의 목공이 군신을 모아 상의했다.

"옛날 진나라 천공은 나와 우정으로 맺어져 있었고 제후들도 알고 있다. 그 후 헌공은 불행히 돌아가셨는데, 헌공이 죽은 지도 그럭저럭 10년이 된다. 그런데 헌공의 뒤를 이은 사람이 덕스럽지 못하다. 이 상태를 보고만 있는 것은 친구로서의 도리에 어긋난다. 그래서 나는 중이를 도와 진나라로 돌아가게 해주고 싶은데 여러분 생각은 어떤가?"

대신들이 "좋은 생각이십니다."라고 했다. 그리하여 목공은 군대를 일으켰다. 전차 500여 승, 기병 2천, 보병 5만 명을 동원하여 중이를 도와 진나라로 쳐들어가 승리한 뒤 그를 진나라 군주로 삼았다. 중이는 즉위한 지 3년이 되자 조나라를 쳤다. 그러는 동안 중이는 사자를 조나라 공공에게 보내 "숙첨을 성에 매달아라. 그 놈을 죽여 그 시체를 모든 사람에게 본보기로 삼겠다."라고 전했다.

그리고 희부기에게는 이렇게 전했다. "우리 군대는 성에 육박하고 있다. 그러나 나는 귀공이 나를 배신할 생각이 없다는 것을 알고 있다. 그러니 귀공이 살고 있는 거리의 문에 표시를 세워주기 바란다. 내가 명령하여 우리 군사들이 귀공이 살고 있는 곳을 침범하지 않도록 하겠다." 그리하여 중이를 예의로 대우한 희부기와 그의 친인척 700여 명은 살아남게 되었다.

이 이야기를 통해 우리가 알 수 있는 것은, 힘없는 조나라 군주 공공의 무례함이 나라를 멸망하게 했다는 것이 아니다. 그 사실을 알아챘을 때 숙첨이 아무런 조치를 하지 않았다는 점이다. 후환이 두려웠다면, 군주 공공이 아무런 조치를 하지 않더라도 단독으로라도 처리했어야 했다. 결단을 내리지 못한 것이다. 반면에 부인의 조언이 있었지만 희부기는 빠르게 결단을 내렸다.

의사결정을 주저하게 하는 가장 큰 고민은 두 가지다. 하나는 책임 문제다. 결단과 선택으로 인해 발생한 결과가 좋지 않았을 때 받게 될 책임의 문제다. 또 하나는 실행의 주체와 비용의 문제다. 선택에 따른 실행 주체가 누구인가에 따른 번거로움이나 비용 부담의 문제다.

  결국 선택과 결단의 문제는 그로 인해 발생한 결과에 대한 책임 추궁과 밀접하게 연관된다. 작업중지권은 '작업 중지'라는 선택에 대해 책임을 추궁하지 않는 것이다. 사업주나 경영진의 의사결정과 반하더라도 혹은 그 이전이라도 알아서 선택과 결단을 할 수 있게 한 것이다.

67. 안전경영의 골든타임과 타이밍

"디폴트(Default)값을 설정해야"

《한비자》〈유로(喩老)〉편에는 명의 편작이 채환후(蔡桓侯)를 찾아가 병의 진행 단계를 경고한 이야기가 기록되어 있다.

편작이 처음 채환후를 만났을 때 이렇게 말했다.

"군주의 병이 피부에 있으니 지금 치료하지 않으면 더 깊어질 것입니다."

그러나 채환후는 "나는 병이 없는데, 의술로 이름을 얻으려는 것이겠지."라며 무시했다.

며칠 뒤 다시 찾아간 편작은 말했다.

"병이 혈맥으로 들어갔으니 치료하지 않으면 더 깊어집니다."

환후는 여전히 편작을 경계하며 불쾌해했다.

또 며칠 후, 편작은 경고했다.

"병이 위장으로 들어갔으니 치료하셔야 합니다."

그러자 환후는 크게 화를 내며 편작을 내쫓았다.

닷새가 지난 후, 편작은 채환후를 멀리서 바라보다가 곧 도망쳤다. 심부름꾼이 이유를 묻자, 편작은 이렇게 답했다.

"병이 피부에 있으면 찜질로, 혈맥에 있으면 침으로, 위장에 있으면 탕약으로 치료할 수 있습니다. 그러나 병이 골수에 들어가면 사명(司命)조차 어찌할 수 없으니, 더 이상 치료할 방법이 없어 도망친 것입니다."

그로부터 닷새 뒤, 채환후는 고통을 느끼기 시작했고, 편작을 찾았지만 이미 떠난 뒤였다. 결국 채환후는 병이 악화되어 죽고 말았다.

단계마다 치료에 대한 결단을 내리지 못한 것이다. 비용을 아껴서가 아니라, '별일 없을 것'이라는 안이한 생각 때문이었다. 어쩌면 치료를 시작하는 순간 권력의 누수가 생길 것이란 두려움도 작용했을 수 있다. 편작의 일화는 단순히 군주의 결단력 부재만이 아니라 종합적인 의사결정 시스템의 부재를 지적한다.

안전경영에서 의사결정의 타이밍은 '아차사고(near miss)' 단계다. 즉, 아직 피해로 이어지지 않은 무상해 사고 단계에서의 선택이 골든타임이다. 그러나 우리는 늘 이 골든타임을 놓친다. 재해로 연결되지 않으면 '다행이다'라며 안주한다. 편작과 채환후의 이야기와 다르지 않다.

결국 선택과 결단의 시점은 아차사고 이전이다. 그때 결단을 내릴 수 있는 의사결정 시스템을 구축해야 한다. 아직 구체적 손실로 이어지지 않았을 때의 조치는 늘 비용 문제와 직결된다. 따라서 이를 극복할 수 있도록 제도와 시스템이 필요하다. 편작조차 군주를 설득하지 못했던 사실은 개인 의지에만 의존한 결단은 언제든 무너질 수 있음을 보여준다. 일정 조건이 되면 자동으로 '디폴트값'이 작동하도록 해야 한다.

이 지점에서 AI 같은 혁신기술이 개입할 수 있다. 인간은 예측만으로 행동을 실행하는 데 매우 취약하다. 이는 진화적 생존 전략 때문이기도 하다. 맹수가 나타날 조짐만으로 집단 전체가 이동했다면 더 큰 손실을 봤을 것이다. 차라리 방어하거나 일부 희생으로 대응한 전략이 생존에 유리했기에, 우리는 '즉각적 반응보다 지연된 의사결정'을 유전자에 각인한 후예다. 그러나 AI는 인간의 이런 약점을 보완할 수 있다. 조건과 시나리오별 옵션을 설정해 두면 골든타임을 놓치지 않을 수 있다.

따라서 한비자의 메시지는 단순히 '결단하라'는 교훈에 그치지 않는다. 그는 애초에 인간의 성실성과 의지를 불신했다. 성실한 사람은 차고 넘치지만, 제도를 믿을 수밖에 없다는 법가의 논리다. 이 시각에서 보면, 안전조치 역시 개인의 의지나 선의에 의

존해서는 안 되며, 시스템화해야 한다. 의지 기반 정책은 당장 비용이 들지 않는다는 유혹이 있지만, 결국 더 큰 비용과 피해로 돌아온다. 반대로 시스템화는 새로운 산업을 창출한다는 의미이기도 하다. 안전의 골든타임을 지키는 선택과 결단을 '구조적 의무'로 만드는 것이야말로 법가적 사고의 현대적 적용일 것이다.

편작의 사례에서 지나가듯 한마디 하는 것이 아니라 보다 적극적으로 제안했거나 또는 어느 정도 증세 이상이면 전체 회의 안건으로 회부되기 하는 규정이 있었다면 어땠을까? 어느 수준 이상이면 자동 조치를 해야 하는 디폴트 값을 설정했다면 어떠했을까?

68. 위험요인에 대한 온정과 잔혹 그리고 적당

"외양간 수리 비용과 선제적 예방 비용"

 마키아벨리는 《군주론》에서 이렇게 말한다. "정복한 도시 중 가장 위험한 도시는 자유로운 생활에 익숙해 있는 도시다." 또 "정복 후 최대의 안전책은 그 도시를 말살하거나 군주 자신이 그곳에 사는 것이다."라고 했다. 더 나아가 "민중에게는 자비를 베풀든지 아니면 뿌리째 뽑든지 둘 중 하나뿐이다. 자비를 베풀어야 할 조건은 언어, 문화, 풍습 중 하나가 통하는 경우다."라고도 했다. 여기서 그가 자주 오해받는 지점이 드러난다.

 진나라 여공 때, 난서·중행언·한궐·사섭·극기 등 6명의 장수가 권력을 쥐고 있었다. 대신 서동과 장어교가 여공에게 이렇게 진언했다.

 "대신들의 지위가 지나치게 높고 권력이 크면 외국의 군주들이 그들에게 비위를 맞추려 합니다. 결국 파벌을 형성해 국법을 어지럽히고 군주를 위협하게 될 것입니다. 이런 경우 나라가 위험에 빠지지 않은 사례가 없습니다."

여공은 이 말을 듣고 6명 중 극기·극지·극주 세 사람을 사형에 처했다. 그러나 나머지 세 명은 살려 두었다. 그러자 서동과 장어교가 다시 진언했다.

"같은 죄를 지은 자들 가운데 일부만 죽이고 나머지를 살려두면, 그들이 원한을 품고 반란을 일으킬 것입니다."

여공은 망설이며 대답했다.

"한꺼번에 세 명을 죽였는데, 여섯 명 모두를 죽이는 것은 너무 잔혹하다."

서동과 장어교는 경고했다.

"주군께서 잔혹하다 망설이는 동안, 저들은 주군을 죽일 공작을 벌일 것입니다."

그러나 여공은 끝내 결단하지 못했다. 석 달 뒤 반란이 일어났고, 그는 중행언에게 살해되었으며 나라는 분할되었다. 서동은 죽임을 당했고 장어교는 망명했다. 만약 처음부터 온정을 베풀려 했다면 아무도 죽이지 말고 끌어안았어야 했다. 반대로 죽이려 했다면 끝까지 했어야 했다. 어정쩡한 선택이 파국을 불렀다. 위험을 다루는 데서도 마찬가지다.

위험을 100% 노출시키면 사고는 나지 않는다. 아무도 그곳에 가지 않으려 할 것이기 때문이다. 반대로 위험을 완벽히 제거하거나 통제하면 사고는 예방된다. 문제는 적당주의다. '별일 없겠지.', '괜찮을 거야.'라는 태도가 재해로 이어진다. 잠재적 위험을 제거하고 통제하는 데에는 비용과 인력이 따른다. 경영책임자가 이 지점을 결단하기 어렵다. 소를 도둑맞은 뒤 외양간을 고칠 때 쓰는 비용은 떳떳하게 집행되지만 눈에 보이지 않는 잠재적 위험을 제거하기 위한 선제적 투자는 늘 망설임의 대상이 된다. 결국 안전에서 가장 위험한 것은 '적당주의'다.

69. 원칙주의적 잔혹함을 사람이 지게 해야 하는가?

"갓은 낡고 찢어져도 머리에 쓰는 것"

송나라 양공이 탁곡에서 초나라 군대와 맞닥뜨렸다. 송나라 군대는 진을 치고 전투 준비를 마쳤다. 장군 구강이 간언했다.

"초나라 군대는 수가 많지만 우리 군대는 적습니다. 그들이 모두 강을 건너 진을 치기 전에 공격하면 승리할 수 있습니다."

양공은 고개를 저으며 말했다.

"군자는 부상자를 다시 찌르지 않고, 백발 노인을 쫓지 않으며, 사람을 곤경에 몰아넣지 않는다고 했다. 지금 적이 강을 건너는 중 공격하면 정의에 어긋나는 일이다. 그들이 전열을 갖춘 뒤 정정당당히 싸우는 것이 옳다."

구강은 발을 구르며 간청했다.

"주군께서 송나라 백성을 생각하고 근본을 보전하기보다 자기를 과시하기 위해 정의를 말하고 있습니다."

그러나 양공은 듣지 않았다.

"더 말하면 군법으로 다스리겠다."

결국 초나라 군대가 강을 모두 건너고 전열을 갖춘 뒤 공격을 개시했으나, 송나라는 대패했다. 양공은 허벅지에 화살을 맞아 3일 만에 죽었다.

송나라 양공처럼 정의를 내세울 바엔 차라리 전쟁을 시작하지 말았어야 한다. 정의의 전쟁은 존재하지 않는다. 정의는 늘 결단을 지연시키거나 보류하는 구실이 되었다.

한비자 〈십과〉 편에도 유사한 이야기가 있다. 비중이 은나라 주왕에게 아뢰었다.

"서백 창은 뛰어난 인물입니다. 백성들이 복종하고 제후들도 그의 편에 섰습니다. 그러므로 그를 죽여야 합니다."

주왕은 반문했다.

"그렇다면 그는 훌륭한 군주가 아닌가? 그런데 어떻게 죽일 수 있단 말인가?"

비중은 말했다.

"갓은 아무리 낡고 찢어져도 머리에 쓰는 것이요, 신발은 아무리 화려해도 땅을 밟는 것입니다. 서백 창은 주군의 신하이지만 사람들은 그를 갓처럼 존중합니다. 그 재능이 주군을 위해 쓰이지 않는다면 죽여야 합니다. 신하를 죽이는 것은 군주의 권리이니 조금도 나쁜 일이 아닙니다."

그러나 주왕은 서백 창을 죽이지 않았다. 결국 그는 서백 창의 아들에게 살해당했고, 서백 창의 후손이 주나라를 세웠다.

이 이야기는 정의와 가치가 시대와 상황에 따라 변한다는 사실을 보여준다. 여성의 지위, 제사 형식, 가정 내 역할 분담 등도 시대에 따라 달라졌다. 명분을 이유로 결단을 늦추면 더 큰 재앙이 찾아온다.

문제는 인간의 본능이다. 더 좋은 평판을 듣고 싶어 하는 것은 인지상정이다. 하지만 평판과 원칙 사이에서 흔들리며 결단을 미루는 것은 치명적이다. 한비는 과감한 결단을 요구한다. 그러나 현실에서 사람은 관계성과 평판의 무게를 무시하기 어렵다. 그렇다면 어떻게 해야 할까? 원칙적 잔혹함의 부담을 시스템에 전가해야 한다. 사람의 의지에 의존할 것이 아니라 제도와 기술에 맡겨야 한다. 이미 우리는 경보 시스템, 감시 장치, 리미트 스위치 등 많은 안전을 기계와 전자적 기술에 의존하고 있다. 당연히 해야 할 일을 하는 데에 두려움이 따른다면 그것은 후진적이다. 결국 잔혹함의 무게는 시스템이 지게 해야 한다.

70. 결단의 종류와 즉시 결단이 가능한 여건

"선조치 후보고가 허용되는가?"

위나라 출공은 대신들과 연회를 열었다. 이때 저사가 예의를 지키지 않고 신발을 신은 채 자리에 앉았다. 출공은 무례하다며 저사의 발을 자르겠다고 선언했지만 끝내 실행하지 않았다. 저사는 돌아가자마자 군사를 모아 반란을 일으켜 출공을 쫓아냈다.

조나라 효성왕은 동물원에 갔다. 신하 하나가 토끼를 먹이로 줄 듯 호랑이를 놀리자, 왕은 "저 호랑이의 눈빛이 섬뜩하구나"라고 말했다. 그러자 신하는 "평양군의 눈은 훨씬 더 섬뜩합니다. 이 호랑이의 눈빛은 아무것도 아닙니다. 평양군의 눈에서는 살기가 느껴집니다"라고 했다. 평양군은 당시 재상이자 왕의 숙부였다. 그 말이 평양군의 귀에 들어가자, 그는 그 신하를 죽였다. 그러나 효성왕은 그를 책하지 않았다.

한비자는 이런 이야기를 통해 리더의 결단이 얼마나 중요한지를 보여준다. 세상은 명령을 내리는 사람과 그 명령을 따르는 사람으로 나뉘며, 따르는 사람이 압도적으로 많다. 이는 결단이 얼마나 어려운 일인지를 보여준다. 결단은 때로 시간이 지나며 저절로 해결되기도 하고, 반대로 오판으로 더 큰 문제를 만들기도 한다. 또한 빠른 결단으로 큰 성공을 거두는 경우도 있다. 우리는 주로 큰 전쟁의 승리나 부의 축적처럼 드라마틱한 결단의 사례에 주목하기 때문에, 실제로 결단이 얼마나 복잡하고 어려운지 간과하기 쉽다.

결단은 여러 유형으로 나뉜다.

첫째, 결정을 유보하는 것이 유리한 경우다. 이는 단순한 미루기가 아니라 전략적 숙고를 위한 시간 확보다. 아담 그랜트 교수의 연구에 따르면 결정을 미루는 사람들은 더 다양한 대안을 탐색하고 창의적인 아이디어를 낼 가능성이 높다. 예컨대 신제품 출시를 시장 조사 완료까지 늦추는 것은 전략적 지연에 해당한다.

둘째, 즉각 결정을 내려야 하는 경우다. 허버트 사이먼은 인간의 합리성이 제한적이므로 완벽한 해답보다 '만족할 만한' 해법을 빨리 선택하는 것이 효율적이라고 했다. 이를 만족화(satisficing)라 한다. 주식 시장 폭락 상황에서 즉시 매도해 손실을 줄이는 결정이 그 예다.

셋째, 결정을 하지 않는 것이 유리한 경우다. 손실 회피 편향 때문에 모든 선택지가 손실이라면 차라리 아무 것도 하지 않는 편이 더 합리적일 수 있다. 손실이 예상되는 신규 사업에 섣불리 뛰어들기보다 현 상태를 유지하는 것이 더 안전할 수 있다.

그러나 문제는, 전략적 숙고가 아닌 두려움이나 게으름 때문에 결정을 미룰 때 발생한다. 이는 현상 유지 편향(Status Quo Bias)이다. 낡은 설비를 교체해야 하지만 비용 부담 때문에 결정을 미루다가 경쟁력을 잃는 기업 사례가 대표적이다. 위험 조치를 미루다 사고가 나는 것도 같은 맥락이다.

즉각적 결단이 필요한 상황은 크게 두 가지다. 첫째, 긴급 상황이다. 화재, 폭발 등은 숙고의 대상이 아니라 즉각 대피 명령을 내려야 한다. 둘째, 기회비용이 큰 경우다. 기술 변화나 시장 기회를 빠르게 잡아야 경쟁 우위를 지킬 수 있다. 이때 미루면 오히려 더 큰 손실을 낳는다.

또한 반복적 경험을 쌓은 전문가의 직관은 빠른 결단을 가능하게 한다. 이는 행동경제학에서 말하는 휴리스틱(Heuristics)이다. 숙련된 기술자나 경영자는 분석보다 직관으로 더 정확한 판단을 내리기도 한다.

안전경영에서 이런 즉각적 결단은 특히 중요하다. 군주에게 신하의 무례는 역모의 신호였다. 마찬가지로 사업장에서 위험 징후는 재해의 신호다. 그러나 중간관리자나 안전실무자는 즉각적 결단을 훈련받지 않았고, 늘 상급자의 결재를 기다리는 구조에 익숙하다. 이 한계는 치명적이다. 권한을 위임해 실무자도 신속히 결단할 수 있게 하거나 최고경영자가 직접 개입해야 한다. 그것이 안전경영에서 결단을 제때 내릴 수 있는 유일한 길이다. 선조치 후보고가 허용되는가? 직접 개입할 수 없다면 개입할 수밖에 없는 장치를 갖춰야 한다.

71. 이래도 후회, 저래도 후회라면
어떤 후회를 선택할 것인가?

한비자는 결단에 대해 이렇게 말한다.

"일을 행하여 아무런 잘못도 없었다는 것은 요와 같은 훌륭한 사람도 불가능한 일이라고 들은 적이 있다. 그럼에도 불구하고 세상 사람들은 항상 무슨 일이든지 하지 않고는 배기지 못하는 것이다."

한·위·제 세 나라의 군대가 진나라를 공격하기 위해 한나라에 모였다. 이때 진나라의 소양왕이 '루완'과 상의했다.

"세 나라의 군대가 우리나라를 쳐들어 오려고 한다. 나는 황하 동쪽 땅을 주고 강화를 맺으려 하는데 어떻게 생각하는가?"

루완은 대답했다.

"황하 동쪽 땅을 떼어 준다는 것은 큰 손실입니다. 그러나 나라를 전쟁의 불길에서 구출한다는 것은 큰 공적입니다. 이런 큰 일은 종족인 원로 신하들의 결정에 따라야 합니다. 공자 '사'를 불러 물어보시기 바랍니다."

소양왕은 공자 사를 불러 의견을 물었다. 공자 사는 이렇게 말했다.

"강화를 맺어도 왕께서는 후회하실 것이며, 강화를 맺지 않아도 후회하실 것입니다. 왕께서 지금 황하 동쪽 땅을 떼어 주고 강화를 맺는다면 세 나라의 연합군은 물러갈 것입니다. 그러나 왕께서는 반드시 '세 나라 연합군은 아무것도 주지 않았더라도 물러갔을 텐데 공연히 세 개의 성을 거저 주고 말았다'라고 후회하실 겁니다. 또 강화를 맺지 않아 전쟁이 일어나게 되면 '세 성을 아끼다가 큰일을 당했다'라고 후회하실 겁니다. 그러므로 강화를 맺어도 후회하고, 맺지 않아도 후회할 것입니다."

소양왕은 결심했다.

"그렇다면 만일 후회하더라도 세 개의 성을 잃고 후회하는 쪽을 택하겠소. 나라를 위험 속에 빠뜨리고 후회하는 짓은 할 수 없소. 나는 강화를 맺기로 결정하겠소."

화해를 해도, 전쟁을 해도 성 세 개를 빼앗기는 것은 공통 사항이었다. 그렇다면 그는 손실을 더 키우지 않는 선택을 한 것이다. 어떤 결단이 옳았는지 그른지는 결과가 나오기 전까지는 알 수 없다. 결과론은 결단을 내린 당사자의 행위와는 별개의 문제다.

71. 이래도 후회, 저래도 후회라면 어떤 후회를 선택할 것인가?

결단을 내리지 못하고 우물쭈물하는 사이에 일이 좋은 결과로 연결되는 경우도 있다. 그러나 위험 영역에서는 이런 경우가 드물다. 위험에 대해 안전조치를 하겠다고 결단을 내렸는데, 아무 일도 일어나지 않으면 '괜히 했구나!'라는 후회가 생길 수 있다. 반대로 사고가 발생한다면 안전조치를 하지 않은 것을 뼈저리게 후회할 것이다. 결국 후회는 피할 수 없다. 그렇다면 손실을 최소화하는 쪽을 선택하는 것이 옳다.

여기에 한 가지가 더 필요하다. 안전조치를 하지 않았을 때 들어가는 비용보다 더 큰 손실을 보도록 법적 규제를 강화해야 한다. 사고가 발생하지 않았더라도 규정된 안전조치를 하지 않으면 그 손실을 크게 만들어야 한다. 그래야 '괜히 비용을 썼다.'라는 후회가 줄어든다. '무임승차 욕구'를 제거해야 한다.

오늘날처럼 모든 것이 공개되는 세상에서 결단은 더욱 힘들어지고 있다. 아무리 결과가 좋더라도 사람들은 "더 큰 성과를 낼 수도 있었는데."라며 흠을 잡으려 든다. 이는 전형적인 결과론적 이야기다.

제5부

안전경영의 성과 관리

Benefit이든 Profit이든 성과는 나야 한다. 그래야 관리가 된다. 안전에 경영이란 단어를 붙여 쓰는 이유다. 숫자와 될 수 없는 것은 통제할 수 없다는 뜻이다. 그런면에서 안전경영을 나타내는 숫자는 매우 협소하다, 특히니 결과지표가 대부분이다. 과정을 확인할 방법이 부족하다. 이것이 안전경영 최대의 과제다. 사망사고나 중대재해가 났다고 해서 안전관리를 못하고 있다고 할 수 있을까? 그럼 사고가 한 건도 나지 않은 사업장은 안전경영을 잘하고 있는 것일까? 어딘가 석연치 않다. 이것에 공감하지 않는다면 안전경영의 어떤 행위는 불신을 내포한다고 봐야 한다. 한비자는 기준에 의해서 평가되어야 한다고 말한다. 기준이 있다는 것은 관리할 수 있다는 것이다.

72. 안타까움과 슬픔이
문제를 해결하지는 못한다

《사기》〈자객열전〉에 나오는 이야기다.

진나라의 권력자 지백이 조양자에게 패사하며 이야기는 시작된다. 조양자는 지백에게 깊은 원한을 품고 그의 두개골에 옻칠을 해 술잔으로 사용하는 모욕을 가했다.

이 소식을 들은 지백의 옛 신하 예양은 비탄에 잠겨 굳게 맹세했다. 그는 다른 이들과 달리 자신을 국사로 대우해 준 지백의 은혜에 보답하고자, '선비는 자기를 알아주는 이를 위해 죽는다.'는 말에 따라 반드시 원수를 갚겠다고 다짐했다.

예양은 이름을 바꾸고 죄수처럼 변장해 조양자의 궁궐에 잠입했다. 비수를 품고 화장실 벽을 칠하는 인부로 위장했다. 조양자가 화장실에 가려다 불길한 낌새를 느껴 수색을 명했다. 수색 끝에 병사들은 예양을 발견했고, 그의 정체를 확인했다. 조양자의 물음에 예양은 자신이 지백의 원수를 갚으러 온 신하임을 당당히 밝혔다. 조양자는 그의 충성심에 감명해 그를 의로운 선비라 칭하고 처벌 없이 풀어주었다.

풀려난 예양은 복수를 포기하지 않았다. 신분을 감추기 위해 몸에 옻칠을 해 피부병 환자처럼 만들고, 숯을 삼켜 목소리를 바꾸는 등 극심한 고행을 자처했다. 아내도 몰라 보았다. 친한 친구가 눈물을 흘리며 말했다.

"자네만한 재주를 가진 사람이 예물을 갖고 조양자에게 찾아간다면, 조양자는 자네를 융숭하게 대우할 텐데. 그렇다면 자네가 꿈꾸는 것도 훨씬 수월할 텐데, 어째서 그런 식으로 자기 일신을 학대하며 어려운 길을 선택하는가?"

예양이 답했다.

"그것은 두 마음으로 주군을 섬기는 것이다. 그것이 부끄러운 것임을 후세에 알리기 위해서다."

예양은 끝내 조양자가 지나갈 다리 밑에 숨어 기회를 노렸다. 조양자의 행차가 다리에 이르자 말이 갑자기 놀라 날뛰었다. 조양자는 이를 보고 예양이 숨어 있음을 직감했다.

병사들이 다리 밑을 수색해 예양을 찾아냈다. 조양자는 지난번 자신을 살려 주었음에도 어째서 이토록 끈질기게 복수하려 하는지 물었다. 또 과거 범씨와 중항씨를 섬길 때는 복수하지 않다가 유독 지백을 위해서만 목숨을 거는 이유를 물었다. 예양은 범씨와 중항씨는 자신을 평범한 사람으로 대했기에 평범하게 떠났을 뿐이지만, 지백은 자신을 국사로 대우해 주었기에 국사로서 은혜를 갚는 것이 당연하다고 대답했다.

조양자는 예양의 의리에 깊이 감탄했다. 그러나 이번에는 국법에 따라 그를 살려 줄 수 없다고 말했다. 모든 것을 체념한 예양은 마지막으로 조양자의 옷이라도 칼로 쳐 주군의 원수를 갚는 시늉이라도 하게 해 달라고 청했다. 조양자는 그의 의를 이루어 주기 위해 기꺼이 자신의 겉옷을 내주었다. 예양은 그 옷을 칼로 세 번 내리친 뒤 그 칼로 스스로 목숨을 끊었다.

이 이야기는 심금을 울리는 감동적인 이야기라고들 말한다. 어쩌면 무의미한 일에 목숨을 걸고 더구나 목적도 달성하지 못한 채 기꺼이 죽음을 선택한 의리와 절개를 영웅시한다. 전혀 일리가 없는 것은 아니지만, 지극히 권력자 입장에서 충성을 요구하는 의도가 엿보이는 이야기다. 이런 이야기에 대해 한비자는 어떻게 말할까?

한비자는 이렇게 말한다. 예양은 지백의 신하였다. 그런데 그가 받드는 모습을 보면, 위로는 주군을 설득해 법술과 규정의 중요함을 이해시켜 덮쳐오는 재난을 피하게 하지 못했다. 아래로는 백성을 지도·관리해 국가를 편안하게 만들지도 못했다. 그럼에도 예양은 스스로 몸에 옻칠을 하고 얼굴을 변형시킨 뒤 지백을 위해 조양자에게 원수를 갚으려 했다. 얼굴까지 변형시켜 가며 주군을 위해 충성을 다했다는 명예는 있을지 몰라도, 실제로는 지백에게 털끝만큼도 이익이 없다. 쓸데없는 짓이었다. 그런데 세상의 군주는 그것을 충의라 하며 높이 평가한다.

한마디로, "예양이 국사였다면 지백이 생전에 잘 보좌해 망하지 않게 했어야 했다." 그러지 못해 놓고 죽고 망한 뒤에 원수를 갚겠다고 해서 죽은 지백이 살아날 리도 없다. 조양자의 옷이라도 찌르게 해 달라는 것이 무슨 의미인가? 자기 위안 말고는 아무 것도 아니다.

본인 스스로 '두 마음으로 주군을 섬기지 않았다.'는 이름을 남기는 것이 성과라고 할지라도 그로 인한 긍정적 영향보다 '살아 있을 때 잘하라.'는 교훈이 주는 영향이 더 크다.

안전이 '사람의 목숨이 희생되어서는 안 된다.'는 명분에 머물러서는 안 된다. 안전경영은 실효적이어야 한다. 성과로 연결되어야 한다. '안전은 비용과 불편함'이라는 인식에서 벗어나 '안전이 성과와 돈이 된다.'는 인식으로의 전환이 필요하다.

한비자의 말대로, 사고가 발생한 후에야 반성하고 결의대회를 여는 것은 예양의 행동과 닮았다. 중대재해가 나면 몇 주기 기념식을 하고 슬퍼하는 것도 마찬가지다. 차라리 그 에너지를, 그 비용과 시간을 살아 있는 사람이 다치지 않게 하는 데 써야 한다. 그 기념식 비용으로 안전 개선 아이디어를 공모하라. 그것이 실효적이다. 과거를 이야기하는 일은 늘 논란을 낳는다. 누군가를 탓해야 하기 때문이다. 필요할지는 몰라도 옳은 일은 아니다. 현재와 미래를 말해야 한다. 그것이 실리다. 안타까움과 슬픔이 문제를 해결하지는 못한다.

73. 아끼는 제자에게 천리마를 알아보는 기술을 가르치지 않는다

"안전 이벤트는 이제 그만해야"

미운 놈 떡 하나 더 준다. 그럼 아끼는 사람에게는 매를 든다는 말일까?

백락은 미워하는 제자에게는 하루에 천 리를 달리는 명마를 가려내는 방법을 가르쳤다. 아끼는 제자에게는 보통 말을 가려내는 방법을 가르쳤다.

한비자 〈외저설 우상〉에 나오는 우화다.

한비자는 이 이야기를 통해 실용적인 지식과 이상적인 지식의 가치 차이를 설명한다. 통치자는 무엇을 중시해야 하는가. 무엇이 진짜 이익인가.

한비자에 따르면, 백락의 행동은 악의가 아니라 현실적 계산에 따른 것이다. 겉보기에 반대로 보이지만, 아끼는 제자에게 훨씬 더 유용하고 실질적인 이익이 되는 기술을 가르쳐 준 것이다.

하루에 천 리를 달리는 말은 수십 년에 한 번 나올까 말까 한 전설적인 존재다. 이런 말을 알아보는 기술은 매우 뛰어나 보이지만, 평생 단 한 번도 써먹지 못할 확률이 높다. 이 기술을 배운 제자는 엄청난 기회를 기다리다 결국 굶어 죽기 쉽다.

반면 보통 말 감정법은 시장에 가면 언제든 볼 수 있는 보통 수준의 좋은 말을 가려내는 기술이다. 이 기술을 배우면 매일 시장에서 말을 사고팔아 꾸준한 수입을 올릴 수 있다. 제자는 안정적으로 생계를 꾸릴 수 있다.

결론적으로, 백락은 미워하는 제자에게는 '이상적이지만 비현실적인 기술'을, 아끼는 제자에게는 '평범하지만 실용적인 기술'을 가르쳐 준 것이다.

한비자는 이 우화를 통해 군주에게 말한다. "나라는 어쩌다 한 번 나타나는 비범한 인재나 기적적 방법에 의존해 다스리는 것이 아니다." 언제나 통용될 수 있는 '보통의 법률과 제도'를 꾸준하고 일관되게 적용하는 것이 훨씬 중요하다. 비범한 천리마를 기다리기보다 평범하지만 믿을 수 있는 보통 말을 꾸준히 활용하는 것이 나라를 부강하게 만드는 길이다.

안전경영도 소수 엘리트의 기발한 아이디어나 멋지게 쓰여진

계획서, 매뉴얼만으로 실현되지 않는다. 이 부분은 이제 역효과가 날 만큼 비대해졌다. 실리적이고 실천적인 것이 절대적으로 필요한데, 그것은 반드시 단순해야 한다. 답은 현장에 있다. 다만 현장의 목소리가 전부 답은 아니다. 더러는 관성과 타성에 젖은 주장도 많다. 이를 어떻게 골라낼 것인가가 문제다. 백락 이야기에 나오는 보통 말을 골라내는 지혜와 실력이 필요하다.

후세에 당나라 문장가 한유는 "명마는 많으나 명마를 알아보는 백락이 없다."고 했다. 세상에는 뛰어난 인재는 많지만, 그 인재를 알아보고 제대로 등용할 줄 아는 사람은 드물다는 뜻이다. 농과대학 축산학과를 나왔다고 해서 명마를 골라낼 수 있으리라 기대하는 조직과 시스템에서는 어쩌면 매우 어려운 일일 것이다.

74. 3년 걸려 젓가락에 그림을 그려서 뭣하려 하는가?

《한비자》〈외저설 좌상(外儲說 左上)〉에 나오는 이야기다.

주군을 위해 젓가락에 그림을 그리겠다는 사람이 나타났다. 3년이나 걸려 그림을 다 그렸다고 했다. 주임금이 그것을 보니 옻칠한 보통 젓가락과 다름없었다. 주임금은 화를 내며 "이게 무엇이냐?"라고 물었다. 화가는 말했다.

"높이 열 길의 토담을 쌓고 젓가락을 놓고 햇빛에 비추어 보시기 바랍니다."

군주가 그의 말대로 토담을 쌓고 창을 뚫은 다음 젓가락을 비추어 보니, 온통 용과 금수(禽獸), 거마(車馬)가 그려져 있고 만물의 형상이 모조리 갖추어져 있었다. 주임금은 크게 기뻐했다.

한비자가 이 이야기를 통해 하고자 하는 말은 크게 두 가지다.

첫째는 비실용적인 것에 대한 비판이다. 젓가락에 그림을 그리는 데 3년이라는 긴 시간을 쏟고, 그 그림을 보기 위해 열 길 높이의 토담을 쌓고 햇빛에 비추어 보아야만 하는 설정 자체가 비현실적이고 비효율적이다. 한비자는 이처럼 아무리 정교하고 대단해 보여도 실질적 쓸모가 없는 일에 군주가 현혹되어서는 안 된다고 경고한다.

둘째는 군주의 자원 낭비를 경계한다. 화가의 3년이라는 시간과 토담을 쌓는 데 들어가는 인력과 비용은 모두 국가의 자원이다. 군주가 이런 쓸모없는 기예(技藝)를 칭찬하고 기뻐한다면, 신하들은 군주의 환심을 사기 위해 나라에 도움이 되지 않는 일에만 몰두하게 될 것이다. 이는 곧 국가적 낭비로 이어지고, 나라를 쇠약하게 만드는 원인이 된다.

결론적으로 한비자는 이 이야기를 통해 군주는 헛된 명성이나 신기한 기술에 빠지지 말고 오직 국가의 부강과 백성의 삶에 직접적으로 도움이 되는 실용적인 정책과 기술에 집중해야 한다는 강력한 메시지를 전한다.

이런 이야기는 예술을 하는 사람들 입장에서 서운하게 들릴 수도 있다. 그런 사람들도 한둘은 있어야 한다. 그러나 생명존중이라는 거대한 담론과 마주하는 안전경영은 늘 이러한 이념 논쟁이나 담론에 빠질 위험이 있다. 사고가 발생하고 나면 명분 앞에서 누군가에게 책임이라는 굴레가 씌워지고, 그것을 전가하려는 소모적 논쟁이 장기화된다. 세월호 사고, 이태원 참사, 오송 지하차도 사고 등 최근의 참사도 이런 문제로 소중한 자원이 낭비되었다. 그로 인해 작성된 원인 조사서와 재발 방지 대책, 계획서만 해도 토담 열 길의 높이만큼 될 것이다. 그것보다는 차라리 실효적인 대책을 실행하는 데 그 에너지를 사용했더라면 하는 아쉬움이 크다. 반드시 챙겨야 할 지점이다.

비단 안전경영만의 문제가 아니다. 국가나 사회 전반적으로 이념 중심의 비현실적 논쟁으로 허비하는 자원의 양이 얼마나 많은가. 공자는 "견리사의(見利思義), 이로움을 보거든 의로운지를 생각하라."고 했다. 맹자는 "견리사해(見利思害), 이로움을 보거든 그 이로움으로 인해 생겨날 해로움을 생각하라."고 말했다. 더 구체적이다. 한비자의 관점에서 본다면 "견리사행(見利思行), 이로움을 보거든 어떻게 행할 수 있을지를 생각하라."라고 말하고 있는지도 모른다.

75. '무재해'는 도깨비인가, 아니면 개나 말같은 것인가?

제나라 군주에게 그림을 그리는 사람이 찾아왔다. 군주가 물었다.

"무엇을 그리기가 가장 어려운가?"

"개나 말을 그리기가 어렵습니다."

"그럼 무엇을 그리기가 쉬운가?"

"도깨비를 그리는 것이 가장 쉽습니다."

군주가 이유를 묻자 화공이 말했다.

"개나 말은 사람들이 매일 보고 잘 아는 대상이라 조금만 잘못 그려도 금방 알아채고 비판하기 때문에 똑같이 그리기가 매우 어렵습니다. 하지만 귀신이나 도깨비는 실제로 본 사람이 아무도 없어 형태가 정해져 있지 않으니, 제 마음대로 아무렇게나 그려도 누구도 틀렸다고 말할 수 없으므로 그리기가 가장 쉽습니다."

이 이야기는 《한비자》〈외저설 좌상(外儲說 左上)〉에 나온다. 한비자는 현실 기반 정책의 중요성, 즉 '개와 말'을 말하고자 했다.

'개와 말'은 백성들의 실생활과 밀접한 현실적 문제, 곧 안전·경제·농업·국방 등을 비유한다. 이러한 분야의 정책은 그 결과가 즉시 백성들의 삶에 드러나므로 군주나 관리가 실적을 속이거나 허황된 주장을 하기가 어렵다. 성공과 실패가 명확히 검증되기 때문에 다루기가 매우 어렵다는 뜻이기도 하다.

반면 허황된 이론, 즉 '도깨비' 같은 것은 상대적으로 쉽다. 귀신이나 도깨비는 실체가 없고 검증할 수 없는 허황된 사상이나 이론을 뜻한다. 유세가들이나 학자들이 그럴듯한 말로 군주를 현혹하지만, 현실에서 증명할 수 없는 주장들이 많다. 이런 것들은 아무렇게나 말해도 반박하기 어렵기 때문에 사기꾼들이 군주를 속이는 데 사용하기 쉽다.

결국 한비자는 군주가 뜬구름 잡는 듯한 도깨비 같은 이론가들의 말에 현혹되지 말고, 개나 말처럼 현실에 발을 딛고 명확히 성과를 검증할 수 있는 정책과 인재를 중용해야 한다고 주장한 것이다. 이것이 바로 법가(法家)의 실용주의와 신상필벌(信賞必罰)의 원칙을 잘 보여주는 비유다. 더 큰 문제는 군주가 이런 도깨비 이야기를 즐기며 그들과 편을 가르는 것이다. 안전사고는 늘 이들에게 좋은 먹잇감이 된다.

'무재해'는 안전경영이 추구하는 궁극적 이념이자 목표다. 그러나 이 말은 듣기에는 좋지만, 그 실체는 마치 도깨비와 같다. 형태가 없어 비판받을 여지도 없고, 달성 여부를 검증하기도 모호하다. 반면 "재해율을 5%에서 3%로 낮추겠다."와 같은 구체적 목표는 '개와 말'과 같다. 누구나 매일 보기에 잘 그렸는지 못 그렸는지 바로 알 수 있는 대상처럼 성공과 실패가 명확히 드러난다. 그렇기에 상당한 부담감을 주며, 어쩌면 그래서 우리는 검증 가능한 목표 대신 '무재해'라는 막연한 구호를 선호하는지도 모른다.

이는 안전경영이 가진 근본적 모순이기도 하다. 검찰이 '범죄 없는 사회'를 지향하는 순간 자신의 존재 이유가 사라지는 역설을 마주하듯, 안전경영 역시 '완벽한 안전'이 달성되는 순간 그 역할이 소멸한다. 모든 인간의 선함이 완성될 때 종교의 존재 가치가 부정되는 것과 같은 이치다. 결국 우리는 아름다운 이상과 냉정한 현실 사이, 이 모순적인 지점에서 끊임없이 고민할 수밖에 없다.

76. 힘을 가진 이론가와
답을 알고 있는 현장 전문가의 의견 대립

조나라의 대신 우경이 집을 짓게 되었다.

"지붕이 너무 높아."

우경이 목수에게 이의를 제기하자 목수가 대답했다.

"이건 이제 막 지었기 때문에 지붕의 흙이 아직 젖어 있어서 그렇습니다. 걸친 서까래도 아직 마르지 않았기 때문입니다."

그러자 우경이 반론했다.

"그렇지 않다. 젖은 흙은 무겁고 마르지 않은 서까래는 휘는 법이다. 휘어진 서까래가 무거운 흙을 받치고 있으니 흙이 마르고 서까래가 마르게 되면 가벼워져서 지붕이 점점 높아질 것이다."

목수는 아무 대꾸도 하지 않고 우경이 시키는 대로 했다. 결국 집은 주저앉고 말았다.

흙이 마르는 속도와 나무가 휘는 속도의 차이에 대한 상반된 의견 차이가 있었다. 중력은 아래로 작용하고, 마르지 않은 나무는 탄성을 가지고 있다가 마르면 탄성이 낮아져 높이가 내려앉는 것은 지금의 지식 수준에서는 너무나 상식적인 이야기다. 그러나 그 반대의 주장도 그럴싸해 보였고, 결국 실무 경험을 가진 사람의 의견은 채택되지 못했다. '갑'이라는 위치가 선택된 것이다. 결과는 집의 붕괴였다.

범차가 말했다.

"활이 부러지는 것은 반드시 최종 공정에 들어갔을 때이며 처음이 아니다. 대체로 궁사가 활을 매기 위해서는 먼저 활을 교정하는 틀 속에 넣어 20일 동안 천천히 조정한 다음, 현을 매자마자 하루 만에 벌써 시사를 해 버린다. 그렇게 한다면 처음에는 충분히 시간을 들였는데도 마지막에 가서 지나치게 성급한 짓을 한 것이 되고 만다. 그러니 어찌 부러지지 않고 견디겠는가? 나 같으면 그렇게 하지 않는다. 교정 틀 속에 하루 동안 활을 넣었다가 현을 매고 30일이 지난 다음에 시사를 한다. 그렇게 하면 처음에는 거칠지만 끝에 가서는 충분히 시간을 들이는 셈이 된다."

궁사는 반론할 여지가 없었다. 그런데도 그대로 했더니 활은 부러지고 말았다.

이 이야기는 《여씨춘추》와 《한비자》 〈내저설〉에 나온다.

궁사의 방식은 활의 재료인 나무가 새로운 형태에 적응하고 자리 잡는 시간을 가장 중요하게 여긴 것이다. 교정 틀 안에서 20일 동안 천천히, 지속적으로 힘을 가해 나무를 부드럽게 휘게 만들었다. 이 과정에서 나무는 내부적으로 안정된 곡률을 갖게 되었다. 기초 공사에 대부분의 시간을 투자하는 것과 같다. 활의 형태와 탄성이 이미 완성되었기 때문에 현을 매고 바로 시험 발사를 해도 부러지지 않았다. 마지막 단계는 이미 잘 만들어진 활의 성능을 확인하는 절차일 뿐이었다.

반면 범저의 방식은 아마추어의 방식이다. "교정 틀에 하루만 넣었다가, 현을 매고 30일이 지난 다음에 시사한다."는 것은 나무가 형태에 적응할 시간을 무시한 것이다. 단 하루 만에 급격하게 나무를 휘게 하니 나무 내부는 불안정한 상태로 엄청난 스트레스를 받게 된다. 그 상태에서 바로 활시위를 매어 30일 동안 강한 장력을 유지시키는 것은 억지로 구부린 나무에 지속적으로 부러지도록 힘을 가하는 것과 같다.

한비자는 화려한 수사학으로 무장한 지식인들을 등용함으로써, 실용적 성과를 낼 수 있는 사람을 무시하는 우를 범하지 말

것을 이야기한다. 앞에서도 언급했듯, 안전 분야의 기능 인력이 양성되지 않고 있다는 점을 다시금 생각하게 하는 대목이다. 국가와 사회적으로 보면 실무 경험은 없이 학력과 자격으로 포장된 전문가들이 직위를 이용해 잘못된 의견에 힘을 실어주는 것이 심각하다. 특히 그들의 의견을 받아쓰는 여론이 합세하면 본질은 가려지고 엉뚱한 결과가 도출되곤 한다. 실무만으로도 최고 전문가로 대우받고, 더 나아가 그들의 목소리가 동등하게 힘을 가지는 사회나 조직이 되어야 한다. 이 조화가 부족한 영역에서 선진적 수준의 결과를 기대하기는 어렵다.

77. 어떤 성과도 책상에서 만들어지지는 않는다

조나라 무령왕은 신하 이자를 보내 중산국을 정탐하게 했다. 돌아온 이자는 "중산국은 지금 당장 공략해야 합니다. 제나라나 연나라가 먼저 공격할 수도 있습니다."라 보고했다. 무령왕이 이유를 묻자 이자가 답했다.

"중산국 군주는 산속 은사들과 어울리기를 즐기고, 꾀죄죄한 선비 몇을 불러 대등하게 교제합니다. 학자들을 존중하고 정치의 자리에 앉히니 전사들의 기백은 사라지고 농부는 힘써 경작하려 하지 않습니다. 전사가 싸울 의욕이 없고 농부가 경작하지 않으면 국가는 약해집니다. 망하지 않은 예가 없습니다."

무령왕은 즉시 군을 이끌고 중산국을 멸망시켰다.

우리나라 안전사고의 40~80%는 50인 미만 사업장에서 발생한다(2022~2024년). 이는 곧 실행력의 부족을 보여준다. 인력·예산·기술이 절대적으로 부족하고, 안전관리 전문인력은 대부분 대기업이나 중견기업에 소속돼 있다. 결과적으로 안전관리자는 현장의 땀과 먼지를 마주하기보다 교육·점검·서류 작성 같은 관리업무에 치중한다.

하지만 진짜 위험은 50인 미만의 현장에서 벌어진다. 이곳에서 실무를 담당하는 사람들은 자격도, 학력도 없지만 실제 더 크고 많은 위험과 매일 맞닥뜨린다. 문제는 이들의 목소리가 힘을 얻지 못한다. 그리고 그들은 시간이 없다. 복잡한 서류를 작성할 줄 모른다. 그것이 핵심이다.

한비자의 경고처럼, 학문과 명분만 숭상하는 군주는 농업과 전쟁에서 국가를 무너뜨린다. 안전 역시 마찬가지다. 종이에 쏟아지는 매뉴얼이 아니라, 손에 기름이 묻고 몸에 먼지가 묻은 현장 사람들의 경험이 안전을 만든다. 따라서 자격과 학력이 아니라 실무 경험을 가진 이들이 동등한 수준에서 대우받고 역할을 부여받을 수 있도록 제도를 바꿔야 한다. 안전관리자 선임기준을 낮추는 것이 아니라 현장 경험자를 오히려 대우하는 역발상이 필요하다. 그래야 안전성과 성과가 동시에 확보될 수 있다. '안전 기술 지도'마저도 결국 실행은 영세기업의 몫이다. 전문성으로 포장된 잔소리가 아니라 백짓장을 맞들어줄 손이 필요하다.

77. 어떤 성과도 책상에서 만들어지지는 않는다

78. 쓸모 없음을 아는 것이 지혜다

묵자는 나무로 솔개를 만들었다. 3년 만에 완성했지만, 날려 보니 하루 만에 부서졌다. 제자가 '대단한 기술'이라 칭찬하자 묵자는 이렇게 말했다.

"나는 수레 만드는 자를 따라가지 못한다. 수레는 하루 만에 만들어도 삼십 석의 짐을 싣고 멀리 갈 수 있으며, 오랫동안 쓰인다. 내가 만든 솔개는 하루도 못 갔다."

이를 들은 혜자가 말했다.

"묵자는 현명하다. 수레의 마구리를 만드는 기술이야말로 참으로 쓸모 있는 기술이다. 솔개는 쓸모없는 기술이다."

이 이야기는 쓸데없는 기술과 실용적 기술의 차이를 보여준다. 라이트 형제의 비행처럼 도전의 의미로 볼 수도 있지만, 한비자라면 '소용없는 일'이라 잘라 말했을 것이다.

아무리 뛰어난 기술이라도 시기·비용·시장 여건이 맞지 않으면 소용이 없다. 기술사업화도 같은 원리다. 안전도 마찬가지다. 대기업에서 쓰는 기술이 중소기업에서는 통하지 않을 수 있다. 반대로 현장에 맞춘 단순한 방법이 훨씬 효과적일 수 있다.

따라서 안전은 현장 중심, 자율 중심이어야 한다. 모든 기업에 똑같은 매뉴얼을 강제하는 것은 나무 솥개를 3년간 만들었는데 하루 만에 부서지는 것과 같다. 각 현장이 가진 여건과 특성을 고려해 적용 가능한 방법을 스스로 선택하고 실행할 때 비로소 안전은 실효성을 가진다. 전문 컨설턴트가 남기고 간 수백 페이지의 멋들어진 보고서는 단 1%의 효율도 증가시키지 못한다.

79. 기계에 의존하면 본질적 가치를 잃는다

《장자》〈외물편(外物篇)〉에 나오는 이야기다.
한비자가 강조하는 효율과 성과라는 측면의 또 다른 시각을 살펴보기로 하자.

공자의 제자 자공이 초나라를 돌아다니다가 한수(漢水) 근처에 이르렀다. 그곳에서 한 노인이 밭에 물을 대고 있었는데, 큰 바가지(瓠杓)를 이용해 허리를 굽혔다가 일으키며 힘겹게 물을 퍼 올리고 있었다.
자공이 말했다.
"이런 방식은 너무 고생만 하고 성과는 적습니다. 만약 기계를 쓰신다면(두레박이나 물레방아 같은 장치), 하루에 백 배의 효과를 거둘 수 있습니다. 어떻게 사용하는지 알려드릴까요?"

노인은 얼굴빛을 바꾸며 웃더니 이렇게 대답했다.

"내 스승께 들으니, 기계의 일을 하는 자는 반드시 기계의 마음을 갖게 된다 하셨소. 기계의 마음을 가지면 순수하고 꾸밈없는 본성을 잃게 되고, 본성을 잃으면 도(道)를 지킬 수 없게 된다 하셨지. 기계에 의지하면 기계 절대주의인 기심이 생기게 된다. 기심이 가슴속에 있으면 자연의 순수함을 잃고, 자연의 순수함을 잃으면 정신이 불안정해진다. 정신이 불안정하면 자연의 법칙을 거슬리게 된다. 나도 방아두레박을 모르는 것은 아니오. 다만 그런 것을 사용하는 것을 부끄럽게 여길 뿐이오."

그리고 자공을 바라보며 물었다.

"그대는 도대체 무슨 일을 하는 사람이오?"

자공이 대답했다.

"저는 공구(孔丘, 공자)의 제자입니다."

그러자 노인이 비웃으며 말했다.

"음, 그렇군. 그 박학을 코에 걸고 성인인 체하며 큼직한 책보따리를 펼치고는 대중을 위협하고, 혼자서 악기를 타고 슬픈 듯이 노래를 부르면서 명성을 천하에 팔겠다는 자들 중 하나로구면. 자의식을 잊고 신체를 잊음으로써 사람은 그런대로 자연에 다가설 수 있으련만, 그대와 같이 자신의 몸마저 다스리지 못하는 자가 어찌 천하를 다스릴 수 있겠소? 어서 가시오. 내 일을 방해 마시오."

자공은 얼굴이 붉어져 부끄러워하며 더 이상 대답하지 못했다고 한다.

여기서 노인은 장자를 뜻한다고 봐야 한다. 효율성을 중시하는 자공에게 장자 노인은 그렇게 하면 그것에 의존하게 되어 본질적 가치를 잃어버리게 된다고 말하는 것이다.

실상 현장에 적용 가능한 기술이어야 효율성이 올라간다는 한비자의 주장에 설득력이 있다. 그러나 이 점에서 장자의 이야기도 새겨야 한다. 새로운 기계와 공법, 작업방법은 위험을 제거하거나 감소시키기도 하지만, 또 다른 형태의 위험을 만들어 낸다. 그런데 새로운 기술이나 공법에는 위험이 존재하지 않는다는 생각을 하게 될 수 있다. 그 순간 우리는 안전에 대한 중요성을 잃어버릴 수도 있다는 점을 알아야 한다.

예를 들면, 산업용 로봇을 도입하면서 반복 작업에 따른 근골격계 질환은 줄었지만, 로봇 팔의 예기치 못한 동작이나 오작동으로 인한 협착·충돌 사고가 새롭게 발생했다. 또한 협동 로봇(Co-bot)이 작업자와 함께 일하는 과정에서 안전센서 오류나 과신으로 인해 오히려 사람과 로봇이 동시에 위험에 노출되는 사례도 나타나고 있다.

CCTV가 심리적 예방의 효과와 원인을 찾는 데는 도움이 되지만, 실시간 사고를 예방하는 데에는 오히려 더 큰 위험을 내포한다. 센서방식의 각종 기계나 장치가 의존하게 하고, 반복적 오동작은 오히려 위험에 무감각해지게 한다. 수백 대나 되는 CCTV 화면을 지켜보면서 이상 상태를 찾아내는 일은 인간이 할 수 있는 일은 아니다. 기술의 발전은 곧 새로운 위험의 창출과 같다는 말이다.

80. 돌멩이 깔린 땅이 천리라도 부자가 아니다

한비자는 말한다.

"대체적으로 언행이라는 것은 효용을 목적으로 하는 것이다. 날카롭게 다듬은 예리한 화살을 발사한다고 해서, 그 살 끝이 가느다란 털끝을 맞춘다고 해서 활의 명수라고 할 수는 없다. 명확한 표적이 없기 때문이다."

명확한 표적이 없으면, 아무렇게나 발사한 화살이 가는 털끝을 맞추었다 해도 명수라는 말을 들을 수 없다. 그것은 표적도 없이 아무렇게나 쏜 화살이 우연히 맞았다고 할 뿐이다. 반면 표적이 있으면 5치나 되는 표적을 맞추어도 명수라는 말을 듣는다. 달리 말하면 성과 목표가 없으면 아무리 잘해도 잘했다고 할 수 없다는 뜻이다.

또 한비자는 말한다.

"돌멩이만 깔린 땅이 천리가 있다 해도 부자라고 할 수 없다. 돌뿐인 땅에서 작물이 자라지 못하기 때문이다. 인형이 아무리 많아도 부강하다 할 수 없다. 인형으로는 적을 막을 수 없기 때문이다."

《세난편》에 나오는 말이다.

어떻게 하다 보니 다른 회사나 전체 평균보다 좋은 결과가 나왔다고 경영을 잘한다고 할 수는 없다. 설혹 평균보다 높은 결과 값이라 하더라도, 목표를 정하고 꾸준히 개선되고 있다면 그것이 더 훌륭한 것이다.

이것저것 많은 프로그램을 진행한다고 해서 실력이 좋다고 할 수 없다. 그것은 오히려 돌뿐인 땅에서 곡식이 자라지 못하듯이 성과로 연결되지 못하기 때문이다. 수많은 매뉴얼을 만들어 놓고 있다고 해서 안전보건관리체계가 좋다고 할 수 없다. 인형이 아무리 많아도 인형으로는 전쟁을 할 수는 없기 때문이다. 아무리 자격이나 학력 혹은 좋은 회사를 다닌 경력이 있더라도 현장을 모른다면 그 인력은 인형과 같다. 안전보건 관리체계를 점검하거나 컨설팅을 할 때 명심해야 한다. 두껍고 화려한 서류가 천 페이지가 넘어도 어렵다면 소용없다.

한비자는 또 말한다.

"현명한 왕이 나라를 다스리는 정책은, 상인이나 수공업자 혹은 생산에 종사하는 일도 없이 놀고먹는 인간을 가능한 한 줄이고, 명실공히 그들을 비천한 지위로 떨어뜨리는 것이다."

놀고먹는 인간을 줄인다는 것은 현대사회에서는 실업자 수를 줄여야 한다는 말이다. 또 자본 소득보다는 노동 수입에 의한 삶을 사는 사람의 소득 격차를 줄여야 한다는 뜻으로 볼 수 있다.

피케티는 《21세기 자본》에서 'r 〉 g 법칙'을 말한다. 즉 자본수익률(r)이 경제성장률(g)보다 장기적으로 높게 유지된다는 것이다. 이는 결국 부의 불평등 심화로 이어진다. 부를 가진 사람은 시간이 지날수록 더 많은 자본소득을 얻고, 그렇지 않은 사람은 뒤처질 수밖에 없다고 말한다.

노동으로 번 소득보다 부에서 나오는 소득이 점점 많아지는 사회. 즉 일도 안 하고 놀고먹는 인간이 많아지고 있다는 점은 한비자의 주장을 더욱 생각하게 만든다. '조물주 위에 건물주'라는 유행어가 있을 정도로 노동이 경시되는 경향이 늘고 있다. 자본의 논리가 가장 설득력 있는 자리에 선다. 돈은 성과와 직결되고, 성과는 결국 속도를 요구한다. 속도는 비용 절감의 논리에 갇힌다.

한비자가 말하는 것처럼 상인 수의 증가가 가져오는 폐해는 수도 없이 많다. 최근 미국을 중심으로 일고 있는 리쇼어링(Reshoring)은 해외에 공장을 옮겼던 자국 기업을 다시 본국으로 되돌아오게 하는 정책이나 현상을 말한다. 이는 기업들이 생산 비용 절감을 위해 인건비가 저렴한 국가로 공장을 이전했던 오프쇼어링(Off-shoring)과는 정반대 개념이다. '누가 만들든 싸게만 만들면 된다.'는 효용 논리가 총체적 성과라는 목표 앞에서 항복하고 있는 셈이다.

이런 점에서 한비자의 탁월성이 돋보인다. 제조업이라는 생태계를 가지고 있는 우리나라가 고비마다 경쟁력을 가지고 극복해 내는 힘도 여기서 나온다.

경영은 단기적 효용보다 총체적 관점에서 측정되고 평가되어야 한다. 단기적이고 즉흥적 관점에서 안전의 영역에 접근하면 혼란이 가중된다. 결국 몇 년 지나면 다시 원점에서 검토되는 반복이 지속되는 이유가 바로 여기에 있다.

AI시대에는 매출액이 중요하지 않다. 인당 생산성이 더 중요해진다. 안전을 비용으로만 인식하면 성과를 말할 수 없다. 안전으로 수익을 만들어야 한다. '안전 기술 사업화'가 중요해진다.

81. 핵심성공요인와 핵심성과지표가 무엇인가?

경영학에서 성과를 이야기할 때 자주 인용되는 개념이 있다. 바로 핵심 성공 요인, 즉 CSF(Critical Success Factor)와 핵심 성과 지표, 즉 KPI(Key Performance Indicator)다.

CSF는 성공하기 위해 반드시 잘해야 하는 결정적 영역을 의미하는 질적 목표이고, KPI는 그 성공 여부를 수치로 측정하고 평가하는 구체적 지표를 말한다.

"나무를 흔들려는 사람이 잎사귀를 하나하나 잡아당긴다면 힘만 들 뿐 나무 전체를 흔들 수 없다. 좌우에서 줄기를 두드리면 모든 잎이 흔들린다. 못가의 나무를 흔들면 새는 놀라 날아가고 물고기는 깊이 숨는다. 그물을 잘 던지는 자는 그물의 큰 줄을 끌어당긴다. 눈 하나하나를 당기려 하면 힘만 들고 고기는 잡히지 않는다. 그러나 큰 줄을 당기면 물고기는 저절로 그물 안에 들어온다. 따라서 관리란 백성 하나하나가 아니라 큰 줄을 다루는 사람이다. 성인은 백성을 직접 관리하려 하지 않는다. 관리들을 잘 다스리려 한다."

《한비자》〈주도〉편의 이야기다. 한비자는 군주가 직접 백성을 다스리는 대신 관리라는 큰 줄을 다스려야 한다고 강조한다.

제조업에서는 생산 공정의 효율성, 세계적 수준의 제품 품질, 안전 최우선 문화 정착이 CSF다. IT·소프트웨어 분야에서는 매력적인 사용자 경험, 고객 충성도, 장애 없는 안정적 서비스 제공이 CSF다. 유통·이커머스에서는 경쟁력 있는 상품 공급, 끊김 없는 쇼핑 경험, 개인화 추천이 CSF다. 의료 분야라면 환자 경험, 전문성, 사고 방지, 환자 안전 시스템이 CSF다.

예를 들어, CSF가 세계적 수준의 품질 확보라면 KPI는 제품 불량률 1% 미만, 고객 만족도 95점 이상, 원자재 검수 합격률 99%, 재해율 0.05% 이하, 아차사고 월 10건 개선 같은 지표가 된다. 즉 CSF가 목적지라면 KPI는 그 목적지까지 잘 가고 있는지를 알려주는 계기판이다.

안전경영이 전사적 차원에서 다뤄지지 못하는 이유가 여기에 있다. 나무를 흔들려면 잎이 아니라 줄기를 잡아야 한다는 한비자의 조언은 바로 CSF를 뜻한다. 안전이 CSF로 설정되어 KPI로 측정되고 평가되어야 한다. 그렇지 않으면 각자가 부분적 효용만 좇게 된다. 그물 눈 하나하나를 잡아당겨서는 물고기를 잡을 수 없듯이 말이다.

위기경영에서 핵심 줄기는 무엇인가? 그물의 큰 줄은 무엇인가? 무엇을 흔들고 무엇을 잡아당겨야 하는가? 그것을 찾아내어 인지하는 일이 급선무다.

82. 옳은 것을 옳다고 하고
그른 것을 그르다 할 수 있는가?

《한비자》〈고분(孤憤)〉은 '고독한 분노'라는 뜻으로, 《한비자》 전편 중에서도 가장 감정적이고 강렬한 비판이 담긴 글이다. 그는 나라를 바로 세울 지식과 법도를 가진 인재, 즉 법술지사가 왜 고립되고 비참한 최후를 맞이하는지를 파헤친다.

"대체적으로 안전하고 유일한 일이라면 앞을 다투며 종사하고, 위험하고 해로운 일에서는 재빨리 빠져나간다. 이것이 인간의 정의다. 남의 부하가 되어 힘을 다해 공적을 세우고 지혜를 다해 충절을 보이고자 하면, 그 몸은 불우해지고 집안은 가난해지며 부자가 모두 재난을 당한다."

참으로 무서운 말이다. 경주 최부자집에서 '진사 이상 벼슬을 하지 말라.'고 한 이유가 떠오른다. 옳은 소리를 하면 군주나 조직에 도움이 될지 몰라도, 인정을 받으면 다른 이들의 모함을 당하고, 인정을 못 받으면 죽임을 당한다는 뜻이다.

"간사한 이익을 도모하며 윗사람의 눈을 속이고, 뇌물을 써서 중역에게 아부하는 자는 출세하고 집안은 부유해지며 부자가 모두 은혜를 입는다. 이런 세상이라면 사람들이 어떻게 안전하고 유리한 길을 피하고, 위험하고 유해한 길을 택하겠는가?"

"충성으로 윗사람을 모시고 많은 공적을 쌓아 내 몸의 안락을 구하려는 것은 장님이 흑백을 가리려는 것과 같아 아무런 희망이 없다. 정의를 행해 부귀영화를 좇지 않고 윗사람을 받들어 안락을 구하려는 것은 귀머거리가 소리를 분별하려는 것처럼 더더욱 희망이 없다. 차라리 동료와 공모해 윗사람의 눈을 속이고, 나쁜 짓을 해서라도 중역에게 빌붙는 편이 낫지 않겠는가?"

정직하고 사심이 없어도 결코 안락을 얻을 수 없다는 사실을 알면 사람들은 이렇게 말할 것이다.

"청렴결백으로 윗사람을 받들어 안락을 구하는 것은 컴퍼스와 자도 없이 네모 안에 원을 그리려는 것과 같아 희망이 없다. 법을 지키고 직무를 다하면서 안락을 구하는 것은 발로 머리를 그리려는 것과 같아 더더욱 희망이 없다. 그렇다면 차라리 법망을 피해 사리를 도모하고, 중역에게 빌붙는 편이 낫다."

한비자는 잘못된 시스템의 현실을 꼬집는다. 정직하고 충성스러운 신하는 가난과 재난을 당하는 반면, 아첨하고 뇌물 바치는 간신은 부와 권력을 누린다. 이런 구조라면 개인은 당연히 '간신의 길'을 택할 수밖에 없다. 충신의 길은 장님이 색을 구분하거나 귀머거리가 소리를 분별하려는 것처럼 불가능한 길이 된다. 결국 문제는 군주에게 있다. 군주가 신하를 알아보지 못하고, 법에 따라 상벌을 내리지 않기 때문에 이런 모순이 생긴다고 본다. 한비자는 군주가 권신들에게 속아 충신을 내치는 위험을 경고한다.

현대 기업에서도 비슷한 사례가 많다. 위워크(WeWork)는 '성장'에 중독된 유니콘의 추락을 보여준다. 본질은 사무실 임대업이었지만 IT 기업으로 포장됐다. 창업자 애덤 뉴먼의 사적인 자금 유용과 독단적 경영에도 임원들은 침묵했다. 결국 기업 가치는 470억 달러에서 80억 달러 미만으로 폭락했다.

보잉(Boeing)도 마찬가지다. 737 MAX의 MCAS 결함을 알면서도 비용 절감과 속도 경쟁에 몰두하며 문제를 축소했다. 엔지니어들의 경고는 묵살됐고, 결국 두 차례 추락 사고로 수백 명이 목숨을 잃었다. 회사는 수십조 원의 손실을 입고, '안전의 대명사'라는 명성에도 상처를 입었다.

노키아, 닌텐도, 코닥 같은 사례도 결국 잘못된 것을 잘못이라 하지 못한 데서 비롯됐다. '그 말을 했느냐?'가 아니라, '그 말을 할 수 있었느냐?'의 구조적인 문제였다.

안전경영과 안전문화가 자리 잡지 못하는 이유도 같다. 안전담당 임원은 곤혹스러운 위치에 놓여 있다. 중역회의에서 명확한 사고가 아니면 위험을 선제적으로 들추거나 지적하기 어렵다. 개인의 의지만으로는 장님이 색을 구분하거나 귀머거리가 소리를 분별하는 것과 다름 없다. 그래서 제도와 시스템이 중요하다. 옳은 것을 옳다고 할 수 있게 만드는 환경, 그게 안전경영의 출발점이다.

83. 조직을 좀먹는 다섯 종류의 벌레

《한비자》〈오두(五蠹)〉는 '나라를 좀먹는 다섯 종류의 벌레'를 지목하며 국가를 해치는 인간 군상을 비판한다.

첫째는 학자(學者)다. 옛 성현의 도를 찬양하며 현실의 법을 의심하게 만드는 자들이다. 주로 유가를 가리킨다. 옛 통치 방식만 칭송하고 지금의 법을 부정하게 만들어 통치 기반을 흔든다.

둘째는 언변가(言辯者)다. 화려한 말솜씨로 국내외를 오가며 사익을 챙기는 자들이다. 주로 종횡가를 말한다. 교묘한 언술로 군주를 현혹해 국익을 해치고 외교를 혼란에 빠뜨린다.

셋째는 협객(俠客)이다. 사적인 의리를 내세워 칼을 차고 다니며 국가의 법을 어기는 자들이다. 공적 질서보다 사적 복수와 의리를 우선시해 사회 질서를 무너뜨린다.

넷째는 측근(患御)이다. 권세가에 붙어 병역과 세금을 피하고 사익만 추구하는 자들이다. 농사와 병역을 회피해 국가의 생산력과 국방을 약화시킨다.

다섯째는 상공인(商工人)이다. 사치품을 만들거나 물건을 쌓아두고 폭리를 취하는 자들이다. 농업 대신 화려한 상업에 백성을 끌어들이며 경제의 근본을 흔든다.

본문을 보자.
"옛날 창일이 문자를 만들었을 때, 자기만을 위한 것을 사(私)라 하고, 그 반대를 공(公)이라 했다. 공과 사가 대립한다는 사실을 창일도 이미 알고 있었다."

"공과 사를 모르면 그 무엇도 모르는 것이다. 평범한 사람이 이익을 얻고자 한다면 인의를 닦고 문학을 배우는 것보다 좋은 것이 없다. 인의를 닦으면 신용을 얻고, 신용을 얻으면 좋은 일을 맡는다. 문학을 배우면 이름난 선생이 될 수 있다. 대선생이 되면 유명해진다. 이는 범인에게는 매력적인 길이다."

"결국 공적이 없어도 좋은 일을 맡고, 작위가 없어도 유명해진다. 그러면 국가는 혼란에 빠지고 윗사람도 위험해진다. 받아들이지 않으면 양립할 수 없다. 유가의 자비 실행을 높이 평가하고, 성을 함락시킨 자 대신 묵가의 박애를 신용한다. 군비를 증강해야 하는데 예복의 아름다움에 빠진다."

"나라는 농민에게 의존해 부유해지고, 병사에게 의존해 적을 막는다. 그런데도 문학을 하는 선비를 존중한다. 윗사람을 존경하고 법을 지키겠다는 백성은 버리고, 협객과 자객을 기른다. 나라가 평온할 때는 협객을 키우고, 전쟁이 나면 전사를 쓰려 한다. 결국 나라가 이익을 주는 자는 나라에 필요하지 않고, 나라에 필요한 자는 나라로부터 이익을 얻지 못한다. 그러니 정상적인 일을 하던 자는 그 일을 버리고, 무용지물만 늘어난다. 이것이 혼란의 원인이다."

한비자는 문학과 예술의 쓸모를 전면 부정하지는 않았다. 그는 "현명한 군주는 내전에서 여색을 즐길지언정 그 말은 듣지 않고 은밀한 부탁도 허락하지 않는다."고 했다. 무용의 용, 필요악의 개념은 인정했다. 문제는 우선 순위와 비중이다. 이를 모르면 양비론에 빠져 사회가 흔들린다.

매뉴얼, 화려한 교육자료, 멋진 보고서가 불필요하다는 뜻은 아니다. 다만 그보다 먼저 실행할 자원, 인력, 시간부터 확보했는지가 더 중요하다는 점을 말하는 것이다.

84. 성과 측정의 중요성
"즐겁다고 잘하는 것인가?"

공자의 《논어(論語)》〈옹야편(雍也篇)〉에 나오는 구절로 '지지자 불여 호지자 호지자 불여 낙지자(知之者 不如 好之者, 好之者 不如 樂之者)'가 있다. "아는 것은 좋아하는 것만 못하고, 좋아하는 것은 즐기는 것만 못하다."

어찌 보면 이 말과 정면으로 상충하는 이야기가 한비자에 소개된다.

"송왕은 제나라와 싸운 다음 승전을 축하하기 위해 무궁(武宮)을 세웠다. 가수 규가 장단을 맞추며 노래하자 길 가던 사람들이 발걸음을 멈추고 귀를 기울였으며, 일하던 자들도 피로를 잊었다. 송왕은 감탄하며 규에게 상을 내렸다. 그러자 규가 말했다. '저의 스승 사계의 노래가 제 노래보다 훨씬 뛰어납니다.'"

송왕이 사계를 불러 노래하게 했으나, 길가는 사람들은 멈추지 않았고 일하는 자들도 피로에 지친 기색이 역력했다. 송왕이 물었다.

"길가는 자는 멈추지 않고 일하는 자도 피곤해 보이는데, 사계의 노래가 어째서 그대의 노래보다 낫다고 하는가?"

규가 대답했다.

"전하, 일의 진척을 한번 살펴보시지요."

확인해 보니 규가 노래했을 때는 벽이 40척 쌓였으나, 사계가 노래했을 때는 80척이나 쌓였다. 또한 튼튼함을 시험해 보니 규의 노래 때는 벽을 찌르자 50치나 무너졌고, 사계의 노래 때는 2치밖에 허물어지지 않았다. 규의 노래는 듣기 즐겁고 사람들을 끌어당겼지만, 실제 성과는 저하되었다. 반면 사계의 노래는 재미없고 주목받지 못했으나, 일의 효율과 결과물의 품질을 크게 높였다. 겉으로 화려하지만 본질적 목표를 방해하는 것과 재미없어 보이지만 실질 성과를 만들어 내는 것의 차이를 보여준다.

영화 〈머니볼〉의 사례가 같다. 기존 구단들은 외모, 자세, 스타성 같은 눈에 보이는 요소로 선수를 평가했으나, 오클랜드의 빌리 빈 단장은 출루율이라는 지루하지만 핵심적인 데이터를 기준으로 저평가된 선수를 영입했다. 결과적으로 메이저리그 최저

연봉 총액으로 20연승을 기록하며 성과를 냈다. 겉모습이 아닌 실제 성과를 기준으로 판단했기 때문이다.

아마존의 '플라이휠' 전략도 마찬가지다. 광고와 마케팅에 거액을 쓰는 대신 낮은 가격·빠른 배송·상품 다양성이라는 본질적 가치에 집중했다. 고객이 만족하자 판매자가 늘고, 다시 고객이 몰리는 선순환이 만들어졌다. '지루할 정도로' 본질에 충실했기에 거대한 성과가 만들어졌다.

안전경영 역시 규의 노래처럼 구호성·이벤트성에 머무는 경우가 많다. 그러나 실질적 성과에 집중해야 한다. 아이디어와 방법은 실무에서, 가용 자원 안에서 실행 가능해야 한다. 겉으로 화려하지 않아도 실행되는 것이 중요하다.

송왕의 행동에서 주목할 점은 성과를 직접 측정했다는 것이다. 벽의 높이를 재고, 강도를 시험했다. 교육 현장도 비슷하다. 강사 평가는 강사 만족도와 재미 위주다. 그러나 수강생이 내용을 이해했는지, 얼마나 실천할 수 있는지를 측정하지 않는다. 안전경영도 마찬가지다. 재해율과 산재 건수만 평가할 것이 아니라, 예방 사례·위험요인 발굴 건수·개선 성과 같은 본질적 지표를 계량화해야 한다.

제6부

순우곤과 인상여에게 배우는 안전경영의 지혜

지혜는 위기 상황에서 빛을 발한다. 역설적으로 지혜는 위기를 필요로 한다. 이 말은 위기 상황에서의 대응력이 곧 지혜라는 뜻이다. 결국 지혜는 위기관리 역량이다. 우리에게 필요한 것은 지식이 아니라 지혜다. 지식은 행동을 통해 지혜로 발전한다. 결국 성과나 부는 지식의 양이 아니라 지혜의 질이 결정하며, 그 지혜는 수많은 행동의 결과값이다. 문제는 행동의 패턴이 일상화되고 반복되면 무감각해진다는 것이다. 이런 점에서 다양한 관점이 결국 지혜를 만들어내는 비밀이다.

《한비자》나 사마천의 《사기》 등에는 지혜로운 사람들이 언급된다. 그들의 관점을 배우는 것이 지혜로워지는 방법이다.

85. 안전혁신을 위한 핵심요소

"아무때나 휘두르는 칼은 무섭지 않다."

순우곤(淳于髡), 순우가 성이고 곤은 이름이다. 순우곤에 대한 이야기는 《한비자》〈외저설좌상(外儲說左上)〉편에 실려 있다. 사마천이 쓴 《사기》의 〈골계열전〉에도 소개가 된다. 사마천은 한비자보다 100년 정도 뒤에 활동한 역사가이다.

한비자는 순우곤의 이야기를 통해 외교사절이나 관료는 언행을 신중히 해야 한다고 한다. 또 개인의 교만이 결국은 국가의 위신과 이익을 해칠 수 있다고 강조한다.

반면 사마천은 골계, 즉 '익살맞음', '해학', '기지'라는 의미에서 소개한다. 잘못하면 상대방의 격노를 살지도 모르는 말도 완곡하게 하여 어느샌가 자기 편으로 끌어들이는 기지를 말한다.

순우곤은 제나라 어느 집의 데릴사위였다. 난쟁이처럼 작은 키였으나 기지가 풍부하고 웅변가라는 점에서 사자가 되어 종종 제후들을 만나는 활약을 했다. 순우곤이 활동하던 시대는 제나라 위왕, 선왕, 민왕의 가장 융성한 시기였다.

제나라 위왕은 즉위 초에 음탕하게 놀며 술 마시기를 즐겨 나랏일을 돌보지 않았다. 정치는 경대부에게 맡겨 버렸다. 때문에 관리들은 기강이 문란했고, 제후들이 침략하여 나라의 존망이 절박한 지경에 이르렀다. 이때 순우곤이 왕을 만나 대화를 나눈다.

제나라 위왕(威王)이 즉위한 뒤 나라 안에 큰 새가 있는데, 궁전 뜰에만 앉아 날지 않고 울지도 않는다는 말을 했다. 순우군(荀于君)이 그 말을 듣고 이렇게 말했다.

"저 새는 세 해 동안 움직이지 않았으니, 움직이면 반드시 하늘 높이 날 것이고 울면 반드시 세상을 놀라게 할 것입니다."

"삼년불비(三年不飛) 일비충천(一飛沖天) 삼년불명(三年不鳴) 일명경인(一鳴驚人)"이라는 고사성어가 바로 여기서 나온 말이다.

이 말에 감복한 위왕은 결심을 굳히고, 즉시 각 현의 현령과 현장 72명을 조정으로 불러들여 상벌을 내림으로써 기강을 잡았다. 기강을 잡는 방식은 이러했다. 먼저 즉묵의 대부를 불러들여 이렇게 말했다.

"그대가 즉묵으로 부임하고부터 그대를 비방하는 소리가 매일처럼 들려왔다. 사람을 보내 알아보게 했더니 즉묵의 들판은 잘 경작되고 있었고, 물자는 골고루 미쳤으며 관의 사무도 순조롭게 행해지고 있다는 보고였다. 그대는 지사로서 잘해주었다. 비방하는 소리가 난 것은 그대가 내 주위에 있는 사람들의 비위를 굳이 맞추려 하지 않았기 때문이겠지."

그렇게 말하고는 그를 만호의 읍에 승진시켰다. 이어서 위왕은 아(阿)의 대부를 불러들였다.

"그대가 아로 간 다음부터 그대를 칭찬하는 소리가 매일처럼 들렸다. 사람을 보내어 시찰하게 했더니, 아의 들판에는 풀이 무성하게 자라고 있었고, 백성들은 빈곤으로 괴로워하고 있었다. 또 이웃 현이 조나라의 공격을 받았을 때 그대는 구원병을 보내지 않았다. 대부로서는 정말 태만하다. 그런데도 그대의 평판이 높았던 것은 그대가 내 주위에 있는 사람들에게 뇌물을 듬뿍 바치고 있었기 때문이다. 괘씸하기 짝이 없는 놈이다."

위왕은 이렇게 질타한 후 그를 삶아 죽이는 극형에 처하고, 그에게 뇌물을 받은 측근들도 전원 주살해 버렸다.

이와 같은 단호한 기강잡기에 위왕의 면목은 일신되었다. 병사들의 사기를 일으켜 침략국을 향해 출정했다. 제후들은 크게 놀라 그동안 빼앗은 땅을 자진해서 반납했다. 그때부터 위왕의 위엄은 36년 동안 계속되었다.

위왕은 주색에 빠져 있으면서도 부하들의 움직임을 가만히 관찰하며 쇄신의 기회를 노리고 있었던 것이다. 순우곤의 말은 단지 그 계기를 제공한 것이었다. 그 후로 순우곤은 왕의 고문이 되었다.

안전경영에서 쇄신의 기회는 큰 사고가 나거나 경영진이 바뀔 때이다. 그때마다 새로운 대책이나 계획을 내놓게 된다. 그러나 매번 비슷한 내용이 재탕삼탕 된다. 결국 잠깐의 이벤트로 끝난다. 위왕과 순우곤의 이야기에서 우리는 혁신의 방법을 배울 수 있다.

아무 때나 휘두르는 칼은 무섭지 않다. 칼은 칼집 속에 들어 있을 때 가장 무섭다는 말은 그래서 하는 말이다. 《한비자》〈난세(難勢)〉에는 "칼을 뽑아 흔드는 것은 오히려 하책"이라는 문맥이 나온다. 결국 혁신은 타이밍이 중요하고, 그 혁신에 대한 근거가 명확해야 한다는 것을 알려준다. 위왕은 그 근거를 충분한 시간을 가지고 확보했다. 술을 마시고 음탕한 모습을 보인 것은 사실 그 실태를 정확히 파악하기 위한 행동이었다.

혁신은 무엇을 하느냐보다 언제 하느냐가 더 중요하다. 너무 이르면 시장이 준비되지 않았고, 너무 늦으면 기회를 잃는다. 또

한 혁신의 가장 큰 적은 외부 경쟁자가 아니라 내부의 저항이다. 따라서 타이밍을 읽는 통찰과 내부 저항을 제압할 리더십이 결합될 때 혁신은 성공한다.

애플이 스마트폰을 출시할 때, 당시 휴대폰 시장은 노키아, 모토로라의 피처폰이 지배적이었다. 스티브 잡스는 "손가락이 최고의 입력 도구"라며 물리적 키패드를 없애고, 터치스크린 기반 스마트폰을 밀어붙였다. 애플 내부에서도 실패 가능성을 우려했지만, 잡스는 저항을 제압하고 2007년 아이폰을 출시해 시장 판도를 바꿨다.

넷플릭스도 그렇다. 초기에는 DVD 우편 대여 서비스 회사였지만, CEO 리드 헤이스팅스는 인터넷 대역폭 확대와 소비 패턴 변화를 예견했다. 내부에서는 "기존 DVD 사업을 잠식할 것"이라며 반발했으나, 넷플릭스는 스트리밍 플랫폼으로 전환을 단행했다. 그 결과 블록버스터 같은 경쟁자를 무너뜨리고 글로벌 미디어 제국으로 성장했다.

반면 코닥은 1975년 세계 최초의 디지털 카메라 시제품을 개발했다. 그러나 필름 사업에 의존하던 내부 경영진은 기존 수익을 해칠 것을 우려해 기술 상용화를 미뤘다. 결과적으로 캐논, 소니 같은 경쟁사에 시장을 내주고 디지털 전환 타이밍을 놓쳐 몰락했다.

안전혁신도 마찬가지다. 지긋지긋할 만큼의 저항이 있다. 인식과 이미 굳어진 절차와 행동습관까지 철옹성 같은 반발이 작용한다. 섣불리 시도했다가는 '결국 안 된다'는 패배감만 키울 뿐이다. 보다 철저한 근거를 확보하고 정확한 타이밍을 잡아야 한다. 전략적 접근 없이 의지만 가지고 접근할 일이 아니다.

스티브 잡스는 "혁신은 수천 가지를 거절하는 것에서 시작된다."라고 했다. 넷플릭스 CEO 리드 헤이스팅스는 "혁신적 아이디어는 처음에는 미친 짓처럼 보이고 경제성 없어 보이지만, 결국 옳다고 드러난다."라고 했다. '미친 것처럼 보인다.'는 말에 눈길이 간다. 《혁신기업의 딜레마》의 저자 클레이튼 크리스텐슨은 "파괴적 혁신은 기술 문제가 아니라 조직이 받아들이는 문제다."라고 했고, 인텔 CEO 앤디 그로브는 "편집광만이 살아남는다."고 했다.

86. 술 한 병, 돼지 발 하나로 세상 복을 다 받으려 하는가?

위왕 7년, 초나라가 제나라에 진공 작전을 폈다. 걱정이 된 제나라 위왕은 순우곤을 사자로 삼아 조나라에 구원을 요청토록 했다. 그때 조왕에게 줄 예물로서 금 100근, 4두 마차 10대가 준비되었다. 그러자 순우곤이 갑자기 하늘을 우러러보며 웃었다. 너무나 호들갑스럽게 웃었기 때문에 갓끈이 모두 끊어져 버렸다.

왕이 물었다.

"그대는 선물이 적다고 생각하시오?"

"어찌 감히 그렇다고 하겠습니까?"

"그럼 그렇게 크게 웃은 연유가 무엇이오?"

"그럼 말씀드리겠습니다. 저는 동쪽에서 오는 길가에서 풍년을 비는 사람을 보았습니다. 돼지 발 하나와 술 한 잔을 손에 들고 이렇게 빌고 있었습니다.

'높은 밭에서는 광주리에 넘치고, 낮은 밭에서는 수레에 가득 차게, 오곡이 풍성하게 익어 우리 집에 넘쳐나게 해 주십시오.'

저는 그가 손에 들고 있는 것은 그리 적으면서 원하는 것은 그처럼 큰 것을 보았기 때문에 그것을 생각하고 웃는 것입니다."

위왕은 당장 선물을 황금 1천 일, 백벽 10쌍, 4두 마차 100대로 늘렸다. 이렇게 해서 순우곤은 조나라로 가서 구원의 약속을 받아냈다. 조나라 왕은 그에게 정예병사 10만 명과 전차 1천 대를 내주었다. 초나라는 그런 움직임을 알자 밤중에 군대를 철수시켰다.

안전경영에서 바라는 것은 무사고이다. 그러면서 우리가 손에 들고 있는 것은 형식적 안전교육과 보호구 착용 정도이다. 흡사 돼지 발 하나와 술 한 잔을 들고 풍년과 더불어 온갖 복을 비는 농부와 같다. 전쟁을 앞두고 국가의 존망을 다투는 상황에서 금 100근과 마차 10대를 들고 지원병을 요청하는 위왕과 닮았다. 안전에 대한 인력, 예산, 적정한 시간에 얼마나 할애하는가? 그것에 대한 투자의 크기가 전부다.

듀폰은 19세기 화약 제조 과정에서 대형 폭발 사고를 겪은 뒤, 안전을 경영의 최우선 가치로 삼았다. '듀폰 STOP 프로그램(Behavior-Based Safety)'을 개발해 전 세계 사업장에 적용했고, 매년 수억 달러를 안전 교육과 설비 개선에 투자했다. 신입사원 교육의 경우 입사하면 최소 40시간 이상의 안전 연수를 이수해야 현장에 배치될 수 있다. 화학공정의 경우 맞춤형으로 수주일에서 수개월까지 교육과 현장 실습을 거치는 것으로 알려져 있다. 이러한 철저한 교육과 인력 관리 덕분에 듀폰은 '사고율 세계 최저 기업'이라는 명성을 확보했다. 안전경영 자체가 기업의 브랜드와 경쟁력이 되었다.

87. 안전소통과 역할의 협업

"안전은 언제까지 논쟁의 대상인가?"

어느 날 선왕이 순우곤을 불러 환담을 나누고 있었다. 선왕이 말을 꺼냈다.

"내가 어떤 것을 좋아하고 있는지 선생이 한번 알아맞혀 보시오."

"네, 옛날의 왕은 네 가지 것을 좋아하셨지만 왕께서는 그중 세 가지를 좋아하고 계십니다."

"아 그래요? 세 가지가 뭡니까?"

순우곤이 대답했다.

"옛날의 왕은 말을 좋아하셨는데 왕께서도 역시 말을 좋아하십니다. 옛날의 왕은 맛을 좋아하셨는데 왕께서도 역시 맛을 좋아하십니다. 옛날의 왕은 색을 좋아하셨는데 왕께서도 역시 색을 좋아하십니다. 옛날의 왕은 선비를 좋아하셨는데 왕께서는 선비만은 좋아하시지 않습니다."

이번에도 순우곤은 완곡하고 곡선적인 표현을 했다. 반면에 맹자는 상대의 기분 따위는 상관하지 않았다. 자기가 이상으로 삼는 왕도정치를 상대에게 일방적으로 털어놓았다.

제나라는 선비들을 우대해서 학자와 문화인에게 융숭한 대접을 했다. 수도 주변에 광대한 저택을 짓게 해주어 생활이 보장되었다. 학자들은 논쟁이나 학문 연구에 힘쓸 수 있었다.

순우곤과 맹자의 설전이 〈맹자〉에 소개된다. 순우곤이 맹자에게 물었다.

"남녀가 손수 물건을 준다든가 받는다든가 하지 않는 것이 예의라고 생각합니까?"

유가의 경전인 《예기》에는 '남녀는 손을 잡지 않는다. 특히 형수와 시동생 사이에는 손수 주고받는 일이 엄하게 금지되었다.' 이렇게 기록되어 있다. 이것을 근거로 맹자를 조롱한 것이다.

맹자는 "그야 물론이오." 하고 대답했다.

그러자 순우곤은 말했다.

"그럼 형수가 물에 빠져 죽어가고 있을 때 손을 내미는 것도 허용되지 않습니까?"

"아닙니다. 그런 때 손을 내밀지 않는다면 짐승이나 마찬가지입니다. 남녀가 손수 물건을 주고받지 않는 것이 예의라 해도 형수가 물에 빠졌을 때 손을 내미는 것은 임기응변의 일입니다."

"지금 천하는 물에 빠져 죽어가고 있습니다. 그런데 왜 당신은 천하를 구하지 않습니까?"

"형수가 물에 빠져 죽어갈 때는 손을 잡아 구해야 하지만, 천하가 물에 빠졌을 때는 도(道)로 구하는 것입니다. 당신은 지금 천하도 손으로 구하라고 하는 말입니까?"

두 사람의 대화를 통해 알 수 있는 것은 어느 쪽이 일방적으로 옳다고 할 수 없다는 점이다. 무엇인가를 정확하게 말하는 맹자와, 듣는 사람에게 스스로 생각해 볼 수 있는 틈을 주는 순우곤의 화법은 모두 필요하다. 맹자도 결국 순우곤의 화법을 구사하지 못했고, 순우곤 또한 맹자의 화법을 구사하지 못했다. 그렇다면 안전 실무자에게 이 두 가지 역량을 모두 갖추라고 하는 것은 어려운 일이다. 각자 역할에 따라 맞는 화법을 구사하는 사람을 배치하여 협업하게 해야 한다. 참여와 토론이 필요한 이유다. 우리의 안전 수준은 실상 토론문화의 수준이기도 하다.

88. 의도적인 것은 나쁜 것인가?

"위기를 만들어 실력을 증명하다."

어느 날 순우곤이 선왕의 부름을 받았다. 무슨 일일까 생각하며 궁중으로 들어가니, 초나라에 다녀오라는 명이었다. 곡(鵠)이라는 새 한 마리를 초왕에게 헌상하고 오라는 것이었다.

곡이란 고니(백조)를 말한다. 당시 중국에서는 선인(仙人)이 타는 새로 여겨 귀중하게 다루었다. 그는 왕의 부탁을 공손히 받아들이고 초나라로 떠났다.
그러나 도성을 벗어나자마자 소중한 선물인 곡을 하늘로 날려보냈다. 그리고 빈 새장만 들고 초왕을 만나 이렇게 변명했다.

"저는 제왕의 심부름으로 곡을 헌상하러 왔습니다. 그런데 도중에 강가에 이르렀을 때였습니다. 곡이 물을 마시고 싶어 하기에 새장에서 꺼내 주었습니다. 그러자 그대로 달아나 버렸습니다. 저는 책임을 지고 그 자리에서 자결하려 했습니다. 그러나 제가 죽으면, 우리 제왕께서 고작 새 한 마리 때문에 아까운 선비를 죽게 했다는 비난을 받으실까 걱정되었습니다. 그래서 마음을 돌렸습니다. 곡과 비슷한 다른 새를 사서 대신할까도 생각했습니다. 하지만 그런 행동은 왕을 속이는 짓이므로 단념했습니다.

차라리 다른 나라로 도망칠까도 고민했습니다. 그러나 그렇게 하면 두 나라의 친선 관계에 금이 갈 것 같아 그 또한 그만두었습니다. 그래서 이렇게 뻔뻔하게 빈손으로 왔으니, 어떠한 벌이라도 내려 주십시오."

초왕은 그의 말에 깊이 감동했다.
"참으로 우러러볼 만한 사람이구나. 제왕 밑에 이 정도의 인물이 있었다니."
초왕은 그렇게 말하며 그에게 많은 선물을 주었다. 그 선물은 곡을 무사히 헌상했을 때 받았을 것보다 세 배나 많았다고 한다.
단순히 곡을 선물로 가져갔다면 순우곤은 심부름꾼에 그쳤을 것입니다. 그러나 그는 새를 놓아주고, 그 상황을 자신의 충성심, 정직, 용기를 증명하는 기회로 삼았다.

어느 해, 순우곤이 위나라에 갔을 때의 일이다. 그는 위나라 혜왕과 회견하게 되었다. 순우곤의 명성은 이미 널리 알려져 있었기에, 혜왕은 호기심 가득한 마음으로 그를 만났다. 그런데 순우곤은 한마디도 하지 않았다. 혜왕은 주변에 중신들이 있어 그러는 것이라 생각했다. 그래서 다음 날, 측근들을 모두 물리고 둘만 이야기할 기회를 마련했다.

그럼에도 순우곤은 시종일관 말이 없었다. 혜왕은 어처구니가 없었고, 혹시 멍청이가 아닌가 하는 생각까지 했다. 혜왕은 순우곤을 소개한 사람을 나무랐다.

"그대는 순우곤을 제나라의 명재상이었던 관중이나 안영에도 뒤지지 않는 인물이라 칭찬했었다. 그런데 막상 만나보니 한마디도 하지 않는구나. 나를 얕보는 것인가? 도대체 무슨 속사정인가? 가만두지 않겠다."

그 이야기를 들은 순우곤은 이렇게 말했다.

"왕의 반응은 당연합니다. 처음 저를 만나셨을 때, 왕께서는 오직 말(馬)에만 정신이 팔려 계셨습니다. 두 번째 뵈었을 때도 저와의 대화에는 관심이 없으셨습니다. 마음이 온통 음악에 쏠려 있는 기색이었습니다. 그래서 제가 아무 말씀도 드리지 않은 것입니다."

그 말을 듣고 혜왕은 크게 놀랐다.

"아, 순우 선생이야말로 진정한 현인이시오. 처음 선생을 만났을 때는 마침 누가 준마를 헌상하여 말을 보러 가려던 참이었습니다. 바로 그때 선생께서 오셨던 겁니다.

두 번째 만났을 때도 마찬가지였습니다. 누가 가희(歌姬)를 데리고 왔는데, 아직 그 노래를 들어보지 못한 상태였습니다. 마침 그때 선생이 오셔서 측근들을 물리치고 자리를 마련했지만, 그것은 형식에 지나지 않았습니다. 내 마음은 온통 준마와 가희에게 빼앗겨 있었던 것입니다."

이처럼 순우곤은 상대의 뜻을 읽고 안색을 살피는 데 능했다고 한다. 얼마 후 세 번째 회견이 이루어졌다. 혜왕은 이번에야말로 진심으로 그의 이야기에 귀를 기울이는 태도를 보였다.

순우곤은 사흘 낮밤 동안 쉬지 않고 이야기했지만 지친 기색이 없었다. 혜왕은 순우곤에게 완전히 매료되어 그를 재상으로 등용하려 했다.

의도적인 것은 나쁜 것일까? 그저 주어진 일을 묵묵히 성실하게 수행하면 되는 것일까? 어제와 다른 방식으로 일을 하려는 시도만이 권태로움을 없앨 수 있다. 쇼펜하우어의 말처럼 삶이 '불안과 권태 사이를 오가는 시계추'와 같다면, 반복은 결국 무감각을 낳을 뿐이다.

듣는 사람이 들으려 하지 않는데도 일방적으로 실행되는 것이 있다. 바로 안전 교육이다. 수강자들은 자발적으로 안전 교육을 받으려 하지 않는다. 법적으로 받아야 하는 교육이다 보니, 듣고 싶다는 마음보다는 들어야 한다는 의무감이 앞선다.

이는 마치 혜왕이 외국 손님을 의례적으로 만나주는 것과 같다. 게다가 강사가 유명하다고 하면 '얼마나 잘하나 보자!'는 식으로 지켜볼 뿐이다. 이런 상황에서 어떤 말을 한들 귀에 들어가지 않는다. 설령 귀로 들어간다 해도, 그 말이 가슴까지 닿을지는 알 수 없다.

들으려 하지 않는 사람을 듣게 하려면 기존과는 다른 방법이 필요하다. 구글의 '5-3-2 제도(5-3-2 Rule)'가 한 예다. 이 제도는 직원이 업무 시간을 2주 단위로 나누어 사용하도록 한다. '5'는 업무 시간의 50%를 본인의 주요 업무(핵심 프로젝트)에 투입하는 것을 의미한다. '3'은 30%를 회사가 지정한 공동 프로젝트나 협업 업무에 쓰는 것이다. '2'는 20%를 본인이 관심 있는 개인 프로젝트나 자율 과제에 할애하는 것이다. 이를 통해 회사는 직원이 핵심 성과, 협업, 창의성을 균형 있게 발휘하도록 유도한다. "어제와 다른 방법을 써야 한다."고 말하는 것을 넘어, 다르게 할 수밖에 없는 여건을 만들어주는 것이 핵심이다.

89. 두 다리가 잘린 사람과 전문가의 의견

《한비자》〈내저설(內儲說)〉, 〈세난(說難)〉 등 일부 편에서 인상여의 사례가 나온다.

주로 말의 힘(언변), 군주 앞에서의 신중한 처세, 권모술수 속에서의 판단력을 보여주는 예시로 등장하는 사람이 인상여다.

앞에서 위험의 경중을 판단하는 기준으로 살펴본 이야기다.

초나라에 화씨라는 사람이 있었다. 어느 때 초산의 산중에서 갈지 않은 구슬(옥)을 발견하고, 그것을 그때의 왕인 여왕(厲王)에게 헌상했다. 여왕은 즉시 보석사를 불러 감정을 시켰다. 그러자 보석사는 "이건 보통 돌일 뿐입니다"라고 말했다. 여왕은 화씨를 사기꾼이라 생각하며 그의 왼쪽 발을 자르는 형벌을 내렸다. 여왕이 죽고 무왕(武王)이 즉위했다. 그러자 화씨는 또 같은 옥을 헌상했다. 무왕도 그것을 감정사에게 감정시켰다.

"돌이옵니다."

보석사가 이렇게 말했다. 무왕도 화씨를 사기꾼이라고 꾸짖고, 오른쪽 발을 자르는 형벌을 내렸다. 무왕이 죽고 문왕이 즉위했다. 화씨는 옥을 안은 채 사흘 밤, 사흘 낮 동안 계속해서 울자 눈물이 말라 버리고 피가 흐르기 시작했다. 문왕은 그 말을 듣고 화씨에게 사람을 보내 그 까닭을 물었다.

"세상에는 발을 잘리는 형을 당한 사람들이 많은데, 너는 어찌해서 그렇게 슬피 우는가?"

화씨가 대답했다.

"저는 발을 잘려서 슬픈 것이 아닙니다. 보석을 가리켜 돌멩이라 하고, 정직한 사람을 사기꾼으로 몰아 형벌을 가하는 것이 슬픈 것입니다."

문왕은 보석사에게 그 옥을 갈아 보게 했다. 그것은 과연 보석이었다. 그 보석은 그의 이름을 따서 '화씨의 벽'이라 불렸으며, 그 이후로 천하의 명옥으로 칭송받게 되었다.

위기경영의 관점에서 몇 가지를 살펴보기로 한다.

첫째, 진실을 볼 수 있는 안목, 즉 경영자의 통찰이다. 여왕과 무왕 모두 전문가(보석사)의 말만 믿고 단정했다. 그러나 결국 그것은 잘못된 판단이었고, 인재(화씨)의 희생을 불러왔다. 보고된 데이터나 일부 전문가의 의견만으로 결정을 내리면, 숨겨진 가치와 기회를 놓칠 수 있음을 보여준다. 최근 전문가들의 보고서를 읽어보면 온갖 책임 회피성 문구들로 가득하다. 막연하고 추상적이고 두루뭉술하다. 그것은 어느 한쪽만의 문제는 아니다. 이것으로 위안받고 안심하는 일은 곤란하다.

둘째, 인재의 오판은 조직 손실을 야기한다는 점이다. 화씨는 충직하게 보물을 바쳤지만, 두 번이나 '사기꾼'으로 몰려 형벌을 받았다. 이는 조직에서 능력 있는 인재를 알아보지 못하고 배척하는 경우와 같다. 그런 인재는 결국 다른 곳에서 기회를 찾아 빛나게 되거나, 조직은 장기적으로 손실을 입게 된다.

셋째, 명성(브랜드)은 서사에서 나온다는 점이다. 화씨벽은 단순히 아름답기 때문이 아니라, 억울한 희생과 진실의 드러남이라는 '스토리'가 덧붙여져 명옥이 되었다.

마지막으로, 진실이 드러나는 과정의 비용에 대한 생각을 해 볼 수 있다. 화씨는 발을 잘리고, 오랜 세월 억울한 삶을 살았다. 만약 초기부터 제대로 인정받았다면, 불필요한 희생과 비효율을 막을 수 있었을 것이다. 기업에서도 '진짜 가치'를 너무 늦게 알아보면, 그때는 이미 큰 비용과 손실을 치른 뒤일 수 있다. 전문가란 사실을 볼 수 있는 사람이고, 말할 수 있는 사람이다. 이것에 충실하도록 해야 하고, 가능하도록 여건도 만들어 줘야 한다.

90. 인상여에게 배우는 문제해결의 기본

"문제를 명확하게 정의할 수 있는가?"

후에 '화씨의 벽'이라는 보석은 돌고 돌아 조나라 혜문왕의 손에 들어갔다. 이미 세상에 명옥으로 소문이 나 있을 때였다. 그 소문을 들은 진나라의 소왕은 곧 조나라로 사자를 보내, 이 '화씨의 벽'과 성읍 15개를 교환하자고 제의했다. 조의 혜문왕은 머리가 아팠다. 진나라는 대국이고, 조나라는 소국이었다. 딱 잘라 거절하면 심한 보복이 두려웠다. 그렇다고 수용하면 공짜로 빼앗길지도 모르는 일이었다. 중신회의를 소집했지만 딱히 묘안이 없었다.

중신회의는 난항을 거듭한 끝에, 일단 벽과 성읍 15개의 교환 제의에 응하기로 결정했다. 문제는 누구를 사신으로 보낼 것인가였다. 이때 무현이 말했다.

"저희 집 식객 중에 인상여라는 사람이 있습니다. 그 사나이라면 적임자가 아닐까 생각합니다."

"누구인지 말해보라."

"저는 일찍이 대왕께 죄를 지어 연나라로 도망치려 한 적이 있습니다. 그때 저를 말린 자가 인상여입니다. 그가 '연왕과는 어떻게 아는 사이입니까?' 묻기에 '지난날 대왕께서 국경에서 연왕과 회견했을 때 수행한 적이 있는데, 그때 연왕이 내 손을 잡고 아무쪼록 친구가 되어달라는 말을 한 적이 있다. 그런 사이여서 연나라로 가려 한다.'고 했습니다. 그러자 인상여는 '조나라는 대국이고 연나라는 소국입니다. 더구나 당신은 조왕의 총애를 받고 있습니다. 그래서 연왕은 친구가 되고 싶다는 말을 한 것입니다. 그런데 지금 연나라로 도망치면 연나라는 조나라를 무서워하고 있기에 당신의 체재(滯在)를 받아들이지 않을 뿐 아니라 필시 체포해 조나라로 송환할 것입니다. 그러니 도망칠 것이 아니라 진심으로 대왕께 사과해야 합니다. 그러면 대왕께서 용서하실지 모릅니다.'라고 했습니다. 그래서 인상여의 말에 따랐더니 대왕께서 용서해 주셨습니다. 그런 일이 있었기에 저는 인상여라는 인물은 지혜와 용기를 겸하고 있다고 봅니다."

왕은 인상여를 불렀다.

"진왕이 15개의 성읍과 나의 화씨벽을 교환하자 한다. 어떻게 하면 좋겠느냐?"

인상여가 대답했다.

"상대는 강대한 나라이므로 그 제의를 받아들이지 않을 수는 없을 것입니다."

"그렇지만 보석만 빼앗기고 땅을 못 받으면 어찌하느냐?"

"진나라는 교환을 제의하고 있는 것입니다. 벽을 주지 않으면 잘못은 조나라에 있는 셈이 됩니다. 한편 벽만 빼앗기고 땅은 주지 않는다면 잘못은 진나라에 있는 셈이 됩니다. 가장 좋은 방법은 진나라의 제의를 받아들여, 잘못이 진나라에 있도록 하는 것입니다."

왕은 고개를 끄덕이고는 사자로 추천할 만한 사람이 있는가 물었다.

"따로 적임자가 없다면 제가 가겠습니다. 성읍이 손에 들어온다면 벽은 두고 오겠습니다. 그러나 성읍이 손에 들어오지 않으면 벽을 가지고 돌아오겠습니다."

진나라의 책략은 벽을 공짜로 빼앗겠다는 것이 뻔했다. 사신의 역할은 목숨이 위험할 뿐 아니라 원하는 결과를 얻기도 어려운 상황이었다.

여기서 우리가 문제를 해결해 가는 가장 기본을 배울 수 있다.

첫째, 문제를 정의하는 것이다. 인상여는 문제의 핵심을 정확히 정의했다.

둘째, 자신이 무엇을 하면 되는지에 대한 업무를 명확히 했다.

문제란 기대하는 것과 현실 사이에 있다. 해결을 요구하는 물음이나 과제이다. 매출 목표가 100억인데 현재 80억을 달성했다면 문제는 20억이다. 따라서 문제는 기댓값, 즉 목표를 무엇으로 정하느냐에 따라 달라진다. 아인슈타인은 그래서 "자신에게 어떤 문제가 주어진다면, 그 문제를 정의하는 데 99%의 시간을 쓰겠다."고 했다. 문제가 명확히 정의된다면 답은 어렵지 않다.

누군가 감기에 걸렸다면 문제는 무엇인가? '왜 걸렸는가?' 아니면 '어떻게 하면 나을 것인가?' 원인과 문제를 혼동하면 답을 찾는 것이 복잡해진다. 이것을 정확히 해야 한다.

인상여는 "화씨벽을 안 줄 수는 없다. 주었으면 성을 받아오면 되고, 성을 안 주면 화씨벽을 안 주면 된다"라고 정의했다. 그리고 자신의 역할이 무엇인지를 왕에게 정확히 확인받았다. 이것은 당연한 듯 보이지만, 대부분은 문제를 정의하지도 않은 채 뛰어다니기 바쁘다. 열심히 다니다 보면 왜 뛰어다니는지조차 모르는 경우가 있다. 실상 우리는 왜 사는지도 모르면서 열심히 산다. 이것은 비단 인생에서만 그런 것이 아니다.

91. 인상여에게 배우는 완벽(完璧)과 플랜 B

　인상여는 사신 자격으로 진나라의 수도 함양에 도착했다. 진나라 소왕은 즉각 인상여를 불렀다. 인상여가 공손히 화씨의 벽(璧)을 바쳤다. 그러자 소왕은 기쁜 얼굴로 옆에 있던 시녀와 측근에게 자랑했다. 소왕은 교환 조건인 성읍에 대해서는 한마디도 하지 않았다. 성읍을 줄 생각이 없음을 눈치챈 인상여는 말했다.
　"사실은 '화씨의 벽'에 흠이 있습니다. 그곳을 가르쳐 드리겠습니다."
　소왕이 벽을 인상여에게 돌려주었다. 벽을 받은 인상여는 재빨리 뒤로 물러나더니 기둥을 등지고 일어서며 외쳤다.

　"대왕께서는 벽을 손에 넣으시려고 조왕에게 사자를 보냈습니다. 조왕은 군신들과 상의했습니다. 그리고 '진나라는 탐욕스러운 나라다. 부강함을 믿고 사리에 벗어나는 일을 억지로 하려 한다. 성읍과 교환하겠다는 것은 터무니없는 빈 약속일 것이다'라는 의견이 강했습니다. 그래서 일단 교환에 응하지 않기로 했습니다. 그러나 저는 이렇게 말했습니다. '서민들 사이에서도 사기 행위는 수치로 여깁니다. 하물며 대국의 왕이 사기를 칠 리가 있겠습니까? 어찌 되었건 진나라와 우호 관계를 손상시키는 것은 옳지 않다.'

그랬더니 조왕은 제 의견을 들어 5일간 목욕재계를 한 다음 저에게 벽과 편지를 맡겨 대왕께 전하도록 했습니다. 이 모두가 대왕에 대해 경의를 표하기 위함입니다. 그런데 대왕께서는 벽을 손에 들자마자 여자들에게 보여주면서 저를 우롱했습니다. 예(禮)에 벗어나는 일이 이만저만이 아니며, 한 나라의 사자를 대접하는 방법이 아니라고 압니다. 그야말로 대왕께서는 교환 조건인 성읍을 줄 의사가 없는 것 같습니다. 그렇기에 이렇게 벽을 되찾은 것입니다. 자, 죽이려면 죽이십시오. 그 이전에 내 스스로 이 벽과 함께 머리를 기둥에 부딪쳐 죽을 작정입니다."

인상여는 벽을 지켜 들고 금세라도 기둥에 던지려 했다. 그것을 본 소왕은 급하게 인상여에게 사과했다. 그리고 측근들에게 지도를 가져오게 했다. 그는 손가락으로 가리키며 성읍 15개를 주겠다고 했다.

인상여는 그것이 거짓임을 간파했다.

"화씨의 벽은 유명한 보옥입니다. 조왕께서는 귀국의 강대함이 두려워 헌상하지 않을 수 없었습니다. 그러나 벽을 내놓을 때 5일 동안 목욕재계를 하셨습니다. 따라서 대왕께서도 이 보옥을 받으시려면 5일 동안 목욕재계하시고, 최고의 예로써 받아야 마땅합니다. 그렇다면 저도 기꺼이 벽을 헌상하겠습니다."

억지로 빼앗을 수 없다는 것을 안 진왕은 하는 수 없이 목욕재계하기로 했다. 그리고 인상여를 최고의 저택에 머물게 했다. 인상여는 '성읍과 교환하겠다는 약속은 이루어지지 않을 것'임을 알고 있었다. 그는 남몰래 아랫사람에게 벽을 주어 지름길로 조나라로 돌아가게 했다. 자신은 홀로 진나라에 남아 있었다.

한편 소왕은 5일간 목욕재계를 한 후 예의를 갖춰 인상여를 맞이했다. 이때 인상여가 말했다.

"귀국의 왕은 목공 이래 20여 대가 되지만, 그동안 신의가 두텁다는 분의 이름은 아직까지 한 번도 듣지 못했습니다. 저는 대왕에게 속아 조왕의 신뢰를 저버릴까 두려워, 화씨의 벽을 조나라로 돌려보냈습니다. 하지만 진나라는 강국이고 조나라는 약국입니다. 대왕께서 사자를 보내기만 하면 조나라는 즉시 벽을 헌상할 것입니다. 하물며 강국인 진나라가 먼저 성읍 15개를 준다면 조나라는 더더욱 벽을 바칠 것입니다. 대왕을 속인 죄가 죽음에 해당되는 것을 잘 알고 있습니다. 설사 삶아 죽이는 극형을 당하더라도 후회는 없습니다. 다만 그러기 전에 가신들과 충분히 심의해 주시기 바랍니다."

신하들이 인상여를 체포하려 했다. 이때 소왕은 말리며 말했다.

"여기서 인상여를 죽인다고 해서 보옥이 내 손에 들어오는 것도 아니다. 뿐만 아니라 조나라와의 우호 관계까지 손상될 것이다. 이번에 인상여를 후하게 대접해 귀국시키는 것이 좋겠다. 조왕도 벽 하나 때문에 진나라를 배신하지는 않겠지."

결국 인상여는 무사히 귀국했다. 조왕은 그의 공을 치하해 대부로 등용했다. 인상여는 주어진 문제를 해결하는 구체적 플랜을 완벽하게 준비했다. 완벽(完璧)이란 말은 여기서 유래되었다.

위기 대응 매뉴얼을 상황별로 준비해야 한다. 당연히 훈련되어서 실행 가능한 수준에 있어야 한다. 그것을 완벽이라 한다.

92. 문경지교

"의기 투합한 두사람이 조직문화를 바꾼다."

조나라에는 두 명의 명신이 있었다. 한 사람은 무공으로 이름을 떨친 장수 염파(廉頗)였고, 다른 한 사람은 지혜와 언변으로 나라를 지킨 외교가 인상여(藺相如)였다.

염파는 전국시대 조나라에서 태어난 명문 무장의 집안 출신이었다. 어려서부터 무예와 병법에 능했다. 그는 전장에서의 공훈으로 이름을 떨쳤으며, 신중한 전략과 강한 용맹으로 나라를 지켜낸 장수였다. 그의 성격은 강직하고 호전적이었으나, 동시에 잘못을 인정할 줄 아는 솔직함과 겸허함도 지니고 있었다.

반면 인상여는 조나라의 하급 관리 출신으로 신분은 미천했으나, 탁월한 지혜와 언변 덕분에 발탁되었다. 그는 완벽귀조 사건에서 진나라 왕 앞에 당당히 맞서 조나라의 보물 화씨벽을 지켜

내며 일약 명성을 얻었다.

　인상여는 '완벽귀조'와 '진나라 왕의 연회에서 조나라의 위신을 지켜낸 사건'을 통해 큰 공을 세웠다. 그 공으로 대부의 자리에 오르게 되었다.
　그러자 염파는 불만을 품었다. 그는 전장에서 수많은 전공을 세웠는데, 책상머리에서 입으로만 외교를 했던 인상여가 자신과 같은 지위에 오른 것이 못마땅했던 것이다. 그래서 그는 공공연히 말했다.
　"내가 인상여를 만나면 반드시 그를 모욕해 내 우위를 보여주겠다."
　이 소문은 곧 인상여의 귀에도 들어갔다. 그러나 인상여는 염파를 만날 기회가 있을 때마다 일부러 자리를 피했다. 심지어 길에서 마주칠 것 같으면 수레를 돌려 돌아가곤 했다. 그의 문하생들이 분개하며 물었다.
　"대부님, 어찌하여 염파를 피해 다니십니까? 사람들이 비겁하다고 손가락질합니다."

　그러자 인상여는 차분히 대답했다.
　"생각해 보아라. 지금 조나라가 진나라와 맞서 싸울 수 있는 힘은 어디서 오는가? 전장에서는 염파 장군이 군대를 이끌고 나라를 지킨다. 조정에서는 내가 외교로 나라를 지킨다. 염파와 내가 힘을 모아야 조나라가 안전하다. 그런데 내가 염파와 다투어 원수가 된다면, 그로 인해 웃을 자는 진나라일 뿐이지 조나라가 아니다."

이 말을 들은 제자들은 크게 감동했다. 소문은 곧 염파의 귀에도 들어갔다. 염파는 크게 부끄러워하며 상복 차림으로 인상여의 집 문 앞에 나타났다. 그는 허리를 굽히며 말했다.

"나는 사사로운 감정에 사로잡혀 나라를 위태롭게 했으니 죄를 용서해주시오."

인상여는 그를 일으켜 세우며 따뜻하게 맞았다. 그날 이후 두 사람은 더 이상 갈등하지 않았다. 오히려 목숨까지 함께 바칠 수 있는 굳은 의형제가 되었다.

훗날 사람들은 이들의 우정을 가리켜 '문경지교(刎頸之交)', 즉 '목을 베어도 후회하지 않는 우정'이라 칭송했다. 조나라는 이들 두 사람이 건재했을 동안은 진나라를 비롯한 주변 나라들이 멸시하지 못했다.

조직에는 언제나 선의의 경쟁이 필요하다. 서로 다른 배경과 역량을 가진 인물들이 긴장 관계 속에서 경쟁할 때, 조직은 무너지지 않고 새로운 아이디어를 도출할 수 있다. 그러나 경쟁만으로는 부족하다. 진정한 도약은 결국 소수의 사람들이 찰떡궁합처럼 의기투합해 힘을 합칠 때 이루어진다. 역사 속에서 염파와 인상여가 갈등을 넘어 문경지교로 발전하며 조나라를 지켜낸 것처럼, 조직의 혁신은 결국 신뢰와 협력의 관계에서 비롯된다.

최근 빅테크 기업들의 성장 과정은 이를 잘 보여준다. 구글의 창업자 래리 페이지와 세르게이 브린은 성격은 달랐지만 서로의 역량을 보완하며 검색 기술을 발전시켜 세계적인 기업을 만들었다. 테슬라의 일론 머스크 역시 혼자가 아니라, 핵심 엔지니어 그룹과 배터리 연구팀이 "불가능하다."던 전기차를 함께 현실화했기에 성공할 수 있었다. 오픈AI 또한 샘 알트먼과 일리야 수츠케버, 그리고 연구진이 "AI를 인류 전체에 이롭게 한다."는 공동 비전으로 협력했기에 GPT 시리즈 같은 성과를 낼 수 있었다.

이처럼 조직에는 다양한 의견을 촉발하는 라이벌 구도가 필요하다. 그러나 최종적으로는 소수의 협력 팀이 신뢰와 공동의 목표를 공유할 때 혁신이 가능하다. 안전경영과 안전문화 역시 마찬가지다. 안전은 제도나 규정만으로 굳어지지 않는다. 조직문화로 뿌리내리기 위해서는 형성 → 내재화 → 공유 → 전파의 프로세스를 거쳐야 한다.

먼저 리더의 행동과 메시지를 통해 안전이 핵심 가치로 형성된다. 현장에서 실천과 훈련을 통해 개인의 습관으로 내재화된다. 그다음 구성원 간 모범 사례와 언행이 공유되면서 공통의 규범이 된다. 마지막으로 이를 전파하는 과정에서 새로운 구성원까지 자연스럽게 안전문화를 체득한다.

이 과정에서 특히 중요한 것은 '영웅 만들기(Hero-making)'다. 안전을 위해 원칙을 지킨 사람, 작은 사고를 막아낸 사람, 불편을 감수하며 규정을 따르는 사람을 조직의 '영웅'으로 만들어 주어야 한다. 그 개인을 칭찬하고 인정하는 스토리가 곧 조직문화의 상징이 된다. 사람들은 그 영웅을 보며 "저렇게 하는 것이 이 조직에서 존중받는 방식"임을 배운다. 다시 말해 영웅 만들기는 안전문화의 추상적 가치를 구체적 행동으로 보여주는 살아 있는 교과서 역할을 한다. 따라서 조직 혁신이 소수의 찰떡궁합 팀에서 시작되듯 안전문화 역시 영웅으로 상징화된 행동 모델을 통해 강화된다. 결국 경쟁은 긴장을 주고, 협력은 혁신을 만들며, 영웅은 문화를 완성한다.

93. 시기, 질투를 받지 않는 사람은 일하지 않는 사람이다

전국시대 위(魏)나라에는 범저라는 젊은 선비가 있었다. 그는 어려서부터 총명하고 언변이 뛰어나 학문과 식견에서 누구보다 앞섰다. 당시 그의 명성은 점차 퍼져나가 '큰일을 맡을 만한 인재'라는 평을 들었다. 그는 상국(相國) 수양의 집에 몸을 의탁하며 세상에 나아갈 기회를 찾았다. 그러나 문제는 그의 재능이 빛날수록 주변의 시기와 질투가 커졌다는 점이다.

범저는 늘 나라의 형세를 분석하고 치밀한 계책을 제시했다. 그러나 그럴 때마다 주위 사람들은 그를 헐뜯고 모함했다. '겉만 번지르르한 인물'이라거나 '자신의 야심을 채우려는 자'라는 누명을 씌웠다. 결국 수양은 이 말들을 곧이곧대로 믿고 범저에게 반역 혐의를 덮어씌웠다. 범저는 억울하게 끌려가 혹독한 매질을 당했다. 죽은 시체처럼 포대자루에 넣겨 강물에 버려질 뻔했다. 다행히 그를 가엾게 여긴 관리 하나가 몰래 풀어주어 간신히 목숨만 건질 수 있었다.

그 뒤 범저는 뼈가 부러지고 이가 빠진 초라한 몰골로 신분을 숨긴 채 세상을 떠돌았다. 그러나 마음속에는 '언젠가는 나의 재능을 펼칠 날이 올 것'이라는 불굴의 의지가 꺼지지 않았다. 결국 그의 재능을 알아본 인물이 나타났다. 바로 진(秦)나라의 대신 왕계(王稽)였다. 왕계는 그와 대화를 나눈 후 놀라며 말했다.

"이 사람은 보통 인물이 아니다. 반드시 천하의 형세를 바꿀 인물이다."

범저는 진나라에 들어가 소왕(昭王)의 눈에 들었다. 그는 스스로 새로운 이름 '저(睢)'를 쓰며 말했다.

"위나라에서 죽을 뻔했으니, 이제 진나라에서 다시 태어난다."

그리고 그는 곧 '원교근공(遠交近攻, 먼 나라와는 친하고 가까운 나라를 공격한다)'이라는 외교 전략을 제안했다. 그 전략은 진나라의 국세를 비약적으로 끌어올렸다. 이 전략은 주변 국가들의 힘을 분산시켰다. 그리고 진나라가 천하 패권을 잡는 데 결정적 역할을 했다.

이 이야기는 《한비자》의 〈외저설좌상(外儲說左上)〉 편에 실려 있다. 한비자는 범저의 고사를 통해 두 가지를 강조한다.

첫째, 재능 있는 인물은 시기와 모함을 받기 쉽다는 사실이다. 군주가 신하의 말만 믿고 성급히 판단한다면, 나라의 인재를 잃고 국력을 약화시킨다. 이는 곧 "군주는 반드시 법과 제도를 기준으로 신하를 다스려야 한다."는 법가적 원칙을 뒷받침하는 사례다.

둘째, 인재 발탁의 중요성이다. 범저는 위나라에서는 몰락했으나, 진나라에서는 중용되어 천하 전략을 설계했다. 한비자는 이를 통해 "한 나라의 흥망은 결국 인재를 쓰느냐 버리느냐에 달려 있다."는 점을 보여주고자 했다.

안전보건관계자들이 꼭 읽어보았으면 하는 바람이다. 그들은 가장 많은 비판을 받는 위치에 있는 사람들이기 때문이다. 아울러 어느 분야든 힘을 실어주지 않은 사람이 성과를 내는 법은 없다. 성과 없는 사람이 시기와 질투를 받는 경우도 없다는 것을 경영자는 알아야 한다.

94. 안전문화 형성이 안되는 이유

"어떤 호랑이에 날개를 달아주는가?"

〈설림하(說林下)〉에 나오는 이야기다. 전국시대의 군주가 신하에게 물었다.

"강한 적을 상대할 때 그들에게 또 힘을 보태주는 것은 어떤 꼴이겠는가?"

이에 신하는 이렇게 대답했다.

"호랑이는 본래 두렵고 무서운 짐승입니다. 땅 위를 달리며 사람을 물어뜯을 수 있습니다. 만약 그 등에 날개까지 달린다면 어떻게 되겠습니까? 이제는 산에서 내려와 사람을 해칠 뿐만 아니라, 하늘로 날아올라 더욱 멀리까지 위협하게 될 것입니다. 강한 자에게 힘을 보태주는 것은 곧 스스로의 화를 불러들이는 일입니다."

이 이야기는 '위호부익(爲虎傅翼)', 즉 '호랑이에게 날개를 달아주는 것'이라는 비유에서 비롯되었다. 본래 강력한 존재를 더 강하게 만들면, 그것은 단순히 남을 돕는 차원이 아니다. 결국 자신에게 돌아올 재앙을 키우는 결과가 된다는 교훈을 담고 있다.

이 고사의 핵심은 강자의 힘을 경계해야 한다는 것이다. 작은 호랑이일 때는 다소 감당할 수 있다. 그러나 이미 위협적인 존재에게 힘을 더해 주는 것은 돌이킬 수 없는 실수를 만드는 셈이다. 고대 국가 간의 외교에서 약소국이 강국을 도와 세력을 키우면, 그 강국은 머지않아 자신을 삼키는 적으로 변하곤 했다. 내부적으로도 마찬가지였다. 이미 세력이 큰 장수를 제어하지 못하고 권력을 몰아주면, 그 장수는 왕조 자체를 위협하는 반역자가 될 수 있었다.

경영자는 언제나 자원을 배분하고 권한을 위임해야 하는 위치에 있다. 그러나 그 과정에서 '누구를 키우는가'는 무엇보다 신중해야 한다. 자원의 배분은 단순한 지원이 아니라, 미래의 권력 구도를 바꾸는 결정이 되기 때문이다. 한비자가 남긴 "호랑이에게 날개를 달아주지 말라."는 말은 결국 리더가 강자를 더 강하게 만들지 말라는 뜻이다. 균형 속에서 힘을 관리하라는 경고의 메시지다.

위기경영의 관점으로 해석해 보자. 호랑이는 외부의 적만이 아니라 내부에도 얼마든지 존재한다. 그것은 바로 부정적인 생각, 목소리만 큰 사람, 굳어진 관행, 잘못된 조직문화다. 부정적인 생각은 조직을 안에서부터 무너뜨리는 독이다.

"우리는 원래 안 돼."

"시도해봤자 소용없어."

이런 말은 구성원의 의욕을 꺾고 새로운 시도를 봉쇄한다. 부정적인 발에 날개를 달아주는 순간, 즉 부정적인 생각을 방치하거나 정당화하면, 그 생각은 조직 전체로 확산된다. 결국 혁신을 가로막는 거대한 장벽이 된다. 또한 목소리만 큰 사람이 호랑이가 될 수 있다. 실질적 근거와 성과가 없음에도 불구하고 회의에서 소리를 높이고 분위기를 장악하는 사람이 조직을 지배한다. 그를 제어하지 않고 방치하면 결국 그의 '날개'는 조직의 기준이 된다. 조용히 일하는 다수의 역량은 묻히게 된다.

관행 역시 호랑이로 비유할 수 있다.

"예전부터 이렇게 해왔다."

이 말은 변화와 혁신을 가로막는 강력한 무기다. 여기에 날개가 달리면 아무도 의문을 제기하지 못하는 성역화된 절차가 된다. 그 결과 시장 환경은 변해도 조직은 변화하지 못하고 결국 뒤처지게 된다.

마지막으로 잘못된 조직문화는 그 자체로 호랑이보다 더 무섭다. 줄 세우기, 눈치 보기, 성과보다 충성심을 우선하는 문화는 한두 사람의 문제가 아니다. 전체를 마비시키는 구조적 악이다. 만약 여기에 날개를 달아준다, 즉 묵인하고 강화한다면 그 문화는 신입 구성원까지 잠식하며 세대를 이어가게 된다.

한비자의 스승인 순자는 〈권학편〉에서 이렇게 말했다.
"봉생마중 부부이직(蓬生麻中 不扶而直). 쑥이 삼밭 속에 자라면 붙들어 주지 않아도 곧게 자란다."
원래 쑥은 줄기가 비스듬히 뻗는 식물이지만, 곧게 서 있는 삼 사이에서 자라면 자연스럽게 바로 선다. 환경이 사람을 바꾼다는 대표적인 비유다. 이는 순자의 제자였던 한비자 사상의 뿌리이기도 하다. 한비자가 법과 제도를 통해 인간을 통제해야 한다고 주장한 것도 결국 인간이 환경에 따라 달라진다는 스승의 인식에서 비롯된 것이다.

오늘날 안전경영에서도 이 교훈은 똑같이 적용된다. 곧게 자라는 삼밭 같은 환경이 조성되면 새로 들어온 직원도 자연히 안전수칙을 따르게 된다. 반대로 안전 불감증이 만연한 환경이라면, 아무리 훌륭한 사람도 그 분위기에 휩쓸려 안전의식을 잃어버린다. 순자가 말한 봉생마중의 원리는 곧 안전문화의 핵심이다.

최근 유행하는 루틴(routine)이라는 개념도 이 맥락과 맞닿아 있다. 혼자서는 유지하기 힘든 습관도 함께 모여 실천하면 자연스럽게 지속된다. 매일 아침 조깅하는 모임, 독서토론을 하는 동아리 같은 것들이 그렇다. 사람은 혼자만의 의지보다 같은 목적을 지닌 집단 속에서 더 쉽게 곧게 설 수 있다. 이는 우리 주변의 여러 사례에서도 확인된다. 독서하는 집안에서 자란 아이가 자연스럽게 독서를 한다. 판사 집안에서 판사가 나고, 교수 집안에 교수가 나는 경우가 많은 이유도 같은 맥락이다. 환경이 습관을 만들고 습관이 곧 삶의 진로를 결정한다.

이와 같은 원리는 현대 기업들의 조직문화 사례에서도 잘 드러난다. 사우스웨스트항공은 '직원 행복이 곧 고객 만족'이라는 문화를 바탕으로 서비스 혁신을 이끌었다. 유니레버(Unilever)는 지속가능성과 사회적 책임을 기업문화의 중심에 두었다. 직원들이 자연스럽게 환경 보호와 사회 기여에 참여하는 풍토를 만들었다. 에드워즈 라이프사이언스(Edwards Lifesciences)는 환자 중심의 가치 문화를 철저히 실천했다. 신입 직원조차 환자를 생각하는 자세를 당연하게 여기도록 조직 분위기를 형성했다. 쑥마저도 마처럼 자라게 하는 환경이 만들어지지 않는 이유는 결국 나쁜 호랑이가 날개를 달았기 때문이다.

95. 조직 망징 체크리스트

위험요인을 찾는 것은 매우 중요하다. 그래야 개선하고 대책을 세울 수 있기 때문이다. 최소한 위기감이나 긴장감이라도 가지게 한다. 문제는 위험의 인식 수준이 다르다는 점이다. 누구는 위험하다고 보지만, 누군가는 익숙하다고 느낀다.

또 하나의 문제는 위험을 파악할 때 사람이 가지는 인지력에 한계가 있다는 점이다. 아무리 머리가 좋고 학식이나 경험이 많아도 위험요인을 다 외울 수 없다. 외운다 해도 생략할 수 있다. 때문에 우리는 체크리스트(점검표)를 사용한다.

한비자는 그런 점에서도 매우 탁월함을 보인다. 이것저것 잔뜩 나열해 놓으면 실상 아무 말도 하지 않는 것과 다름없다.

조직 망징 체크리스트

체크 항목	점수				
	1	2	3	4	5
1. 국가가 멸망하는 징조 - 군주가 향락에 빠지고 정사를 게을리함(十過)					
· 군주가 주색에 빠져 정사를 게을리하면 나라가 위태로워진다.					
· 음악과 여색, 수렵과 유흥에 몰두하면서 정치는 간신들에게 넘어간다.					
2. 상벌이 분명하지 않음(二柄)					
· 공로가 있어도 상을 주지 않고, 죄가 있어도 벌하지 않으면 백성은 충성을 다하지 않아, 신하가 군주를 두려워 않는다.					
· 상벌이 사사로워지면 사람들은 권세가에 줄을 대려 하여 기강이 없다.					
3. 법과 제도가 무너짐(有度)					
· 법이 흐트러지면 사적 이익이 공적 이익을 압도한다.					
· 대신 간신들의 말과 사사로운 규율이 우선한다.					
4. 아첨하는 자를 가까이하고 충신을 멀리함(內儲說上)					
· 군주는 본래 듣기 좋은 말에 기울어지기 쉽다.					
· 아첨하는 자는 늘 군주의 곁에 있다.					
· 직언하는 자는 멀리한다.					
5. 파벌이 형성되고 군주의 권위가 약화됨(說難)					
· 신하가 사사로이 무리를 모아 권력을 나눈다. 그러면 국가는 분열된다.					
· 군주의 권력이 약해지고, 신하들끼리 결탁하여 이익을 취한다.					
6. 군주가 감정에 따라 사람을 씀(內儲說下)					
· 군주가 사랑과 미움에 따라 사람을 써서 충성된 신하는 멀어지고, 간사한 무리가 가깝다.					
합계					

한비자 조직 망징판별 및 단계별 대책

점수	판별	상태 진단	단계별 대책	경영조치
50~55점	위험 단계 (Level 1)	조직 붕괴 직전. 불신, 책임 회피, 무기력, 리더십 부재. 근본적 리셋 필요	**혁명 필요 단계** Revolution Step · 조직 해체 및 재구조화 · 리더십 교체, 시스템 전면 혁신	Crisis Management / Survival Mode / Turnaround
40~49점	경고 단계 (Level 2)	위기 심화. 갈등 표면화, 목표 혼선, 내부 불만 급증	**혁신 필요 단계** Innovation Step · 변화 추진 TF 구성 · 비전 재정립, 역할 및 프로세스 혁신	Risk Control / Early Warning / Cost Management
30~39점	주의 단계 (Level 3)	사기 저하, 일부 부서에서 피로·갈등 발생	**개선 필요 단계** Improvement Step · 소통 강화, 피드백 시스템 개선 · 코칭·멘토링 및 참여형 학습 도입	Performance Risk / Adaptive Learning / Continuous Improvement
20~29점	안정 단계 (Level 4)	전반적으로 양호하나 일부 취약 영역 존재	**유지·보완 단계** Maintenance Step · 현 체계 점검 및 보완 · 학습·혁신 문화 지속 강화	Stability / Sustainability / Organizational Culture
11~19점	건강 단계 (Level 5)	신뢰와 소통이 원활한 건강한 조직. 자율·책임 조화	**보상·장려 단계** Reward & Encouragement Step · 우수사례 포상 및 공유 · 자율적 성과 문화 확산	Innovation / Agility / Learning Organization / Wellbeing

96. 《한비자》에 나오는 간신을 구별하는 10가지 체크리스트

간신 구별 체크리스트

체크 항목	점수				
	1	2	3	4	5
1. 언행이 불일치한 자 — (內儲說下)					
· 말은 충성을 가장하지만 실제 행동은 사사로움으로 가득하다.					
2. 법과 제도를 싫어하는 자 — (有度)					
· 법이 명확해지면 자신의 사사로운 행위가 드러난다. 그래서 법을 무너뜨리려 하거나 예외를 주장한다.					
3. 공적은 없으나 칭송만 많은 자 — (外儲說左上)					
· 실적은 없고 명성만 크게 포장하고, 입으로만 충성을 말하며 나라를 해친다.					
4. 파벌을 형성하는 자 — (說難)					
· 사사로이 무리를 지어 자기 세력을 만들어 군주의 권위를 약화시키는 자가 있다.					

체크 항목	점수				
	1	2	3	4	5
5. 군주의 욕망을 부추기는 자 — (十過)					
· 군주가 쾌락과 색욕을 좇을 때 이를 말리는 충신이 없고, 부추기는 간신이 있다.					
6. 공정을 버리고 사사로운 정을 강조하는 자 — (二柄)					
· 상벌을 사적인 정에 따라 하도록 유도한다.					
7. 말은 화려하나 실행이 없는 자 — (難一)					
· 교묘한 말로 자신을 포장한다.					
8. 겉으로는 절약을 말하나 속으로 사치를 탐하는 자 — (內儲說上)					
· 겉으로는 검소와 절약을 내세운다. 그러나 실제로는 재물을 탐하고 향락을 즐기는 자다.					
9. 군주의 귀만을 독점하려는 자 — (說難)					
· 군주에게 다른 의견이 들어가는 것을 막고, 자신만이 유일한 통로가 되려 하는 자.					
10. 위험을 경고하지 않고 안일만 말하는 자 — (內儲說下)					
· 나라가 위기에 빠질 때 충신은 경고하지만, 간신은 안일한 말만 하여 군주의 마음을 달랜다.					
합계					

한비자 간신 유형 4단계 진단 및 대책

점수	간신의 단계	판별	대책 단계	조치사항
40~50점	파괴자형 (Destroyer Type)	조직의 신뢰와 제도를 붕괴시키는 위험 인물	제거 단계 Remove Step	① 직위 즉시 해임 및 법적 처벌 ② 부패 조사 및 이해관계 네트워크 해체 ③ 인사·의사결정 라인 전면 개편
30~39점	조종자형 (Manipulator Type)	언행 불일치, 이익을 위해 리더나 제도를 이용	차단 단계 Block Step	① 주요 의사결정 권한 제한 ② 검증 절차 강화 및 내부 감시 체계 구축 ③ 조직 내 투명 보고 문화 강화
10~29점	이탈자형 (Drifter Type)	책임 회피, 방관형, 위험 시 변절 가능	교정 단계 Correct Step	① 청렴·윤리 재교육 실시 ② 심리·조직문화 진단 및 피드백 시스템 구축 ③ 공정 인사 및 성과 보상 제도 개선
0~9점	헌신자형 (Devoted Type)	공동체 중심의 충직한 인재, 리더의 조언자	보호·장려 단계 Encourage Step	① 충언자 보호 및 포상 제도 운영 ② 윤리 리더십 프로그램 강화 ③ 모범사례 확산 및 제도화 추진

97. 《한비자》에 나오는 '술(術)'의 사례 10가지

한비자는 "술이란 일부러 해보는 것이다(術者, 故試也)."라고 하면서, 군주는 신하를 실제로 시험해 보아야 진짜 충성과 능력을 알 수 있다고 강조한다. 즉 말이 아니라 실행을 시험하는 방법이 바로 술이다. 술을 하지 않으면 믿을 수밖에 없고, 일방적 믿음은 의존이다. 의존은 결국 기울어지고, 기울어진 것은 넘어진다. 리더는 다양한 방법으로 검증해야 한다.

1. 직분에 맞게 일을 맡기고 결과로 시험한다 〈定法〉
- 군주는 신하에게 직분을 분명히 정해주고, 그 직분에 맞는 결과를 비교해야 한다.

2. 겉말이 아니라 실제 행동을 보게 한다 〈內儲說下〉

- 간신은 말로는 충성하지만 행동은 다르다. 따라서 군주는 일부러 일을 맡겨 행동과 결과를 시험해야 한다[예: 회의에서 아이디어만 내는 직원에게 실제 프로젝트 책임을 맡겨 실행 능력을 확인하는 것].

3. 신하를 의심하지 말고, 제도를 통해 시험한다 〈二柄〉

- 군주는 직접 신하를 감시하는 대신, 상벌 제도를 통해 시험한다.

4. 군주의 감정을 감추고 속마음을 보이지 않는다 〈主道〉

- 군주가 속내를 드러내면 신하가 그에 맞춰 행동하는지 살핀다.

5. 신하의 언행 일치를 시험한다 〈難言〉

- 군주는 신하가 말한 것과 실제 한 것을 대조해야 한다.

6. 임무를 일부러 어렵게 주어 시험한다 〈外儲說〉

- 신하가 충성스러운지 시험하려면, 작은 임무로 시작해서 차츰 크게 맡겨 본다.

7. 서로 다른 신하의 보고를 비교한다 〈說難〉

- 여러 신하에게 같은 일을 다르게 보고하게 하여, 진실과 거짓을 가려내는 것이 술이다[예: 한 부서장만의 보고가 아니라, 감사팀과 현장팀의 자료를 함께 검토해 교차 확인하는 것].

8. 성과 없는 허명을 배제한다 〈功名〉**

- 군주는 말과 포장된 명성에 속지 말고, 반드시 실질적인 공적과 성과를 기준으로 삼는다.

9. 군주의 권한을 독점하고, 신하의 권한을 분산시킨다 〈二柄〉

- 군주가 상과 벌의 권한을 직접 쥐고, 신하는 나눠 받게 해야 한다. 권한의 균형 자체가 술이다[예: CEO가 보너스와 징계권을 HR 부서가 아닌 경영진 직속으로 관리하는 것].

10. 군주는 가만히 있고, 신하는 시험으로 드러난다 〈主道〉

- 군주는 겉으로는 아무 일도 하지 않는 것처럼 보인다. 그러나 술을 통해 신하들이 스스로 시험대에 오르게 한다. 이때 충성과 간신이 갈린다[예: 리더가 직접 지시하지 않고, 자율 프로젝트를 공모해 누가 진정한 역량을 발휘하는지 관찰하는 것].

Epilogue

　역설은 통쾌함을 준다. 착하고, 배려하고, 기다려주고, 믿어주고가 세상의 가장 좋은 것인 듯하다. 그 반대의 모습은 어딘가 잘못된 것인 듯 치부된다. 우울감은 남을 위한 걱정이 있는 사람에게는 생기지 않는다고 한다. 역설적이다. 이런 점에서 한비자는 역설적이다. 때문에 통쾌하다. 뭔가 선명하다. 부단히 애써야 할 것 같지 않다. 하면 될 것 같다. 그래서 좋다.

　정주영 회장은 '속이라'고 했다고 한다. 속인다는 것이 가당키나 한 일인가? 그러나 그 분이 속이라고 한 것은 "첫째 건강하다고 과시하지 말고 속여라. 둘째 돈이 있음을 속여라. 셋째 사람을 속여라. 달리 말하면 사람을 끝까지 안다고 하지 마라. 마지막으로 마음 즉 표정과 약함을 속여라."는 것이다. 한비의 표현을 빌면 '술(術)'이다. 역설적이다. 그래서 기억에 남는다. 한비자의 이야기는 그런 매력이 있다.

수준을 급격히 높이는 가장 쉬운 방법은 모방하는 것이다. 안전은 시대적 과제다. 해결하는 즉 수준을 높이는 가장 빠른 방법이 무엇일까? 그것은 가장 위험지수와 불안지수가 높았던 시대를 살아간 사람들에게 물어보는 것이다. 그리고 그들의 생각을 모방하는 것이라 생각했다.

전작 《맹자·장자에게 리스크 매니지먼트를 묻다》에 이어 《한비자 위기경영》을 쓰게 된 이유다. 고전을 해석할 능력은 애초에 없다. 그러나 이미 훌륭하신 분들의 결과에 숟가락 하나를 올리기로 했다.

철학 혹은 학문은 사용성에서 그 존재감을 찾을 수 있다. 먼지 덮힌 책장에 꽂혀있는 고전은 죽은 것이다. 이런 점에서 이 책은 또 다른 모습으로 누군가를 만날 수 있게 했다는 의미를 애써 가져본다.

삶도 역사도 결국 위기관리다. 생존의 흔적이다. 때문에 그것이 무엇이건 우리의 행위는 위험, 위기와 한판 뜨는 것이다. 그 위험에 혹은 불편함에 대응하는 방법이 누군가에게는 비즈니스가 되고 돈이 된다. 그것을 기회라 부른다. 그 위험에 굴복한 자들은 패배자가 된다. 그 패배가 다시 기회로 바뀌기도 한다. 개

Epilogue

인이든 조직이든 국가이든 최종지점은 지속가능성이다. 지속가능성은 결국 리스크 경영이다. 그 지혜는 단연코 가장 위험한 시대를 살다간 사람들에게 배우는 것이 맞다. AI시대는 흡사 춘추시대의 철기문명과 닮았다. 혼란스럽고 예측이 불가한 것은 매한가지다. 그러니 추측할 것이 아니라 이미 있는 것에서 배울 일이다.

우리 사회에는 성과라는 것의 화려함 만큼 뒤에 생겨난 그림자도 크고 짙다. 그 일선에서 애쓰고 노력하는 이들이 많다. 군인, 소방관, 경찰, 의사, 간호사, 안전관리자, 보건관리자, 시설물 안전진단, 기계 방호장치를 만드는 엔지니어 등 수없이 많다. 그들은 늘 책임이란 단어 앞에서 굳은 일을 도맡지만, 빛나지 않는다. 사고만 나면 죄를 지은 듯 뭔가 잘못을 한 듯 숨소리를 죽인다. 그러나 사고는 누구 한 사람만의 문제가 아니다. 그것을 알리는 데 조금이나마 보탬이 되면 좋겠다.

가을이 시작되는 시점에 초고를 마무리할 수 있어 고맙다. 이제 잔 글씨는 책을 코밑에 바짝 대어야 보인다. 보는 것에 위험이 감지되는 것이다. 말하는 것이 서툴렀다는 한비자는 글로 그 위험을 통제했다. 나의 보는 것의 위험이 누군가의 말로 극복되길 희망해 본다.

Epilogue